유아 발달

조형숙 · 박은주 · 강현경 · 김태인 · 배정호 공저

학지사

머리말

만 3세 반 학기 초에 있었던 일이다. 자유선택 활동시간이 끝나고 난 후 유아들과 함께 정리하는데, 한 유아가 휴지통 앞에 가만히 서 있었다. 교사가 "왜 정리하지 않고 가만히 있니?"라고 물어보자 그 유아는 자신의 앞에 있던 휴지통을 가리키며 "얘가 안 비켜 줘요."라고 투정 섞인 목소리로 이야기하였다. 만약 이 상황에서 유아의 발달적 특성을 잘 알고 있는 교사라면 유아의 전조작적 사고 특성 중 '물활론적 사고'를 떠올리며 "휴지통이 네 앞을 가로막고 있어서 다니기 불편했구나."라고 부드럽게 이야기하며 휴지통을 옮겨 주었을 것이다. 반대의 경우라면 "휴지통이 무슨 사람이니? 어서 정리해."라고 얘기할 수도 있다. 이 사례에서 볼 수 있듯이, 교사가 유아의 발달적 특성에 대한 지식과 이해가 충분하다면, 유아의 사고나 정서 등에 민감히 반응함으로써 유아의 발달을 보다 잘 지원해 줄 수 있게 된다.

우리는 위와 같은 유아의 발달에 대한 이해의 중요성뿐 아니라 만 3~5세 유아기를 중심으로 한 교재의 필요성을 느껴 이 책을 저술하게 되었다. '유아 혹은 아동 발달' 과목은 유치원교사 및 보육교사가 되기 위해 기본적으로 이수해야 하는 필수과목이다. 2011년 12월 8일에 개정된 영유아보육법 시행규칙에 따르면, 보육교사 2급 자격 취득을 위한 이수 교과목이 총 12과목에서 17과목으로 증설되었다. 이 중 보육 필수 영역에 해당되는 과목으로, 종전의 '아동 발달' 과목이 '영아 발달'과 '유아 발달'의 두 과목으로 세분화되었다.

이와 같이 유치원 교사뿐 아니라 보육교사의 전문성 및 자격기준이 보다 강화되어 가고 있는 현 시점에서, 만 3~5세 유아기의 발달 내용을 보다 전문적이고 체계적으로 다루는 교재 집필의 필요성을 느끼게 되었다. 기존의 아동 발달 혹은 영유아 발달 관련 책들은 대부분의 경우 태아기, 영아기, 유아기를 모두 포괄하여 광범위하게 다루고 있으나, 이 책은 유아기를 중심으로 하여 발달의 개념과 원리, 발달 이론, 연령별 발달 특성 등을 구체적으로 다룸으로써 '유아기 발달'에 대한 독자의 보다 깊이 있는 이해를 돕고자 하였다.

특히 이 책은 '발달 주제에 대해 생각해 보기' '유아교육기관 현장에서의 발달 일화' '주제 관련 읽을거리' '발달 개념 관련 사진 및 삽화' 등을 교재 중간 중간에 제시함으로써 책의 내용을 보다 쉽게 이해할 수 있도록 심혈을 기울였다. 또한 최근(2000년도 이후)의 유아기 발달에 관한 국내 연구들을 고찰하여 발달 영역(신체, 운동, 인지, 언어, 사회 · 정서 영역)별로 관련 내용을 제시하였다.

이 책은 총 3부로 구성되어 있다. 제1부는 유아 발달의 이해에 관한 것으로, 유아 발달의 개념과 쟁점 및 시대별 유아 발달 연구에 대해 다루었다. 제2부는 유아 발달의 이론에 관한 것으로, 정신분석 이론, 학습 이론, 인지발달 이론, 생태학적 접근 이론 및 최근 주목되고 있는 뇌 기반 학습 이론에 대해서도 심도 있게 다루었다. 제3부는 유아기 발달에 관한 것으로, 발달 영역(신체, 운동, 인지, 언어, 사회 · 정서 영역)별로 주요 개념 및 연령별 발달 특성에 대해 구체적으로 제시하였으며, 각 영역별로 도움이 필요한 유아의 사례 및 지도 방안에 대해 다루었다.

이 책은 대학에서 유아 발달 관련 과목 강의를 위한 교재로 사용할 수 있고, 또 유아 발달에 관심이 있는 교사와 부모를 포함한 모든 분들이 유아 발달의 이론과 실제를 이해하는 데에 도움이 될 것으로 기대된다.

이 책이 나오기까지 공동저자들과 수차례의 논의 및 검토 작업이 이루어졌지만, 미비한 점들이 많다. 그럼에도 이 책을 출판할 수 있도록 배려해 주신 학지사의 김진환 사장님과 원고 교정 및 삽화 작업 등을 세심하게 도와주신 편집부 직원에게 감사드린다. 또한 유아교육기관 현장에서 사진 촬영에 협조해 주신 여러 유치원 교직원 분들과 유아들의 사진을 사용할 수 있도록 기꺼이 허락해 주신 학부모님에게 진심으로 감사를 드린다.

2013년 2월

저자 일동

차 례

2부 유아 발달 이론

3부 유아기 발달

제1부

유아 발달의 이해

제1장 유아 발달의 기초

제1장 유아 발달의 기초

유아 발달은 신체, 인지, 사회-정서 발달의 총체, 즉 유아교육에서 지향하는 전인적 발달을 다룬다. 위의 세 가지 발달 영역은 서로 영향을 주고받기 때문에 어느 한 영역만 우수하게 발달하거나 어느 한 영역만 뒤쳐져서는 전인적 발달이 어려워진다. 이러한 발달은 일반적인 원리가 적용되는데, 방향성, 순서성, 연속성, 개인차, 상호 관련성 등이 있다.

1. 유아 발달의 개념과 원리

1) 유아 발달의 개념

발달(development)의 개념은 고대 그리스시대로부터 유래한 것으로 Heraklit는 발달을 영원한 생성이라 하였고, Empedokles는 발달을 자연발생에 의한 생명 발생으로 이해하는 등 그 시대에는 발달을 생성 개념과 동일시하였다(김경희, 1986).

오늘날에는 발달과 유사한 개념으로 성장(growth)이라는 용어가 사용되고 있는데, 인간의 변화 과정을 언급한다는 의미에서 본질적으로 공통점을 갖지만, 엄밀히 비교해 보면 성장이란 개체의 신장, 체중, 골격 등과 같은 신체적, 생리적 측면의 양적 증가만을 뜻한다(Gallahue & Ozmun, 2006).

그러나 인간의 변화 과정에는 모든 속성이 연령과 더불어 증가만 하는 것이 아니라 감소하는 경우도 있고, 양적 변화뿐 아니라 질적 변화가 함께 일어나는 경우도 있다. 양적 변화는 신장, 체중, 어휘력에서 보이는 변화와 같이 크기 또는 양의 변화를 의미하고, 질적 변화는 신체 조절 능력의 기능화나 정신 작용의 구조적 변화를 일컫는다(조성연 외, 2005). 이와 같은 양적·질적 변화는 전 생애 동안 끊임없이 일어나는데, 그 변화 양상은 성숙(maturation)과 환경(environment)에 따라 달라진다. 성숙이란 뇌 기능의 분화나 사춘기의 이차성징과 같이 유전적 요인에 의해 변화되는 과정이고, 경험은 부모, 친구, 교육, 대중매체 등 유아가 접하는 모든 환경 조건을 의미한다. 즉, 유전적인 성숙과 환경적인 경험에 의해 발달의 개인차가 발생하는 것이다(Gallahue & Ozmun, 2006).

이런 점에서 볼 때, 발달은 모든 속성의 변화 과정과 성숙과 환경의 요인을 포괄하는 좀 더 광의의 개념으로 정의되어야 한다. 따라서 발달은 수정된 순간부터 죽음에 이르기까지 전 생애에 걸쳐 성숙과 경험에 의해 일어나는 양적 변화와 질적 변화의 과정이라 정의할 수 있다(이봉선, 이숙재, 2008). 그러나 이 책에서는 전 생애 중에서도 발달의 결정적 시기라 할 수 있는 유아기 동안의 발달만을 다루고자 한다.

유아의 발달은 신체(운동) 발달, 인지(언어) 발달, 사회 · 정서 발달의 영향을 받는데, 세 발달 영역은 복잡하게 서로 얽혀 있다. 신체 발달이 인지적 과정에 영향을 미치고, 인지 발달은 사회 · 정서 발달에 영향을 미치며, 사회 · 정서적 발달은 또 생물학적 과정에 영향을 미친다(정옥분, 2011).

2) 유아 발달의 원리

유아는 다음과 같은 원리에 따라 발달이 진행된다.

첫째, 발달은 일정한 방향으로 진행된다.

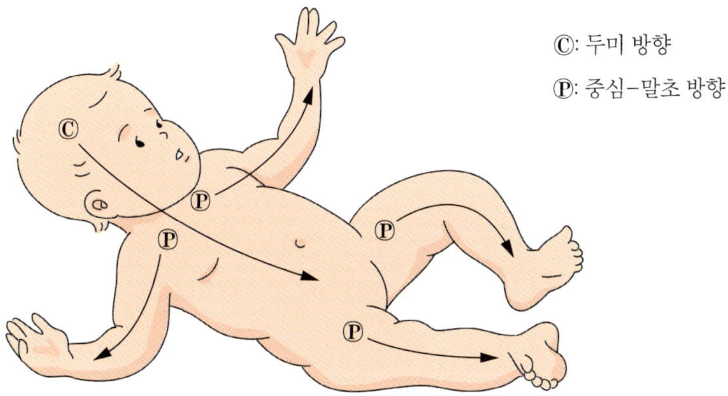

◆그림 1-1◆ 발달의 원리

- 두미 발달 원칙(cephalocaudal)

  머리에서 발 방향으로 발달이 진행된다. 즉, 머리 부분이 사지보다 먼저 발달하는 것으로 고개 가누기 → 가슴 들기 → 배 들기 → 기기 → 서기 → 걷기 순으로 이어지는 신체 발달이 그 예다.

- 근원 발달 원칙(proximodistal)

  안에서 바깥쪽으로, 중심부가 말초보다 먼저 발달한다는 것이다. 팔 → 팔목 → 손 → 손가락, 허벅지 → 종아리 → 발 → 발가락 순으로 발달한다.

- 세분화 발달 원칙(general to specific)

  일반적인 것에서 특수한 것으로 발달한다. 물건을 잡을 때 손 전체를 사용하다가 점차 엄지손가락과 집게손가락을 사용하게 된다. 거칠고 산만하고 분화되지 않은 행동이 점차적으로 분화되고 정밀한 행동으로 대체된다.

둘째, 발달에는 일정한 순서가 있다. 발달은 정해진 순서대로 진행되며 앞으로 진행될 발달의 모습을 예측할 수 있다. 모든 유아는 앉은 후에 서고, 선 후에 걷는다. 또한 선을 그은 후에 원을 그릴 수 있으며, 옹알이를 한 다음에 말을 하고, 간단한 문장을 사용할 수 있어야 복잡한 문장을 말할 수 있다. 상징적 사고 후에 추상적 사고가 가능하며 병행놀이 이후에 협동놀이가 가능하다.

셋째, 발달은 연속적인 과정이지만 발달의 속도는 일정하지 않다. 신체는 다양한 기관과 신체 부위로 이루어져 있으며 신체 부위에 따라 성장 속도가 다르거나 심리적 발달의 속도도 다르게 이루어진다. 걸음마기와 사춘기는 신체가 급속도로 발달하는 시기로 다른 시기에 비해 급성장하게 되며 두뇌의 경우에는 6세까지 급격한 발달을 보이고, 생식기관은 12세까지 완만하게 발달하다가 이후에 빠르게 성장한다(Berk, 1999).

넷째, 발달에는 개인차가 있다. 발달의 순서는 일정하지만 재미있는 것은 발달 정도와 발달 속도는 각 개인마다 다르다는 것이다. 사람마다 가지고 있는 유

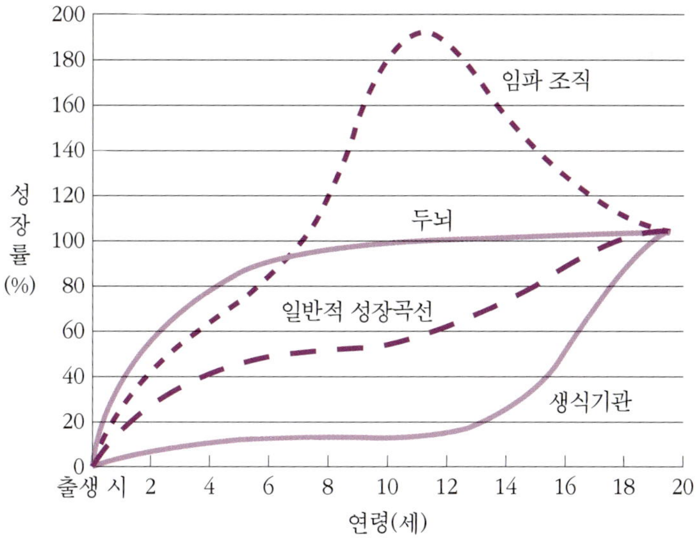

◆그림 1-2◆ 인간 발달 과정

출처: Berk (1999), p. 297.

전인자와 환경이 다르기 때문에 성장률에 다양한 차이를 보인다. 실제로 일란성 쌍생아 간에도 출생 시부터 개인차가 나타난다. 또한 사춘기나 이차성징이 나타나는 성적 성숙에는 상당한 개인차가 존재한다.

다섯째, 발달의 각 영역은 상호 밀접한 연관이 있다. 신체(운동) 발달, 인지(언어) 발달, 사회·정서 발달은 서로 복잡하게 얽혀 있다. 신체 발달이 인지적 과정에 영향을 미치고, 인지 발달은 사회·정서적 발달에 영향을 미치며, 사회·정서 발달은 또 생물학적 과정에 영향을 미친다.

인지 발달 영역　　신체 발달 영역　　사회 · 정서 발달 영역

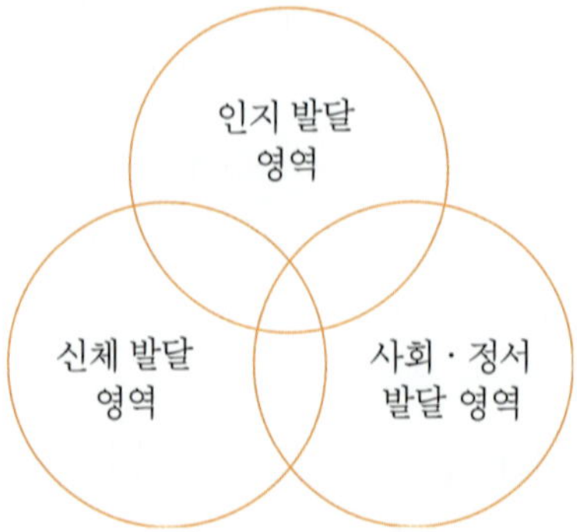

◆그림 1-3◆ 발달 영역 간 상호 연관성

생각 나누기

"여섯 살 행복이는 친구 다운이가 부럽다. 다른 친구들보다 키가 커서인지 운동도 잘하고, 말도 잘하며 친구들과 사이좋게 지내고 엄마와 아빠의 사랑을 많이 받아서인지 항상 밝다. 하지만 행복이는 키도 작고 운동도 잘 못할 뿐 아니라 어떻게 해야 친구들과 친하게 지낼 수 있는지를 모르겠다. 행복이도 다운이처럼 키가 커서 운동을 잘하고 친구들이 자기한테 다가와 줬으면 좋겠다."

위의 사례처럼 신체 발달이 빠르거나 그림을 잘 그리는 등 눈에 보이는 발달이 빠른 유아는 다른 유아에게 부러움의 대상이 될 수 있습니다. 또한 이러한 또래의 반응은 유아의 자신감을 향상시킬 뿐 아니라 더 잘하려고 노력하여 발달이 더 잘 이루어질 수 있습니다. 그러나 반대로 신체 발달이나 인지 발달이 잘되었어도 친구들과 잘 지내는 방법을 모른다면 또래에게 환영받지 못하여 위축되거나 공격적인 행동이 나타나면서 또래에게 더욱 소외되는 악순환을 반복할 수도 있지요. 이와 같이 유아의 신체, 인지, 사회 · 정서 발달은 아주 밀접한 관계에 있는 것을 알 수 있는데, 행복이의 이야기를 읽으면서 떠오르는 유아가 있으신가요? 있으시다면 발달 영역 간 상호관계를 기초로 이야기 나누어 보세요.

2. 유아 발달의 쟁점

유아 발달을 이해하고 설명하기 위해 많은 발달심리학 연구가 이루어졌다. 그로 인해 유아 발달에 영향을 미치는 요인이 유전인지 환경인지, 유아 발달을 촉진하는 것이 학습인지 성숙인지, 유아 발달이 결정적인 시기를 놓치면 불가능한 것인지, 발달에 민감한 시기에 자극을 주면 좀 더 잘 발달하고 이 시기를 놓치면 더 많은 자극과 노력이 필요한 것인지 등에 대한 논쟁이 끊임없이 이어지고 있다. 이 장에서는 첨예하게 대립되는 의견 중 어느 한쪽에 손을 들어 주기보다는 각각이 주장하는 근거와 반박하는 근거를 제시함으로써 좀 더 깊이 생각해 볼 기회를 갖고자 한다.

1) 유전과 환경

1999년 미국에서 Angela Arenivar는 세계 최대 규모의 영어철자 말하기대회

'Scripps National Spelling Bee'에서 기라성 같은 도전자들을 제치고 중학생 부문 최종 우승자가 되었다. 그러나 우승 이외에도 Angela Arenivar에게서 눈에 띄는 점은 그녀의 부모가 모두 멕시코에서 미국으로 넘어와 영어로 말을 할 줄 모른다는 것이다. 가난하고 부모가 영어를 쓰지 않는 집에서 자란 Angela Arenivar가 어떻게 영어철자 말하기 대회에서 우승을 할 수 있었을까?

대부분의 사람들은 그녀의 어린 시절에 미쳤을 어떤 긍정적인 영향을 떠올리겠지만 Angela에게는 양질의 어린 시절이 없었다. 아니면 '똑똑하게 태어난 것이 그 원인은 아닐까?'라는 의문을 가질 수 있지만 이것은 측정하기 힘들다. 그렇다면 Angela의 경우는 어떻게 설명할 수 있을까?

유아 발달에 영향을 미치는 것이 유전인가, 아니면 환경인가에 대한 논쟁은 오랜 기간 학자나 일반인들에 의해 제기되어 온 것이다. 이에 대한 방대한 연구가 진행되었음에도 유전과 환경 둘 중 하나를 선택하는 것은 불가능하고 유아 발달에는 유전과 환경 모두 영향을 미친다는 결론에 이르렀다. 즉, '유전과 환경

남자와 여자의 차이

남자는 마음속으로 공간을 회전시키고 이동시킬 수 있는 능력이 뛰어나기 때문에 주차를 잘한다. 주차 경력이 비슷한 남녀를 대상으로 넓은 공간에 있는 한 칸에서 빠져나와 다시 그 칸으로 들어가는 실험을 한 결과 남자의 평균 시간은 30초대였지만 여자의 평균 시간은 3분대였다.

24개월 된 영아들과 엄마가 놀다가 엄마가 손이 다친 상황을 연출하며 "엄마 아파."라고 말할 때 여자아이들은 울음을 터뜨리거나 엄마의 아픔을 그대로 느끼는 것처럼 행동한다. 그에 반해 남자아이들은 엄마가 손을 내밀자 손을 밀어 버리는 행동, 살며시 미소 짓는 행동을 보이는 등 공감 능력에서 남녀의 차이를 보여 준다.

출처: EBS 아이의 사생활 제작팀(2009).

이 어떻게 상호작용 하는가?'다.

유전적인 요인은 인간으로서의 우리를 특징지어 준다. 예를 들어, 아무리 노력해도 인간의 키가 3m가 될 수 없다는 점, 남성과 여성의 차이 등이 그것이다.

그러나 환경의 변화에 의해서 유전적 요인이 변화를 보이는 경우도 있다. 미국의 North Western 대학의 Lee T. Gettlera 교수팀은 자녀가 없는 평균 21.5세의 남성을 대상으로 남성호르몬인 테스토스테론 수치를 측정하고 5년 후에 다시 테스토스테론 수치를 잰 결과, 두 번째 검사를 실시할 때(첫 번째 검사에서는 모두 미혼이었으나, 5년간 결혼하고 자녀를 가진 변화를 겪은 그룹과 여전히 미혼인 그룹으로 나누어 두 번째 검사를 함) 자녀를 두고 있는 남성은 자녀가 없는 남성보다 테스토스테론 수치가 현저히 낮아진 것으로 나타났으며 이 현상은 갓 출생한 아이를

환경에 따른 성역할

아라페쉬, 먼더거머, 챔불리 세 부족은 성역할 개념이 각각 다르다. 남녀 모두가 여성적인 기질을 가지고 있는 아라페쉬 부족, 이와는 정반대로 남녀 모두 남성적인 기질을 가지고 있는 먼더거머 부족, 현대사회와는 반대로 여자는 남성적이고 남자는 여성적인 챔불리 부족은 성역할이라는 개념 자체가 후천적인 영향이라는 것을 보여 준다. 남녀 모두 유순하고 부드러운 아라페쉬 부족에서는 남녀 모두 협동심이 강하고, 비공격적이며, 타인의 욕구나 요구사항에 재빨리 반응하는 사람이 존경을 받고 그렇게 길러졌다. 반면, 먼더거머 부족에서는 남녀 모두 무자비하고 공격적인 성향을 보이며 자애롭고 모성적인 것들을 나약한 것으로 간주하여 무시하고 독립적인 것을 강조하였다. 또, 챔불리 부족은 여자는 지배적이고 객관적이며 통솔권을 가지는 반면에 남자는 책임감이 약하고 정서적으로 의존적 성향을 갖는다. 남자는 예술적이며 아름다움을 추구하는 존재인 반면 여자는 일을 추진하고 경영하는 것을 잘하는 존재로 간주된다.

출처: Mead (1998). 세 부족사회에서의 성과 기질 (조한혜정 역).

집으로 데려오는 순간 가장 크게 나타났다고 밝혔다. 아직까지는 테스토스테론 수치 저하가 양육에 도움이 되는지, 낮아진 테스토스테론의 양이 이후 얼마나 지속되는지에 관한 정확한 자료는 없으나 이 현상을 통해 환경에 따른 생물학적 변화를 설명할 수 있다.

또, 가정의 경제적인 수준도 유아의 발달에 영향을 미친다. Evans와 English (2002)의 연구에 따르면 저소득층 유아들이 건강한 발달뿐만 아니라 인지적, 사회적, 신체적 발달에서 불리한 것으로 나타났다. 표준화된 검사 수행에서 가정의 소득 수준이 높을수록 유아의 신체, 인지, 사회성 발달 점수가 높게 나타났다.

유아에게 영향을 줄 수 있는 환경으로는 가정 이외에 또래, 교사, 유치원 등이 있는데, 양육(nurture)을 환경(environment)과 동일시하던 시각에서 벗어나 그 이외의 환경의 영향에 대해 살펴보는 연구들도 있다.

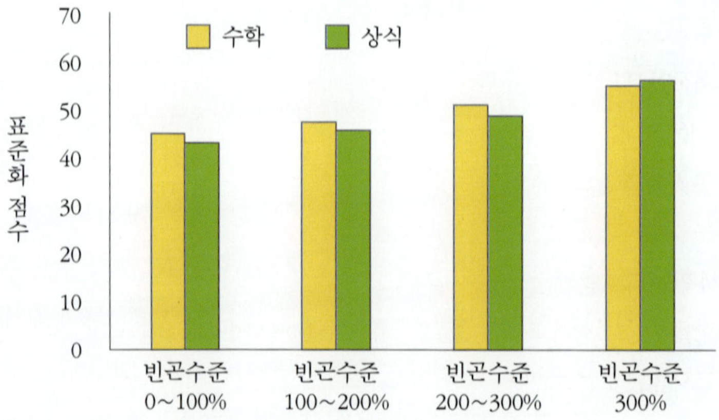

◆그림 1-4◆ 소득에 따른 수학 및 상식 검사 점수

출처: Gershoff (2003).

가정 밖의 환경에서 영향 받는 아이들

Judith Rich Harris는 이전까지 환경(environment) = 양육(nurture)이라고 생각한 사고의 틀을 깼다. 보통 유아가 문제가 있거나 뛰어나면 그 부모의 양육 방식에 대해 관심을 갖지만 사실은 양육 방식 이외의 환경(또래 등)에 관심을 가져야 한다고 보았다. 그에 대한 증거로 미국에 거주하는 러시아인 가정과 영국 Judith Rich Harris 상류층 가정의 자녀를 예로 들었다.

Harris가 학부생 시절을 지낸 하숙집 주인 부부는 러시아인으로 러시아어로 대화하고 세 자녀에게도 러시아어로 말했다. 부모의 영어 실력은 신통치가 않았지만 다섯 살에서 아홉 살 사이였던 그 집의 아이들은 러시아 억양은 전혀 찾아볼 수 없는 완벽한 영어를 구사했다. 오히려 같은 동네에 사는 다른 아이들의 보스턴-캠브리지 억양이 입에 붙어 있었고, 보통의 미국인 아이들과 다를 바가 없었던 것이다.

또, 부유한 영국 상류층 가정의 남자아이는 여덟 살까지의 유년기 대부분을 유모나 가정교사 혹은 한두 명 정도의 형제들과 보낸다. 부모와는 거의 함께 있지 못하는 것이 보통이며, 부모는 자녀에게 직접 말을 걸지도 않고 가능하다면 아예 마주치지도 않는 것이 전형적인 태도라고 여겨졌다. 여덟 살이 되면 아이는 기숙학교에 보내지고, 그곳에서 십 년을 보내는 동안에도 방학이 아니면 집에 갈 수 없다. 그러고 나서 이튼이나 해로우 같은 사립 고등학교를 졸업하면 그 아이는 비로소 영국 신사들의 세계에 발을 디딜 준비를 갖추게 되는 것이다. 아이들은 그의 유모나 가정교사, 심지어는 이튼이나 해로우에서 만난 교사와도 전혀 다른 억양으로 말하고 또 행동한다. 아이가 자기 아버지에게 영향을 받을 기회가 거의 없었지만, 아이의 상류층 억양과 행동 방식은 아버지와 별반 다르지 않은 모습을 보인다.

출처: Harris (2009).

2) 학습과 성숙

서양의 스와들링 풍습이 나타난 프라 안젤리코의 작품 〈성전에 봉헌〉

캐나다 인디언 문화에서의 영아 요람(Berk, 1991)

유아의 발달을 이끌고 변화시키는 것은 학습인가? 아니면 성숙인가? 라는 전제 또한 오랜 논쟁거리다. 성숙은 유전적 요인에 의해 발달적 변화들이 나타나는 생물학적 과정이다. 개인적으로 약간의 기간 차이는 있지만, 특별한 자극을 주지 않아도 아기는 몸을 뒤집을 시기가 되면 몸을 뒤집는다. 또 생후 2년간 몸무게와 키가 급속히 증가하고 사춘기가 되면 저절로 2차 성징이 나타난다. 과거 중세시대에는 태어나서 생후 12개월이 훨씬 넘은 영아까지 팔부터 발까지 감싸는 '스와들링'을 하여 양육하였다. 이 방법은 지극히 성인 중심적인 방법으로, 수유를 할 때 영아가 팔과 다리를 마음대로 움직이지 못하여 어른이 수유하기가 쉬웠다고 한다. 또 그대로 뉘어 놓으니 돌아다니면서 일을 저지르지 못해서 양육하기가 쉬웠다. 그러나 영아 입장에서는 마음대로 움직일 수 없고, 워낙 꼼꼼하게 싸 놓아서 배변을 하여도 어른이 갈아 주기 전까지는 참아야 하는 불편한 것이었다.

이와 비슷하게 캐나다 인디언 문화에서는 영아를 요람에 넣어 키웠다. 그러나 스와들링과 요람에서 성장하여 걷기를 학습할 기회가 없던 영아들도 성장하면 모두 걸었고, 이러한 결과는 유아의 발달이 성숙에 의해 이루어진다는 관점의 근거가 될 수 있다. 성숙론자들은 질 낮은 환경이 유아 발달을 저해하는 요인이 될 수는 있지만 기본적으로 성장은 성숙에 의존한다고 믿는다.

그와 반대로 유아의 발달은 학습에 의해 이끌어지고 질적 변화를 보인다는 견해가 있다. 학습은 직접 또는 간접 경험의 산물이다. 학습은 훈련이나 연습을 통해 나타나는 발달적 변화이며 그 결과는 개인차가 나타난다. 예를 들어, 같은 교사에게 글씨 쓰기를 배우는 만 4세 유아를 살펴보면 더 빨리 쓰거나 더 예쁘게 쓰는 유아가 있는가 하면, 글씨 쓰는 속도가 느리거나 글씨 모양이 예쁘지 않은 경우를 볼 수 있다. 또, 같은 모국어를 사용하고 배우더라도 발음이 좋거나 더 어휘력이 좋은 유아가 있는가 하면 그렇지 않은 유아도 있다. 사진에서처럼 그네 타기도 타는 방법을 배우고 이를 숙달시키면 만 4세경에도 잘 탈 수 있지만, 위험하다는 이유로 탈 기회를 주지 않거나 타는 방법을 가르쳐 주고 숙달할 기회를 주지 않으면 만 5세가 되어도 잘 타지 못한다. 자전거 타기도 마찬가지다.

지속적인 연습을 통해 그네 타기를 연마하는 유아

3) 결정적 시기와 민감기

유아 발달을 설명하는 데 있어 과거에는, '결정적 시기'라는 용어를 사용하여 이 시기를 강조하였다. 결정적 시기는 제한된 시간 내에 유아가 특정한 적응 행동을 습득하도록 생물학적으로 준비되어 있으며, 이를 위해서는 적절한 자극적 환경이 지원되어야 한다는 것을 의미한다(Berk, 2000). 동물행동학자 로렌츠

로렌츠와 기러기

로렌츠가 그린 자신과 청둥오리 삽화

(Konrad Lorenz)는 '각인'이라는 용어로 결정적 시기를 설명하였다. 로렌츠는 어미 기러기가 낳은 알들을 두 집단으로 나누어, 한 집단의 알들은 어미 기러기가 부화하게 하고, 다른 집단의 알들은 부화기에서 부화시켰다. 어미 기러기가 부화시킨 알에서 나온 새끼 기러기들은 어미 기러기를 따라다녔지만, 부화기에서 부화되어 알에서 나오자마자 로렌츠를 본 새끼 기러기들은 로렌츠를 어미처럼 졸졸 따라다녔다.

같은 실험을 청둥오리 새끼들에게도 해 보았는데, 기러기와는 달리 청둥오리 새끼들은 어미 청둥오리에 비해 몸집이 지나치게 크지 않고 청둥오리처럼 "꽥꽥" 소리를 내는 물체만 어미로 각인하였다. 그래서 로렌츠는 일단 쭈그려 앉은 채로 주기적으로 꽥꽥 소리를 내야 했다.

로렌츠는, 각인이 생후 초기 제한된 기간 내에만 일어나는데, 만약 이 기간 동안 어미가 없으면 대신 어미를 닮은 대상에 각인이 일어날 수 있다고 보았다. 로렌츠의 연구를 통해 학자들은 각인이 결정적 시기에만 일어난다고 보았다. 각인은, 어린 동물이 생후 초기 특정한 시기 동안 어떤 대상에 노출되어 그 뒤를 따르게 되면 그 대상에 애착되는 것을 의미하는데, 여기에서 '특정한 시기'가 바로 결정적인 시기라고 하였다. 이렇듯 각인은 유아 발달에 폭넓게 적용되어 온 주요 개념인 '결정적 시기'라는 개념을 이끌어 냈다.

이러한 결정적 시기의 개념은 유아의 '애착'을 설명하는 데도 적용된다. 생후 2년은 양육자와의 애착을 형성하는 결정적 시기로 이 시기에 형성되는 애착 유형은 거의 변하지 않고 이후 인간관계, 자녀와의 관계에까지 영향을 미친다고 보는 견해가 많다.

그러나 유아 발달에 있어서 기간이 짧은 특정 시기(1, 2년), 즉, 결정적 시기를 지나치더라도 발달이 완전히 멈춘다고 보기는 어렵다. 예를 들어, '애착'의 경우 생후 24개월간 불안정 애착을 경험하였어도, 이후 양육자의 변화로 안정애착으로 변화할 수 있는 가능성이 있고, 언어 발달의 경우도 태어나서 12세까지 지속적으로 발달된다는 점에서 최근에는 '민감한 시기(민감기)'라는 용어가 사용되고 있다. 즉, 유아 발달에서 애착을 포함한 모든 학습은 1, 2년의 결정적 시기에 이루어지지 않으면 평생 회복 불가능한 것이 아니라, 이후에도 회복이 가능하지만, 민감한 시기가 있어서 그 시기에 자극이 주어지면 다른 시기에 비해 훨씬 빨리 학습된다는 개념이다. 최근에 조기교육에 열을 올리는 엄마들이 영아기부터 문자 교육을 시키지만 교육 기간이 오래 걸리는 반면(1~2년), 만 5세경에 문자 교육을 시키는 경우 단 몇 주에서 몇 달이면 익히게 되는 것이 그 예다. 문자교육의 결정적 시기는 없으나 문자 교육에 민감하게 반응하는 시기가 있어서 그 학습 효과가 더욱 커지는 것이다. 이와 관련한 과거의 연구를 살펴보면 다음과 같다.

19세기 초 프랑스 남부 마을 아비뇽(Aveyron)에서 발견되어 아비뇽의 야생아로 불린 야생 상태의 11살 빅토르는 파리의 농아연구소에서 40세에 사망하였다. 빅토르의 생은 그의 개인교사 역할을 했던 장 이타르(Jean Itard) 박사에 의해 세밀하게 관찰되고 기록되었다. 이 이야기를 토대로 누벨바그를 대표하는 유명 감독 프랑소와 트뤼포는 〈야생의 아이〉라는 영화를 만들기도 했다.

이들 기록에 따르면 늑대소년(빅토르)은 인간 사회로 복귀 후에도 네 발로 뛰고 썩은 고기만 먹거나 옷 입기를 거부하고 바닥에서만 자는 등 야생의 행동 방식을 오랫동안 고수하다 몇 년에 걸친 긴 적응기간을 거쳐서야 비로소 인간의 규칙을 서서히 수용하였다. 이 늑대소년이 아무리 긴 시간이 지나도, 그 어떤 경우에도 완벽해지지 못한 부분이 있었는데 그것은 바로 언어였다. 몇 단어 혹은 몇 문장을 말하는 정도에서 언어 발달은 정지하였다. 인간 사회로 복귀한 뒤 30여 년을 보낸 빅토르의 경우도 말귀를 알아듣고 또 일부 읽기도 했으나 끝내 말하는 법은 배우지 못했다. 11세 소년이 30년 동안 인간의 말을 배우지 못한 것이다.

1970년 미국 캘리포니아에서 발생한 일명 지니(Genie) 사건에서도 비슷한 결과가 나타났다. 심한 우울증에 시달리는 폭력적인 아빠와 그에 저항할 힘이 없는 시각장애 엄마 사이에 태어난 지니는 위험한 세상으로부터 딸을 보호하겠다는 아빠의 뜻에 의해 생후 20개월이 되는 시점부터 13세 반이 될 때까지 낮에는 어린이 변기에 고정되도록 만든 장치에 묶여 있고, 밤에는 슬리핑백에 묶여 철사로 망을 치고 뚜껑까지 덮인 어린이 침대에 뉘여 키워졌다. 발각된 후 아동학대 죄로 재판에 회부되는 날 자살한 그녀의 아빠는, 아무도 그녀에게 말을 걸지 못하게 했으며 딸에게 말을 할 때는 개처럼 짖거나 으르렁거렸다. 인간적 접촉과 대화로부터 완벽하게 차단되어 11년을 산 지니는 발견 즉시 심리학자, 언어학자, 신경학자 등 두뇌 발달과 관련된 전문가들에게 커다란 관심의 대상이 되었고, 7년간 아동병원에 머물면서 UCLA의 언어학자 수잔에게 전문적인 언어교육을 받았다. 그러나 지니는 20세가 될 때까지도 I와 You를 구분하지 못했고, Hello라는 말에 Hello라고 대답하는 법을 배우지 못했으며, 끝내 3단어 이상의 문장을 만들지 못했다. 이와 같이 위에 제시한 사례의 아동들이 언어를 습득하지 못한 이유는 언어 발달이 가장 잘 이루어지는 민감기인 2세부터 사춘기 동안(Lenneberg, 1967) 적절한 언어 훈련을 받지 못했기 때문이다.

3. 유아 발달 연구

1) 고대

서양의 유아 발달 연구의 역사는 고대 그리스로부터 시작된다. 고대의 유아 발달 연구는 플라톤(Plato)과 아리스토텔레스(Aristotle)로부터 시작된다. 그러나 이들이 유아를 구체적으로 관찰하거나 유아에 대한 자료를 수집, 분석했다기보다는 성인 교육을 위해 유아기 교육이 이루어져야 할 방향에 대한 사유에 그치는 수준이었다.

플라톤(B.C. 428/427~B.C. 348/347)

아리스토텔레스(B.C. 384~B.C. 322)

왕족으로 태어난 '플라톤'과 마케도니아 궁정 의사의 아들로 태어난 '아리스토텔레스'는 유아에 관한 연구를 구체적으로 실행하지는 않았으나 유아 교육의 중요성을 강조하고, 유아의 욕망을 바람직한 방향으로 유도하거나 영혼의 세 요소(이성, 기개, 욕망)가 조화와 질서를 유지할 수 있도록 해 주어야 함을 강조하여 오늘날의 정교하고 과학적인 유아 발달 연구의 기초를 제공해 주었다는 점에서 자주 언급되고 있다.

플라톤과 아리스토텔레스는 생애 초기 경험이 성격 형성에 가장 중요하다고 보았지만 성장하면서 다양한 경험을 통해 성격이 수정될 수도 있다고 하였고, 유아기에는 이성이 성숙되지 않기 때문에 음악과 스포츠를 중심으로 유아를 교육하는 것이 적합하며, 이 시기에는 또래와 어울리는 것을 통해 사회성 발달을 이루도록 하는 것이 중요하다고 보았다.

2) 17~20세기

(1) 로크와 루소

17세기 이후의 두 철학자 로크(John Locke)와 루소(Jean-Jacques Rousseau)가 실시한 구체적인 유아 연구 방법이 남아 있는 기록을 찾기는 어렵지만 그들이 쓴 글들을 통해 관찰과 그에 대한 사유를 바탕으로 유아 발달에 대한 개념을 정립한 것으로 보인다.

영국의 철학자 로크는 인간은 누구나 백지 상태로 태어나 환경과 경험에 의해 다르게 성장한다고 하였다. 이러한 견해는 오늘날의 행동주의와 사회 학습이론의 기초가 되고 있다. 로크의 교육 방법은 형식적인 교육의 틀을 벗어나 유아를 가정으로 데려와 유아의 본성 그대로 자연의 원리와 화합하도록 돕고, 놀이 방법을 도입하여 유아의 흥미를 계속 유발할 수 있도록 해야 한다고 하였으며, 유아의 순수한 놀이를 중요하게 평가하였다. 그러나 로크는 이성적 사고 발달을 중시하여 아직 이성적 사고를 하지 못하는 유아는 수동적인 존재로 간주하고 환경이 그만큼 중요하다고 보았다.

로크(1632~1704)

루소(1712~1778)

18세기 후반 프랑스의 철학자 루소는 인간의 본질을 감정으로 보았기 때문에, 감정에 충실한 유아를 긍정적으로 생각했다. 자연주의자인 루소는 진정한 교육은 사회의 구속에서 벗어나 자유롭게 성장할 수 있을 때 가능하다고 보고 자발적 흥미와 욕구를 중요하게 여겼다. 이는 그의 유명한 저서 『에밀』에 나타난 교육 철학인데, 정작 본인은 자신이 사랑하는 귀족 여인과 결혼하지 못하고 유모 출신 여성과 결혼한 후 그 사이에서 태어난 자녀들을 모두 고아원에 보냈다는 점은 아이러니한 일이다.

(2) 다윈

유아 발달에 대한 좀 더 과학적인 연구 방법은 19세기 초 다윈(Charles Robert Darwin)으로부터 시작되었다고 할 수 있다. 다윈은 진화론에 입각하여 동물학, 식물학, 인류학의 3단계 연구를 하였는데, 그중 인류학 연구와 관련하여 유인원과 인간의 유사성을 밝히기 위해 자신의 자녀 관찰, 다른 연구자의 아동 표정 관찰 사진 등의 자료를 수집하였다. 다윈의 관찰일지는 눈에 보이는 현상을 있는 그대로 서술한 후 그 의미를 파악하고 생리학적인 설명을 덧붙이는 형식으로 이루어지는데, 어떤 면에서 현대 유아 연구에서 사용하는 질적 연구 방법과 거의 유사하여 다윈의 관찰일지는 현대 질적 연구의 모태가 되었다고 볼 수 있다.

다윈(1809~1882)

다윈의 유아 관찰 일지

내 아이를 여덟 살 이후부터 관찰한 바에 의하면 소리 내어 울기 시작하는 징조는 다음과 같다. 먼저 추미근의 수축에 의해 얼굴이 약간 일그러지기 시작하고 머리와 얼굴의 모세혈관에 혈액이 다량 흐르게 되면서 안색이 붉어진다. 그러다가 울기 시작할 때가 되면 눈 주위의 모든 근육이 강하게 수축되며 입은 크게 벌어진다. 이렇게 울기 시작하는 초기 단계의 모습은 좀 더 나이가 들어서도 마찬가지였다. 소리 내며 계속 울 때는 두피와 안면 그리고 눈이 빨갛게 상기되는데, 이것은 격렬히 숨을 내쉬기 때문에 혈액이 원활히 순환되지 않기 때문이다. 눈이 빨갛게 충혈되는 것은 주로 눈물이 많이 분비되기 때문에 나타나는 현상이다.

– (중략) –

유아는 눈물을 절대 흘리지 않는데 이것은 간호사나 의사들에게는 널리 알려진 사실이다. 이것은 누선이 작동하기 않기 때문이 아니다. 나는 이 사실을 생후 77일 된 내 아이를 보고 알 수 있었다. 내가 옷소매로 아이의 한쪽 눈을 닦아주었을 때 그 눈에서 눈물이 흘러 나왔다. 이때 아이는 소리를 내며 울었는데 다른 한쪽 눈에서는 눈물이 흐르지 않거나 단지 약간의 눈물이 고여 있을 뿐이었다. 그 일이 있기 10일 전에는 소리 내어 울 때도 양쪽 눈에 눈물이 고이거나 하지 않았었다. 생후 122일이 지나서야 비로소 눈물이 눈꺼풀을 넘쳐 볼을 타고 흘러 내렸다. 눈물을 흘리는 시기는 아이마다 차이가 있다. 생후 20일 만에 눈물이 약간씩 고이는 경우도 있고, 생후 62일 무렵에야 그런 현상이 관찰되는 경우도 있었다. 나의 세 아이 중 두 아이는 생후 84일이나 110일이 지나서도 눈물을 흘리지 않은 반면, 셋째 아이는 104일이 지나서 눈물이 흐르기 시작했다. 또 다른 경우에는 심지어 42일 만에 눈물이 흐르는 것도 관찰한 적이 있다.

교감성 운동이나 미각을 느끼는 능력이 완벽하게 이루어지기 전에 연습이 필요한 것처럼 누선의 활동도 연습 과정이 필요한 것 같다. 이것은 우는 습관과 관련이 있는 것 같은데 인간이 그들의 공통 조상인 호모(Homo) 종이나 눈물을 흘리지 않는 유인원 종으로부터 분화된 후 오랜 기간에 걸쳐 획득한 습관에서 비롯된 것이다. 아주 어린 시절에 눈물을 흘리지 않는다는 사실은 노년기에 우는 것이 감정 표현의 대부분을 차지한다는 관점에서 생각해 보면 주목할 만한 것이다. – (생략) –

출처: Darwin (1998). 인간과 동물의 감정표현에 대하여 (최원재 역).

(3) 스탠리 홀

관찰을 중심으로 한 다윈의 유아 연구 방법 이후 19세기 말이 되면서 유아에 대한 과학적인 연구가 시작되었다. 그랜빌 스탠리 홀(Granville Stanley Hall)은 새로운 연구 방법을 제시하였다. 스탠리 홀은 미국에서 아동 연구가 새로운 학문으로 시작하는 데 결정적인 역할을 한 사람으로, 초대 미국 심리학회의 회장이었으며 발달심리학 연구의 기초자였다. 스탠리 홀은 아동에 대한 관심 때문이라기보다는 '사회진화(social evolution)'에 대한 관심에서 1880년에 아동에 관한 연구를 시작하였다.

스탠리 홀(1844~1924)

홀은 유럽에서 심리학의 개척자인 빌헬름 분트(Wilhelm Wundt)와 심리학을 연구한 최초의 미국인으로 1880년 '유아의 마음의 내용'에 관한 연구에 관심을 가지고 미국으로 돌아왔다. 독일에서 배운 설문지 방법을 도입하여 보스턴 지역 약 200명의 유치원 아이들에게 "소를 본 적이 있느냐?" "벽돌은 무엇으로 이루어져 있느냐?" 등의 질문을 하였다. 특정 답을 한 아이들의 분포를 표로 나타내었으며 소년과 소녀, 도시아이와 시골아이, 각기 다른 인종의 아이들 간의 반응을 비교하였다. 이런 연구는 한 어린이의 세부적인 특성을 조사하였던 이전의 연구와 달리 처음으로 집단 자료를 모아 어린이 집단을 비교하였다는 점에서 특징이 있었다. 홀의 연구는 유아 발달 연구 방법에서 양적 연구 방법의 기초를 다졌다고 볼 수 있다.

3) 20세기 이후

20세기는 '아동의 세기'라 할 만큼 유아, 아동에 대한 연구가 많이 이루어졌고, 프로이트와 에릭슨의 정신분석이론, 스키너의 학습이론, 반두라의 사회학습이론, 피아제와 비고츠키의 인지발달이론, 생태학적 접근 이론 등이 정립되었다. 20세기의 연구들은 유아의 연령에 따른 신체, 인지, 언어 발달 등의 연구를 통해 유아를 설명하고 예측하는 것이 주된 목적이었다.

(1) 자연적 상황에서 면담과 관찰을 통한 연구

1 프로이트

프로이트(1856~1939)

프로이트(sigmund Freud)는 자신의 정신과 환자들을 관찰하고 면담을 통한 치료를 하면서 그들의 어린 시절에 대해 관심을 갖게 되었고 그때부터 영·유아기 경험의 중요성을 강조하였다.

2 에릭슨

에릭슨(1902~1994)

에릭슨(Erik Homburger Erikson)은 '사회적 관계(social relation)'를 중요하게 보고 '자기실현(self-actualization)'과 '현재 상황(present situation)'을 강조하였다. 에릭슨은 유아 발달에서 문화적 환경의 중요성도 강조하여 관찰과 사유를 통해 인간 발달 전체에 대해 연구하였다.

3 비고츠키

비고츠키(1896~1934)

본래 언어학자였던 비고츠키(Lev Semenovich Vygotsky)는 인간의 언어 발달에 대해 연구하면서 유아기의 언어 발달에도 주목하게 되어 유아의 언어 및 인지 발달에 대해 관심을 가졌다. 비고츠키는 환경과 문화적 요소, 생물체 간의 상호작용을 통해 유아의 발달이 형성된다고 보았다(Agbenyega, 2009). 비고츠키가 생각한 문화는 도구와 가구와 같은 물리적인 것을 포함하여 인간이 생산하고 산출해 낸 모든 환경들을 말한다. 비고츠키는 관찰을 통해 이러한 문화 중에 유아의 인지 발달에 상호 영향을 미치는 것이 언어라고 보았고 사고와 언어의 관계가 3단계를 거쳐 발달한다고 하였다.

(2) 통제된 상황에서 실험을 통한 연구

[1] 학습이론

행동주의 심리학에서 나온 학습이론은 인간 발달에 있어서 생물학적 요인보다 환경적 요인을 강조하였다. 초기 행동주의자들은 심리학이 과학이어야 한다는 것을 강조하고, 객관적 관찰이 가능한 것만 심리학의 연구 대상으로 여겼다. 측정할 수 없는 사고, 의식, 감정과 같은 눈에 보이지 않는 내부적 행동, 무의식적 욕구 등은 심리학의 연구 대상이 될 수 없다고 하여 철저히 배제하였다. 학습이론의 대표적 학자는 파블로프, 왓슨, 스키너, 반두라 등이 있다.

학습이론에서 나온 개념은 파블로프의 고전적 조건반사와 고전적 조건 형성, 강화, 소멸, 일반화, 변별화, 스키너의 조작적 조건 형성(강화, 강화인, 소멸, 처벌), 그리고 반두라의 인지적 사회학습이론(관찰학습, 모델링, 자기효능감) 등이 있다. 학습이론이 유아 발달에 있어 환경의 중요성만을 강조한 점은 보완되어야 할 점이다. 그러나 유아를 둘러싼 환경이 유아 발달에 지대한 영향을 미친다는 점을 확인하고 환경 개선을 위한 노력이 지속적으로 이루어지도록 했다는 점, 객관적인 사실에 입각한 이론을 세웠다는 점에서 의의가 있다.

[2] 피아제의 인지발달이론

피아제(Jean Piaget)는 자신의 세 자녀를 관찰하여 유아의 행동을 체계적으로 설명하고, 유아의 인지 발달을 이해하는 데 큰 영향을 준 학자다. 피아제 이론은 유아의 지식이 어떻게 발달하며, 문제들을 어떻게 생각하고, 어떻게 해결해 가는가를 설명해 주는 이론이다. 피아제가 자녀를 관찰하여 모든 이론을 정립하였

피아제(1896~1980)

다기보다는 자녀 관찰을 통해 기본적인 틀을 잡고 여러 가지 실험을 통해 유아의 인지를 이해하였다. 피아제의 실험에는 세 산 모형 실험, 보존 개념 실험, 대상영속성 실험 등이 있고, 그는 이들 실험을 통해 유아기 사고의 특성인 상징적 사고, 자기중심성, 물활론적 사고, 인공론적 사고, 보존 개념, 유목화, 비가역성 등에 대해 알아내는 중요한 역할을 하였다.

(3) 의학 기술을 접목한 뇌 기능 발견을 통한 연구

[1] 뇌 기반 학습이론

21세기에 들어서면서는 과학의 발달 덕분에 PET(양전자 방출 단층 촬영), CT(컴퓨터 단층 촬영)와 같은 의료 도구를 사용함으로써, 유아의 뇌를 연구할 수 있게 되었고, 유아들에 대한 이해를 좀 더 과학적으로 설명하게 되었다. 또한 이들 기술을 통해 기존의 유아 발달 이론들을 검증해 가고 있다.

뇌 기반 학습이론에서는 가장 먼저 뇌의 구조와 기능에 대해 탐구해 가고 있으며, 현재 각 기능이 밝혀진 뇌의 영역은 전두엽(frontal lobe), 두정엽(parietal lobe), 측두엽(temporal lobe), 후두엽(occipital lobe), 중뇌(middle brain), 변연계, 편도(amygdala), 해마(hippocampus) 등이 있다. 또한 좌뇌와 우뇌의 기능, 성별에 따른 뇌 발달, 연령에 따른 뇌 발달에 대한 연구가 진행되면서 그에 기반을 두어 교육을 하고자 노력하고 있다.

과도한 조기교육, 유아 뇌 발달 저해

아이에게 과도한 조기교육을 시키면 뇌 발달을 저해할 수 있다는 주장이 나왔다. 서유헌 서울대학교 의대 교수는 24일 성균관대 사교육정책중점연구소의 '사교육 없이 우리 아이 키우기' 포럼에서 "인간의 뇌는 단계별로 적절한 교육을 받아야 정상적으로 성장할 수 있다"고 밝혔다. 머리가 좋은가 나쁜가는 대뇌피질의 각 영역이 얼마나 잘 발달했는지에 따라 판별되는데, 이것은 전두엽부터 후두엽 쪽으로 이동하며 발달하는 경향이 있다. 특히 만 0~3세 때는 두뇌의 신경세포 회로가 일생을 통해 가장 활발하게 발달하며, 전두엽과 후두엽의 기초 발달이 이 시기에 이뤄진다. 따라서 이 시기에 독서나 언어교육 등에 과도하게 편중된 학습을 할 경우 고른 뇌 발달을 저해할 우려가 크다.

서 교수는 "만 0~3세 아이는 감정과 정서 발달에 신경 쓰는 것이 중요하고, 전두엽이 빠르게 발달하는 3~6세에는 인간성을 길러 주는 것이 중요하다."면서 "두정엽과 측두엽의 발달 속도가 빠른 6~12세에는 언어 교육을 해도 된다."고 말했다. 그는 "대학입시가 모든 교육을 좌우하고 있는 현실에서 사람들은 아이의 감정과 본능에 대한 고려 없이 공부만 잘하면 잘 살 수 있다는 잘못된 생각을 갖고 있다."면서 "뇌를 기반으로 한 교육이 전혀 이뤄지지 않고 있다."라고 지적했다. 이어 "가느다란 전선에 과도한 전류를 흘려 보내면 과부하가 걸려 불이 나는 것처럼 과도한 조기교육은 각종 정신질환으로 나타날 수 있다."라고 경고했다.

출처: 경향신문(2011. 5. 24.). '과도한 조기교육, 유아 뇌 발달 저해'에서 발췌.

제2부

유아 발달 이론

제2장 정신분석이론

정신분석이론은 주로 인간의 성격이나 감정, 욕구 등의 내면 세계를 설명해 주는 발달 이론이다. 정신분석이론에 따르면 발달은 무의식적인 것이며 우리의 행동은 단지 표면상 드러나는 특성에 불과하다. 따라서 유아의 발달을 제대로 이해하기 위해서는 유아의 외현적 행동보다는 그 행동 내면의 상징적인 의미를 분석함으로써 그 마음속 생각을 이해해야 한다. 이러한 정신분석이론은 프로이트의 심리성적 이론(psychosexual)과 에릭슨의 심리사회적(psychosocial) 이론으로 대변될 수 있다.

정신분석이론의 대표적인 인물인 프로이트는 무의식의 세계를 처음으로 소개하였다. 그는 우리가 꾸는 꿈이 곧 인간에게 무의식이 존재함을 증명하는 것이라고 보았으며 이 무의식 속에 내재하고 있는 내적 욕구나 갈등은 자유연상법을 통하여 밖으로 이끌어 낼 수 있다고 보았다. 또한 프로이트는 원초아, 자아, 초자아 3가지로 구성된 성격의 구조를 밝힘으로써 인간의 심리적 특성을 설명하였다. 이외에도 프로이트는 5단계의 심리성적 발달 단계(구강기, 항문기, 남근기, 잠복기, 생식기)를 통하여 인간의 발달이 불변하는 순서로 연결된다고 하였다.

한편 에릭슨은 프로이트의 심리성적 발달 5단계를 더욱 정교화하여 인간 발달을 8단계로 이론화하였다. 이는 성적 본능과 관련하여 발달을 설명하고 있는 프로이트의 이론과는 달리 사회적 인간으로서의 발달에 초점을 둔 이론이다.

1. 프로이트의 심리성적 발달 이론

1) 주요 개념

프로이트(1856~1939)

정신분석학의 창시자 프로이트(Sigmund Freud)는 체코슬로바키아의 프라이버그에서 가난한 유대인 가정의 7남매 중 맏이로 태어났다. 프로이트는 3세에 비엔나로 이사를 간 뒤 유태교 학교를 다녔다. 프로이트는 신의 존재를 믿지는 않았으나 유태인으로서의 내적 정체감을 갖고 있었고, 이러한 유태인적 근원이 그의 삶에 영향을 미쳤다(Kaplan, 2009). 또한 유태인으로서의 그의 정체감은 학문으로도 영향을 미치게 되었다. 프로이트는 의학을 공부하면서 신경학의 연구에 깊은 관심을 가졌고 신경학자로서의 연구에 전념하였다. 또한 병원에서 수많은 임상 환자들과 함께하면서 신경질환을 심리학적 관점에서 생각해야 한다는 자극을 받았다. 프로이트는 1886년 결혼하여 세 딸과 두 아들을 가졌는데 특히 딸 Anna는 프로이트 연구의 관찰 대상이 되곤 하였다.

프로이트의 정신분석적 개념은 다윈의 진화론에서 영향을 받았다. 이러한 다윈의 개념은 프로이트의 유전, 적응 요인 그리고 인간의 심리적 갈등 이론에 잘 드러나 있다(Hoare, 2005). 정신분석적 연구는 1902년 프로이트가 살고 있던 아파트에서 시작된 '심리학 수요모임(Wednesday Psychological Group)'에서 본격화되었다. 프로이트와 Gross, Steke, Adler 네 명의 멤버로 시작했던 수요모임이 빠르게 성장하여 1907년에는 '정신분석협회(Psychoanalytical Association)'를 결성하기에 이르렀고 이를 통해 더욱 활발한 연구가 진행되었다(Kaplan, 2010). 이후

융이나 아들러 등이 협회에 합류하여 연구를 함께 하였으나 후에 이들은 프로이트의 이론에 반대하여 협회를 떠나게 되었다. 프로이트에 의하여 창시된 정신분석학은 그의 범성욕설적인 입장에 반대하여 일탈해 나간 융, 아들러 등의 정신분석학과 구별하여 '전통적 정신분석학(traditional psychoanalysis)'이라고 불린다. 정신분석학은 행동주의 심리학, 인본주의 심리학과 더불어 현대 심리학의 3대 주류 학문으로 여겨지고 있으며 특히 최초의 학문적 세력으로 등장하여 정신의학과 심리학 발달에 지대한 공헌을 하였다(이성태, 2007).

(1) 무의식의 발견

정신분석이론의 핵심은 '무의식(unconsciousness)' 개념이다(D'Amato, 2010). 즉, 정신분석학은 인간 정신의 무의식을 탐구하는 학문이다. 프로이트 이전에는 인간의 정신세계가 존재하는지에 대한 지식이 전혀 없었던 시기였기 때문에 당시 이 개념은 혁신적이었다. 무의식 개념에 대한 그의 신념은 우선 신경증 환자에 대한 그의 임상 상황에서 찾아볼 수 있다. 프로이트에 따르면 정신 기능은 서로 다른 두 가지 측면, 즉 의식과 무의식의 두 가지 차원이며, 이런 무의식적 마음의 상처나 손상이 신경증과 같은 병의 원인으로 작용하게 된다는 것이다.

신경증을 치료하기 위해 프로이트는 주술적인 방법이나 최면술을 이용하여 무의식의 세계에 대한 접촉을 시도하였다. 그러나 최면요법을 시도하는 데 어려움을 겪게 된 프로이트는 새로운 방법을 고안한다. 그것이 바로 자유연상법(free association)이다. 자유연상법은 환자에게 아주 사소한 것이나 혹은 말하기 곤란한 것에 이르기까지 마음에 떠오르는 것을 모두 있는 그대로 이야기하도록 요구하는 기법이다. 이 기법은 무의식의 이론적 정립 이상으로 프로이트의 중요한 업적 중 하나다. 그러나 환자에게 자유로운 연상을 이끌어 냈던 이 자유연상 기법을 통해서는 최면암시와 같은 극적인 효과를 기대할 수 없었기 때문에 치료기간이 오래 걸리는 단점이 있었다. 그럼에도 오랫동안의 치료는 보다 심층적이고 근본적인 치료를 가능하게 하는 또 다른 장점으로 작용하기도 하였다(현정환, 2009).

무의식이 있음을 입증하는 또 다른 증거는 인간의 꿈이다. 인간의 내적 충동, 특히 공격성, 죽음과 같이 금기시되는 충동은 강한 자아(ego)와 초자아(superego)에 의해 의식적으로 금지된다. 이렇게 낮 동안 억압되어 있던 무의식적 충동이 잠을 잘 때 자아(ego)에 의한 억압이 약화되면서 꿈으로 재현되는 것이다. 프로이트는 이러한 이유 때문에 꿈의 80%는 화나 슬픔 같은 부정적 내용이고 행복, 기쁨 같은 좋은 꿈은 많지 않다고 보았다. 이렇듯 프로이트는 무의식이 꿈의 동기를 제공하는 것이고, 꿈은 무의식의 존재를 증명한다고 믿었다. 따라서 정신분석학자들은 환자의 공격성이나 성과 관련된 꿈의 내용을 알면 그 환자의 기본적 갈등을 이해할 수 있게 된다고 말한다(D'Amato, 2010).

(2) 성격의 구조

프로이트의 발달 이론은 인간의 발달 영역 중 특히 성격의 발달을 설명해 주는 이론이다. 그는 최초로 포괄적인 성격 이론을 제시하였다. 그의 이론에 대한 이해가 없이는 현대의 성격 이론을 적절히 이해할 수 없다고 할 만큼 프로이트의 성격 이론은 오늘날 성격 이론의 기초가 된다.

프로이트는 삶의 본능 가운데서 성격 발달에 가장 큰 영향력을 미치는 것이 '성 본능'이라 하였다. 그리고 이 성 본능에 내재하고 있는 정신적 에너지를 '리비도(libido)'라고 불렀다. 리비도는 프로이트가 '심리적 에너지(psychic energy)'라는 용어로 설명하고 있는데, 이는 물리학에서 빌려 온 용어로 어떤 일을 하고자 하는 마음이 생기도록 촉진하는 능력을 의미한다(Zepf, 2010). 이러한 본능적인 정신적 에너지가 성격의 세 가지 구조(원초아, 자아, 초자아)로 하여금 각각의 기능을 수행할 수 있게 하는 원천적 에너지가 된다(이성태, 2007). 프로이트는 인간의 성격을 그 기능에 따라 원초아(id), 자아(ego), 초자아(super ego)라고 하는 세 부분

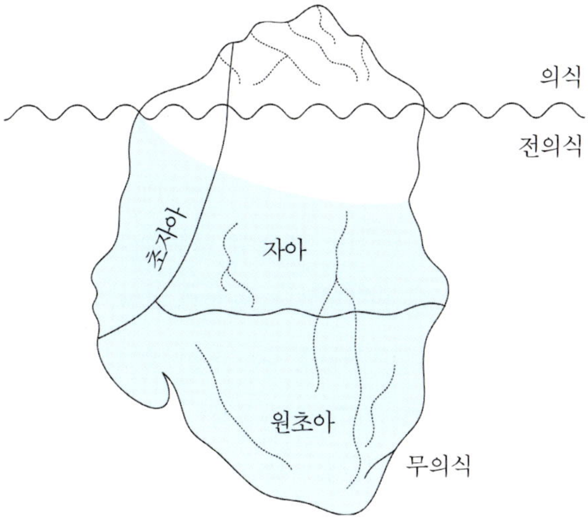

◆그림 2-1◆ 프로이트의 성격의 구조

으로 나누고 이들의 상호 역학관계를 통한 인간의 심리 현상을 설명하고 있다.

① 원초아(id)

원초아는 인격 가운데 무의식적이고 충동적인 측면에 해당되며, 쾌락원리(pleasure principle)에 의해 지배되는 심리 현상이다. 즉, 원초아란 인간이 출생할 때부터 가지고 태어나는 성격의 가장 원초적인 부분으로, 먹고 싶은 욕구, 사람을 때려 주고 싶은 공격 욕구, 의지하고 싶은 욕구, 성적 욕구 등이 해당된다. 따라서 원초아는 본능적 충동을 주관하는 정신 에너지의 저장고라고 말할 수 있다. 인간은 본능적 충동을 만족시키고자 하는 바람이 크다. 특히 유아는 이러한 바람이 더욱 큰 반면 만족을 지연하는 능력은 매우 부족하다. 그러나 본능적 충동을 모두 만족시키며 살아갈 수 없기 때문에 이를 적절히 조절하는 능력이 요구되는 것이다.

그렇다고 해서 원초아를 반드시 나쁜 것으로만 볼 수는 없다. 오히려 원초아는 인생에 대한 만족감의 원천이며, 정신 에너지의 샘이 될 수 있다. 따라서 유아의 원초아를 너무 과도하게 억압하면 유아의 삶은 기쁨이 없고 무기력해질 수 있다.

유아의 놀이를 예로 들어 보자. 놀이는 유아를 즐겁게 하며, 놀이하는 것은 유아의 원초적 본능이다. 그러나 일부 부모들은 유아의 놀이를 한낱 시간 낭비로 여기고, 노는 대신 학습지를 푸는 등의 활동을 요구한다. 이러한 요구는 특히 학력이 높고 자신의 일에 철저한 유형의 부모에게서 빈번하게 나타날 수 있다. 그러나 이러한 요구에 오랫동안 부응해야 하는 유아 중 일부는 부적응 행동이 증가하면서 치료실을 찾게 되기도 한다. 시간을 더욱 알차게 써야 한다고 굳게 믿는 부모들은 유아의 발달에 있어 놀이가 얼마나 중요한지를 깨닫지 못하여 자녀의 원초적 본능을 억압함으로써 자녀를 무기력하게 만드는 것이다.

[2] 자아(ego)

자아는 인격 가운데 주로 의식 부분에 해당하는 것으로, 현실 원리(reality principle)에 입각하여 원초아의 즉흥적인 충동을 억제하고 현실을 고려하도록 만든다. 즉, 원초아의 무분별한 욕구 충족 행동을 현실 원칙에 따라서 억제하고 외부의 현실적 조건에 맞게 행동하도록 유도한다. 따라서 성격의 구조 중 '자아'를 의식적인 조절 기능을 하는 부분이라고 부른다. 강하고 건강한 자아는 내부 또는 외부로부터 오는 스트레스를 효과적으로 처리하고, 현실의 요구와 사회의 요구를 합리적으로 처리한다. 또한 성숙하고 잘 발달된 자아를 가진 사람은 정신적 부담이나 스트레스에 직면했을 때 융통성 있게 처리한다. 반면, 자아가 약한 사람은 융통성이 없고 완고하며 반복적인 방어기제와 병적인 해결 방법을 되풀이함으로써 여러 가지 정신병을 일으킬 수 있다(김미영, 2010).

[3] 초자아(super ego)

초자아는 일반적으로 도덕이나 양심에 해당하는 인격적 특성이며, 자기 자신을 끊임없이 비판적으로 감시하는 역할을 한다. 또한 부모나 주위 사람들로부터 물려받은 사회의 가치와 도덕이 내면화되면서 자신의 행동이 원칙적으로 옳은지 그른지를 판단하게 해 준다. 유아의 초자아는 부모가 갖고 있는 가치관을 수용하면서 정착되기 때문에 영유아기에 부모의 양육 태도나 부모의 행동 모델은 초자아 형성에 중요한 요인으로 작용한다. 특히 아무 생각 없이 무의식적으로 행한 부모의 초자아적 행동 모델이 유아의 초자아 형성에 큰 영향을 미친다(현정환, 2009).

예를 들어, 만 5세 여아 현주의 예를 살펴보자. 현주는 약속을 잘 지키고 배려심이 많아서 친구들에게 인기가 많았다. 평소 등원 시간을 잘 지키던 현주가 추석 후 처음 등원하는 날 11시가 다 되어서야 유치원에 도착하였다. 현주 어머니는 교사에게 집에 돌아오는 길에 차가 너무 막혀서 늦게 올 수밖에 없었노라고 늦은 이유를 설명하였다. 옆에서 엄마의 말을 듣고 있던 현주도 "다음부터는 일찍 올게요. 선생님."하며 평소처럼 명랑하게 이야기를 했다. 점심을 먹은 후 추석에 어떻게 지냈는지를 그림으로 그리고 자신의 그림에 대해 발표하는 시간을 가졌다. 현주는 자신과 가족이 탄 자동차를 그렸는데 자동차 주변에는 사람도 차도 없었고 붉은 신호등만이 강조되어 있었다. 현주는 "우리 아빠가요. 사람이 없어도 신호나 약속은 잘 지켜야 된다고 하셨어요. 그래서 새벽에도 신호를 지키는 모습을 그렸어요!" 교사는 현주의 말을 칭찬해 주면서 반 친구들에게 아무도 보고 있지 않을 때에도 정해진 규칙이나 약속은 지켜야 하는 것임을 가르쳐 주었다.

2) 성격의 발달 단계

인간은 원초아, 자아, 초자아 세 구조의 에너지 보유량에 따라 성격의 특질이 결정된다. 원초아적 에너지를 많이 가진 사람은 성격이 충동적이기 쉽고, 초자아적 에너지를 많이 보유한 사람은 이상적, 도덕적 측면이 강할 수 있다. 따라서 이상적인 성격 발달을 위해서는 원초아, 자아, 초자아 간의 균형이 중요하다. 이에 대해 프로이트는 원초아와 초자아가 언제나 끊임없는 갈등 상태에 있으며 자아는 이것을 조정하려고 한다고 가정하였다. 특히 태어나서부터 다섯 살까지의 기간 동안 갈등을 어떻게 조정하느냐를 배우는 것은 중요한 과업이다. 이 시기를 어떻게 보내는지에 따라 충동적 욕구를 추구하는 원초아와 이 충동을 억제하는 초자아 간의 상호작용과 자아의 갈등 조정 능력이 달라지기 때문이다. 따라서 이 시기를 성격의 결정적 시기로 볼 수 있다.

프로이트의 발달 단계는 각각 신체 특정 부분의 반응 형태에 따라 정의될 수 있다. 갓 태어나서 한 살까지는 입이 주된 욕구 충족의 부분이 되는 구강기를 경험하게 되고, 이 시기가 지나면 배변훈련을 하게 되면서 항문기를 거치게 된다. 다음으로 성기관이 주된 관심의 대상이 되는 남근기로 이어지는데, 이와 같은 구강기, 항문기, 남근기를 가리켜 생식 전기라 한다. 그다음의 12세까지는 고요한 시기로서의 잠복기이고, 그다음은 생식기로 넘어간다(오정수, 정익중, 2008).

(1) 구강기(oral stage)

제1단계는 구강기로서 생후 1년까지가 해당된다. 이 단계에서는 입과 구강 부위가 쾌락의 주된 원천이 된다. 마시고, 먹는 것뿐만 아니라 손가락이나 젖꼭지, 그리고 입에 닿는 것은 무엇이든지 빠는 것과 같은 구강 활동을 통해서 쾌락을 추구한다. 프로이트에 의하면, 각 단계마다 아동이 추구하는 쾌락을 만족시켜야 다음 단계로 넘어갈 수 있다고 한다. 만일 쾌락의 추구가 빈번히 좌절되면 이로 인해 욕구불만이 생겨 다음 발달 단계로 넘어가지 못하고 그 시기에 고착된다. 그러나 과다한 만족 또한 고착의 원인이 될 수 있다. 예를 들면, 오랫동안 만족스럽게 젖을 먹은 아기는 계속해서 구강기적 쾌락을 얻으려고 하기 때문에 구강기에 고착될 수 있다.

다음과 같은 구강기 고착의 예를 볼 수 있다. 만 3세인 준성이는 동생이 생긴 후로 어리광이 늘었다. 동생이 젖병에 우유를 먹고 있으면 자신도 젖병에 우유를 달라고 하여 동생 옆에 누워서 먹고, 또 동생이 공갈 젖꼭지를 물고 있으면, 자기도 같은 것을 달라고 하여 입에 물고 다닌다. 이렇게 늘 공갈 젖꼭지를 입에 물고 다니던 준성이는 결국엔 치아의 부정교합 문제가 생겼다.

(2) 항문기(anal stage)

제2단계인 항문기는 약 1~3세까지 해당되며, 일차적 성감대가 구강에서 항문 주위로 옮아간다. 이 시기 유아는 항문적 활동을 통해 쾌락을 얻는다. 즉, 보다 강렬한 쾌감을 얻기 위해 배설을 미루는 보유와 배설을 통해 안도와 쾌감을 경험하는 만족을 얻는다. 이 시기의 유아는 신경계의 발달로 괄약근을 수의적으로 조절할 수 있고, 자신의 신체를 마음대로 움직여 보는 자율 행동을 통해 기쁨을 느끼게 된다. 그러나 유아는 항문기의 경험을 통해 자신의 욕구가 언제나 마음대로 충족될 수는 없으며 사회의 규범을 무시할 때 그 결과가 어떻게 나타나는지를 알게 된다.

또한 이때 유아가 지나치게 엄격한 배변훈련으로 인해 스트레스를 받게 되면 고착 현상이 나타난다. 즉, 유아가 부모의 엄격한 배변훈련으로 인해 심한 두려움을 느끼게 되고 억지로 부모에게 복종하게 되면 지나친 청결, 질서, 정돈, 정확성 등의 항문기적 강박 성격이 형성될 수 있다. 반대로 부모가 아동에게 칭찬을 통해 훈련을 시킨다면 그 유아는 변을 보는 행위가 중요한 행위라는 생각을 갖게 되며 이러한 생각은 창조력과 생산력의 밑바탕이 될 수 있다.

(3) 남근기(phallic stage)

제3단계인 남근기는 약 3세에서 5세까지 계속된다. 이 시기에는 정신 에너지가 항문으로부터 성기로 옮아간다. 이 단계에서 남아는 오이디푸스 콤플렉스를 경험한다. 프로이트는 성적으로 어머니를 소유하려는 욕망이 남근기에 있는 모든 남아의 특징이라고 믿었다. 남아는 어머니를 최초의 애정의 대상으로 추구하고 아버지를 경쟁자로 인식하여 적대감을 갖게 된다. 또한 아버지의 분노를 인식하게 되며, 자신과 아버지의 성기를 비교한 결과 열등감을 느끼게 된다. 이때 아버지가 자신의 근친상간적 행동에 대해 거세를 통한 벌을 줄 것이라고 두려워하게 되는데, 이것이 바로 '거세불안'이다. 남아는 거세불안을 감소시키기 위해 아버지에 대한 적대 감정을 억압하고 그 대신 자신과 아버지를 동일시하게 된다(정옥분, 2009). 반면 여아는 엘렉트라 콤플렉스를 경험한다. 프로이트의 여아에 대한 남근기적 설명은 딸 Anna에 대한 분석을 통해 이루어졌으며 이를 통해 여아는 성기가 없는 소년이라고 묘사되기도 하였다. 때문에 프로이트의 정신분석학은 부자(父子) 간의 심리학으로 여겨지곤 한다(Cohler & Galatzer-Levy, 2008).

이 시기의 유아는 다음과 같은 모습을 보이곤 한다. 만 5세 승현이는 두 살 아래의 여동생이 있다. 엄마는 승현이가 오빠로서 더욱 의젓해지기를 원했다. 이러한 기대를 인식한 승현이는 의젓해지기 위해 여동생에게 많은 부분을 양보하였다. 승현이는 엄마와 여동생에게 멋진 아들, 멋진 오빠이고 싶었던 것이다. 그러던 어느 날 유치원에서 승현이의 담임교사는 승현이가 화장실에서 대변을 보며 자신의 성기를 계속 만지고 있는 것을 보았다. 이를 본 담임교사는 성기는 소중한 곳이므로 더러운 손으로 자꾸 만지지 말아야 한다고 가르쳐 주었다. 그 후 교사는 승현이의 행동을 유심히 관찰하게 되었고 동일한 행동이 반복되는 것을 자주 보았다. 가정의 도움도 필요하겠다고 생각한 담임교사는 승현이 어머니에게 이 이야기를 해 주었고 가정에서도 세심히 관찰해 줄 것을 당부하였다. 며칠 뒤 승현이 어머니도 승현이가 대변을 볼 때, 그리고 잠자리에 들 때 자신의 성기를 탐색한다는 것을 알게 되었다. 이러한 발견은 부모와 교사로 하여금 승현이의 행동에 더욱 관심을 갖고 지도하게 되는 계기가 되었다. 승현이가 성기를 탐색하는 행동을 할 때마다 매번 지적하기보다는 승현이가 더욱 흥미 있어 할 다른 놀이나 활동을 찾아보고 승현이가 이러한 활동에 집중할 수 있도록 유도하여 지도하였다.

(4) 잠복기(latency stage)

제4단계인 잠복기는 약 6세경에 시작되어 12세경에 끝난다. 부모와의 동일시가 강력해지고, 그로 인해 초자아가 발달되는 시기가 바로 잠복기다. 일반적으로 초등학교 시기가 잠복기에 해당된다. 이 시기에 공격적 행동, 성적 본능, 그리고 리비도의 힘은 잠복 상태다. 이제 성적 에너지는 부모에 대한 애정을 발달시키고, 동성 친구와의 강한 사회적 유대를 확립하는 데 집중된다.

(5) 생식기(genital stage)

제5단계인 생식기는 약 12세에 시작된다. 생식기에는 남근기에서와 같이 이성 부모를 향한 성적 욕망이 다시 한 번 나타나는데, 프로이트는 이를 사춘기에 거세불안을 느끼는 오이디푸스적 상황의 재현이라고 보았다. 프로이트는 사춘기 남아의 진지한 첫사랑의 대상이 자신의 어머니와 흡사한 인물이기 쉽다고 설명한다.

프로이트의 유품으로 발견된 수많은 조각품들은 무엇을 위한 것이었을까?

프로이트의 소장품 전시회(Henry Moore Institute, 2006)에서는 그의 조각품 2,000여 개가 전시되었다. 프로이트는 이렇게 많은 조각품을 무엇을 위해 사용하였을까?

이 조각품들은 프로이트가 심리적 상처를 입은 환자를 치료하는 임상 상황에서 자주 사용되었다(Martin, 2008). 치료를 위해 작은 모형을 주로 사용한 치료사로는 클레인(Melanie Klein)을 들 수 있으며, 현재 아동의 놀이치료에서도 이러한 용도의 피겨(figure)

들이 아동의 심리를 표현하는 데 유용하게 사용되고 있다. 프로이트의 이 조각품들은 클레인의 작은 모형, 현대의 아동 놀이치료의 피겨와 같은 역할을 했던 것으로 추정된다.

프로이트의 임상용 조각품 모음(Vienna, 1938)

Melanie Klein이 사용했던 모형들

출처: Martin (2008). 'From cabinet to couch: Freud' s clinical use of sculpture' 에서 발췌.

다음 사진은 현재 아동의 놀이치료 및 모래놀이치료에 사용되고 있는 '피겨(figure)' 의 모형이다. 이것은 프로이트나 클레인 등의 모형에서 발전되어 온 것으로, 모래 위에 아동의 마음을 표현하기 위한 놀이 도구로 많이 사용된다.

현대 놀이치료 및 모래놀이치료에 사용되고 있는 피겨

3) 평가 및 교육적 시사점

(1) 프로이트의 심리성적 이론의 평가

프로이트의 정신분석이론은 관찰 가능한 행동에 초점을 두었던 학자들이 그동안 간과해 왔던 무의식적 동기와 사랑, 두려움, 불안 등 인간 발달의 정서적 측면에 대하여 일깨워 주었고, 이러한 주제로의 연구를 활발하게 불러일으켰다(이성태, 2007). 한편 유아교육적 측면에서 볼 때 그의 정신분석이론은 인생 초기 경험의 중요성, 특히 5세 이전의 부모 자녀 관계가 인간 발달에 미치는 영향을 강조함으로써 부모 역할과 자녀 양육 행동에 대한 관심을 불러일으켰다(정옥분, 2009).

그러나 프로이트의 심리성적 이론은 다음과 같은 비판을 받기도 한다.

첫째, 프로이트의 이론은 성인의 신경증 원인의 규명과 치료를 위한 탐구 과정에서 형성된 것이므로 일반인과 아동에게 일반화하는 것이 옳은가에 대한 문제를 안고 있다(이성태, 2007).

둘째, 프로이트 이론은 아동 발달에서 성적인 면을 지나치게 강조했을 뿐만 아니라 이에 대한 설명 또한 타당하지 못하다. 프로이트는 여아의 성 발달을 설명하기 위해 자기 자신을 분석한 후 남자의 성 발달을 이해하였고 이를 여아에게도 확대 적용하였다. 또한 프로이트의 정신분석학은 남아와 아버지와의 관계에만 초점을 두고 있었고 아버지와 딸 간의 유대감에는 거의 관심을 두지 않았다. 자신의 여성 환자를 정신분석적으로 연구함으로써 풍부한 자료를 얻을 수 있었음에도 프로이트는 부녀(父女) 간 유대감의 중요성을 간과하고 있었다(Cohler & Galatzer-Levy, 2008).

셋째, 프로이트의 개념 중 성적 본능인 리비도의 개념은 많은 논쟁을 불러일으켰다. 특히 심적 에너지 리비도가 인간 행동의 기능을 설명하기에 충분한 것인가에 대한 의구심을 낳고 있다. 이러한 논쟁으로 인해 리비도 개념은 현대적인 맥락에 맞게 바뀌어 가고 있으며 이제는 더 이상 30년 전과 같이 핵심 개념으로서의 위치를 점유하지는 못하고 있다. 그럼에도 리비도 개념은 여전히 간과할 수 없는 중요한 개념이다(Zepf, 2010).

(2) 교육적 시사점

프로이트의 이론은 다음과 같은 성격 발달을 위한 구체적인 지도 원리들을 제공해 준다. 우선 유아의 각 발달 단계에서의 본능적 욕구를 이해하고 유아가 이 본능적 욕구를 만족할 수 있도록 충분한 기회를 제공해야 한다는 것이다. 한편 이러한 기회를 제공함에 있어서도 너무 지나치지 않아야 한다는 교훈을 준다. 부족한 것은 물론이고 지나친 만족 또한 유아로 하여금 그 발달 단계에 고착하게 하고, 다음 발달 단계로의 진전을 방해하므로 결핍 혹은 과잉 충족되지 않도록 주의해야 한다.

예를 들어, 구강기의 영아 중에는 계속해서 구강기적 쾌락을 얻기 위해 손가락을 빨거나 무언가를 입에 가져가지 않으면 불안해하는 등의 구강기적 고착 현상을 보이는 경우도 있다. 이때 부모는 무조건 아이가 원하는 대로 두기보다는 아이가 구강기적 단계에 매이지 않고 다음 단계로 발전해 갈 수 있도록 적절한 방법을 강구해야 할 것이다.

한 놀이치료사의 치료 사례

6세의 여아가 놀이치료실을 방문하였다. 몸집이 크고 편안한 옷차림을 하고 온 엄마와는 달리 예쁜 원피스를 입고 긴 머리를 한 여아의 모습이 서로 다르다는 인상을 받았다. 먼저 유아를 놀이 관찰한 후 부모 상담을 하기로 하였다.

놀이치료실에 들어온 아이는 처음부터 치료사에게 친근하게 대하였고 질문도 많이 하며 대화하기를 좋아했다. 밤에 경기가 시작되어 오게 되었다는 엄마의 주호소가 믿겨지지 않을 만큼 유아는 매우 명랑하고 밝아 보였다. 그런데 놀잇감을 이것저것 보고 있던 유아가 선반 위 한쪽 구석에 놓여 있는 아주 조그마한 변기를 모래놀이로 가져가는 것이었다. 그곳에서 변기에 모래를 넣었다 뺐다를 반복하며 한참을 그렇게 놀이하였다. 그동안 상담 유아 중 변기에 그렇게 관심을 가졌던 경우는 거의 없었고 또한 구석에 놓여 있던 변기가 아이의 눈에 들어왔다는 것이 새삼스럽기도 하여 부모 상담 시간에 이런 상황에 대해 말씀을 드렸다. 그러자 아이의 엄마는 마치 무언가에 들키기라도 한 듯이 "사실은…"이라며 이야기를 시작하였다. 이야기는 대강 이러했다.

아이가 세 살이 되도록 기저귀를 떼지 못해 걱정을 하고 있던 차에 마침 놀러온 이웃에게서 아이의 상태가 심각하다는 말을 들었다고 한다. 공교롭게도 한 명이 아니라 여러 명의 이웃이 계속해서 심각성을 이야기하며 부모가 무언가 해야 하지 않겠느냐는 말을 남기고 간 것이었다. 그렇지 않아도 염려가 많았던 엄마는 갑자기 급한 마음이 들었다고 한다. 그래서 하루는 결심을 하고는 아이를 강제로 화장실 변기에 앉혀 볼일을 보지 않으면 밖으로 나오지 못한다고 으름장을 놓았다고 한다. 아이는 안에서 나오겠다고 울고불고 하고 엄마는 밖에서 문을 붙들고 안 된다고 고래고래 소리를 지르며 실랑이를 벌였다고 하였다. 그런데 그날 밤부터 아이의 경기가 시작되었고 최근에 경기가 더욱 심해져서 결국 치료실을 찾게 되었다는 것이다.

그렇게 놀이치료가 몇 주 지속되던 중에 어머니가 하는 이야기 속에서 유아가 퇴행을 경험하고 있음도 알게 되었다. 이미 대소변을 가린 지 한참 지난 유아가 최근에는 동생이 사용하는 변기에서 쉬를 하고 싶다고 조른다는 것이다. 그 변기에 대한 애착이 심해서 아빠가 없는 중에는 엄마도 이를 허락한다고 하셨다. 당분간은 유아가 원하는 대로 변기 사용을 금하지 말고 하고 싶은 욕구를 충족시켜 주도록 부탁드렸다. 본 치료사는 엄격한 배변훈련으로 인해 고착, 퇴행을 보이며 이를 놀이에서 충족하고자 했던 한 유아와의 치료 경험을 통해 프로이트의 발달 단계 이론을 다시 한 번 생각하는 계기를 갖게 되었다.

출처: 2008년 ○○ 아동상담센터 놀이치료사의 치료 일지.

또한 대소변 훈련에 대한 교훈도 얻을 수 있다. 대소변 훈련의 시기를 정하고자 할 때에는 먼저 유아 각 개인의 차이를 이해하고 이를 시작할 준비가 되었다고 판단되는 경우에 시작하는 것이 좋다. 많은 부모들이 보편적으로 정해져 있는 훈련 시기에 집착하거나 혹은 이웃의 자녀에 비해 늦어졌다는 염려로 인해 주변의 기준에 따르려다가 부정적인 결과를 낳기도 한다. 너무 심하게 자녀를 훈련시키는 과정 속에서 자칫 자녀에게 심한 스트레스를 주거나 혹은 퇴행을 불러일으킬 수 있다. 따라서 배변훈련만큼은 그 어떤 것보다도 자녀의 개인적 발달 상황을 고려해야 함을 명심해야 한다. 그리고 일단 시작된 훈련에서는 비록 수차례의 실수를 반복할지라도 너그러이 이해하고 받아 주어야 하는 것이 배변훈련 시의 부모가 갖추어야 할 모습이다.

2. 에릭슨의 심리사회적 발달 이론

1) 주요 개념

에릭슨(1902~1994)

에릭슨(Eric Erikson)은 독일의 프랑크푸르트에서 혼인 외 출생자로 태어났으며, 세 살 때 어머니가 재혼하자 유태인인 새아버지와 함께 살게 되었다. 덴마크 출신의 생부를 닮아 키가 크고 금발에 푸른 눈을 가진 유년기의 에릭슨은 주변의 유태인 소년들에게 이방인이라고 놀림을 받곤 하였다. 이는 그가 자아정체감 문제에 몰두하게 된 계기가 되었다(김미영, 2010). 에릭슨이 태어나기 전에 아버지가 이미 떠났기 때문에 에릭슨은 아버지의 얼굴도 알지 못했다. 이런 이유에서인지 에릭슨은 프로이트와 함께 하면서 그를 '신화적 아버지(mythical father)'로 여겼다고 한다(Erikson, 1975).

에릭슨은 프로이트 이론의 전통을 이어받으면서도 자신만의 이론을 새로이 구축한 신프로이트학파(neo-Freudian) 중 한 명이다. Stack Sullivan, Karen

Horney, Erich Fromm 등으로 구성된 신프로이트학파는 발달에서 '생물학적 요인(biological factors)' 보다는 '사회적 관계(social relation)'를, '원초아(id)와 초자아(superego)' 보다는 '자아(self)'를 '성 본능(sex instinct)' 보다는 '자기 실현(self-actualization)'을, '초기 경험(early experiences)' 보다는 '현재 상황(present situation)'을 강조하였다. 에릭슨은 아동 발달에 관심이 많았고, 아동의 발달에 있어 인간과 문화적 환경의 중요성을 강조하는 아들러의 발달 이론을 이어받았다(Massey, 1986).

그러나 에릭슨은 다른 신프로이트학파에 비해 프로이트를 신랄하게 비판하진 않았으며, 생애주기 발달에 대한 이론에 아들러의 주제를 병합하면서도 프로이트적 기본 개념에 충실하고자 하였다. 때문에 영아부터 학령기 아동까지의 발달 단계에서는 사회적 관계의 중요성보다는 성(性)의 발달을 강조하며, 프로이트의 리비도 이론을 받아들였다. 에릭슨에게 리비도는 본능이며 타고난 동기적 힘으로 생각되었다. 그럼에도 에릭슨이 보고 있는 성이 프로이트와 달랐던 것은 에릭슨의 성은 생물학적이면서도 사회적인 자아를 표현하고자 했다는 점이다. 이로써 프로이트의 심리성적 이론이 에릭슨의 심리사회적 이론으로 새롭게 태어나게 된 것이다(Hoare, 2005). 그러나 에릭슨의 가장 중요한 업적으로 꼽을 수 있는 것은 인간 발달에서 각각의 구별된 단계를 소개하였다는 점이다. 즉, 에릭슨은 스스로의 통찰을 통해 인간이 태어나면서부터 죽기까지의 인생 주기를 인간 발달 8단계로 정리하였다. 이는 프로이트의 심리성적 5단계를 8단계로 더욱 정교화한 것이다(Massey, 1986).

2) 심리사회적 발달 단계

에릭슨의 심리사회적 8단계는 각 단계마다 성취해야 할 발달 과업과 함께 위기(crisis)를 포함하고 있다. 에릭슨에게 '정체감 위기(identity crisis)'는 중요한 개념이다. 인간이 이 위기를 해결하는 방식에 따라 그 단계의 특성을 성격 짓게 되기 때문이다. 각 단계마다의 위기는 개인적, 사회적 자아의 통합을 통해 개인의 진전을 가져오거나 퇴행이나 고착의 원인이 되기도 한다(Massey, 1986). 따라서 위기의 개념은 반드시 부정적인 것만은 아니었다. 위기가 스트레스가 되어 삶의 어려움으로 작용하지만 한편으론 위기라는 새로운 문제에 직면하면 이를 극복하려는 과정 중에 위기가 개인적 삶의 전환점(turning point)이 될 수도 있기 때문이다. 이와 같이 에릭슨은 '위기'를 한 개인의 성공에 지대한 공헌을 하는 긍정적인 개념으로 설명하고 있다(Atalay, 2007).

(1) 기본적 신뢰감 대 기본적 불신감

제1단계는 출생~1세로 영아기(infant)에 해당한다. 이 시기의 주된 발달 위기는 영아가 세상을 신뢰할 수 있느냐 없느냐의 여부에 관한 것으로 어머니의 관여가 이러한 신뢰의 기본이 된다. 아기는 신체적 필요를 채우기 위한 양분을 요구하게 되며, 부모는 부모-자녀 간의 상호작용을 통해 자녀를 질적으로 보살펴야 할 의무가 있다(Massey, 1986). 아기가 처음 경험하게 되는 사회적 신뢰는 수유를 잘 받고 잠을 깊이 자며 편안함을 느끼면서 얻게 되는 것이다. 그러나 이 신뢰는 절대적으로 아기가 먹는 것의 질적 수준이나 사랑의 표현 방법에 따라서만 형성되는 것은 아니다. 이는 오히려 어머니와 아기 간의 관계의 질과 깊은 관련이 있다. 즉, 아기에게 무엇을 먹이고 어떻게 사랑해야 하느냐의 표면적 방법보다는 양육자의 깊은 내적 사랑의 감정이 아기의 신뢰감 형성에 영향을 준다는 것이다. 따라서 어머니는 아기의 단순한 관리자라기보다는 아기가 신뢰라

는 내적 개념을 획득하도록 투영하는 삶의 본보기인 것이다. 부모가 이러한 부모 역할을 성공적으로 수행하면 자녀는 아기로서의 정체감, 즉 신뢰를 발달시키게 되는 것이다.

한편 에릭슨은 아기가 기본적 신뢰나 불신을 발달시키는 것이 단지 양육의 문제만은 아니며 이외에도 강력한 사회적 요인이 있다고 하였고, 사회적 환경의 중요성을 제시하고 있다(Atalay, 2007).

(2) 자율성 대 수치감

제2단계는 1~3세로 보행 시기(toddler)에 해당한다. 이 단계의 쟁점은 자율적이고 창의적인 사람이 되느냐 아니면 의존적이고 회의로 가득 찬 부끄러운 인간이 되느냐 하는 것이다. 또한 이 단계의 중요한 과업은 자기통제인데, 여기서의 자기통제란 자기 몸의 각 근육 등을 자유로이 통제하는 것을 의미하며 특히 걷기의 시작과 관련이 있다. 걷기라는 인생의 과업은 주변 어른의 보호와 세심한 배려 그리고 안내로부터 가능해진다. 아이는 자기 근육을 자유로이 통제함으로써 자율성을 느끼게 되지만 반대로 실패할 때는 열등감을 느끼게 된다(Massey, 1986). 한편 이 시기의 아이에게는 배설을 관할하는 부위의 통제가 중요하다. 이 단계에서 수행해야 할 중요한 삶의 도전이 바로 항문 근육을 스스로 통제하는 것이다. 따라서 자기 스스로 해 보려는 아이를 무시하지 않고 지나치게 구속하지 않음으로써 그의 의지를 뒷받침해 줄 수 있다. 만일 아이의 자기통제와 독립적 행동을 위한 노력이 부모의 지나친 구속으로 인해 속박을 받는다면 아이는 자기 자신뿐만 아니라 부모에 대해서도 의구심을 갖게 된다(Atalay, 2007).

(3) 주도성 대 죄책감

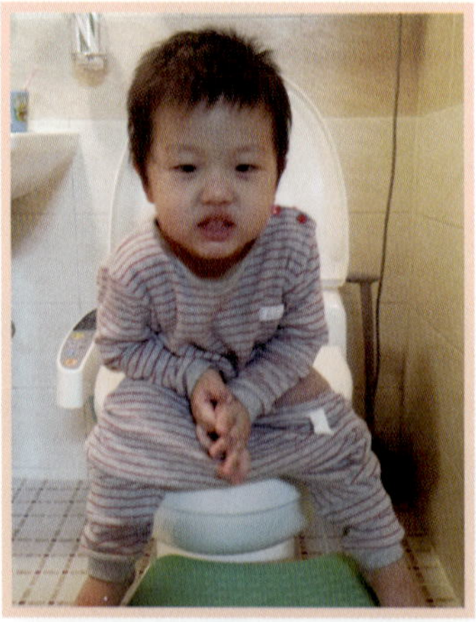

제3단계는 3~6세로 유아기(preschooler)에 해당한다. 이 단계는 프로이트의 남근기에 상응하는 시기이며, 2단계에서 시작된 자기 의지가 더욱 완전하면서도 독립적으로 표명되는 시기다. 에릭슨은 3단계에서 프로이트와 같이 유아의 남근기적 특성을 따르고 있으나 그럼에도 프로이트의 오이디푸스 콤플렉스 개념은 선호하지 않았으며 대신 위기의식에 대해 더욱 강조하였다. 이 단계의 위기는 유아가 동성의 부모와 자신을 동일시하게 되면서 갖게 되는 죄책감이다. 여기서 에릭슨은 유아가 겪는 이러한 위기를 극복하도록 돕기 위해서 아이와 아버지 사이가 동등함을 느낄 수 있도록 친근하고 따뜻한 동료애(companionship)를 제공해 주라고 말한다(Atalay, 2007). 이 단계의 유아는 자기 의지가 강해지고 자기 주도적으로 행동하고자 한다. 이렇게 새롭게 발달되고 있는 주도성을 부모가 반대하여 처벌한다면 부정적인 결과가 나타나기 쉽다. 즉, 유아의 탐색과 주도성이 가혹한 질책과 직면하면 죄책감으로 나타난다. 한편 3단계의 발달 시기에 있는 유아에게는 가족뿐만 아니라 또래와의 관계가 중요하게 되는데 이때 이들과 관계 맺는 경험을 잘하지 못하면 유아는 사회적 관계 맺기를 위한 준비가 부족해진다(Massey, 1986).

(4) 근면성 대 열등감

제4단계는 6~12세로 학령기(school child)에 해당한다. 프로이트 이론의 잠복기에 해당되며, 프로이트는 이 단계를 비활동적인 시기로 본 반면, 에릭슨은 이 단계를 역동적이고 활동적인 시기로 보았고 아동의 근면성이 형성되는 결정적 시기라고 믿었다. 근면성은 아동이 속한 사회에서 성공적으로 기능하고 경쟁하는 데 필요한 읽고 쓰고 셈하는 등의 기술을 습득하기 위한 근본적 능력이다. 자신의 환경에서 생산적인 사람이 되기 위한 노력인 것이다.

또한 이 시기는 사회성 발달에 결정적인 시기이므로 이 단계에서 수행되어야 할 도전거리는 이전처럼 장난감을 갖고 놀던 상상의 세계가 아닌 현실의 세상에서 건강하게 적응해 나가는 것이다. 이때 교사의 섬세하고 현명한 지도가 아동의 적응을 돕게 되며, 이 시기에 교사는 아동의 삶에서 중요한 한 부분을 맡게 된다.

(5) 정체감 대 정체감 혼미

제5단계는 12~20세로 청소년기(adolescent)에 해당하며, 프로이트 이론의 생식기에 해당한다. 에릭슨은 청년기의 가장 중요한 발달 과업이 자아정체감의 확립이라고 보았다. 많은 청년들은 이 시기에 가장 근본적이고 어려운 문제로 고민하는데, '나는 누구인가?'라는 물음이 바로 그것이다. 정체감은 일생을 통해서 이룩해야 할 중요한 문제이지만, 특히 청년기는 정체감 형성에 결정적인 시기다. 이때는 정체감의 위기도 함께 경험하게 된다(정옥분, 2009). 정체감은 사회로부터 개인에게 저절로 주어지는 것이 아니고 지속적인 노력을 통해서 획득되며, 정체감의 개발로 위기를 극복하지 않으면 정체감 혼미를 겪게 된다(Atalay, 2007).

(6) 친밀감 대 고립감

제6단계는 20~24세로 성인기가 시작되는 청년기(young adult)에 해당한다. 이 시기에는 타인과의 관계에서 친밀감을 느끼며, 사랑하는 사람과 관계를 맺게 된다(Massey, 1986). 다른 사람과 친밀한 관계를 이룰 수 있는 능력은 청소년기에 획득되는 정체감에 의해 좌우된다. 즉, 청소년기에 어떠한 정체감을 형성하였느냐에 따라 청년기에 타인과의 친밀한 관계 형성에도 차이를 보이게 되는 것이다. 이 시기에 친밀감을 확립하지 못한 사람은 대인관계에서 위축되고 자신감이 부족하게 되는데 이로 인해 소외감과 고립감을 경험하게 된다(Atalay, 2007).

(7) 생산성 대 침체감

제7단계는 25~65세로 성숙한 성인기(mature individual)에 해당한다. 이 단계에서는 생산성이 중요한 발달 과업인데 생산성이란 성숙한 성인이 다음 세대를 구축하고 이끄는 데 관심을 기울이는 것을 의미한다. 생산성 시기의 성인은 자신의 삶뿐만 아니라 다음 세대에 대한 관심을 가지며 다음 세대를 리드하게 된다(Atalay, 2007).

(8) 통합감 대 절망감

마지막 단계인 제8단계는 65세 이후로 노년기(elderly person)에 해당한다. 이

단계의 발달 과업은 자아통합감과 절망감의 위기를 극복하는 것이다. 이 시기가 되면 사람들은 점차 죽음에 직면하면서 자신이 살아온 삶을 되돌아보게 된다. 이때 자신의 삶에 대해 큰 후회 없이 받아들이고, 대체로 만족스럽고 의미 있었다고 느끼며, 다가올 죽음을 받아들이면 최종의 긍정적 감정, 즉 통합감을 갖게 된다. 반면에 자신의 삶이 무의미하였고 후회스러우며 새로운 삶을 살고 싶으나 다시는 그런 삶을 살 수 없다는 아픔에 빠진다면 절망감을 느끼게 된다.

표 2-1 에릭슨의 생애 발달 8단계

발달 시기	발달 단계	발달 과업
영아기	기본적 신뢰감 대 기본적 불신감	이 세상은 안전하고 행복한 곳이라는 느낌을 갖는 것
보행시기	자율성 대 수치심	스스로 할 수 있는 독립성과 자율성을 기르는 것
유아기	주도성 대 죄책감	새로운 것을 시도하고 주도하는 능력을 개발하는 것
학령기	근면성 대 열등감	학습과 또래관계의 경험을 통해 근면성과 성취감을 배우는 것
청소년기	정체감 대 정체감 혼미	자신에 대한 이해와 통합된 자아감을 개발하는 것
청년기	친밀성 대 고립감	타인과 가깝고, 따뜻하며, 친밀한 관계를 공유하는 것
성인기	생산성 대 침체감	자녀 출산, 양육 그리고 직장에서의 성취 등을 통해 가정과 사회에 기여하는 것
노년기	통합감 대 절망감	지금까지 살아온 인생에 대한 긍정적 통찰 및 관조

출처: 김미영(2010), p. 176.

3) 평가 및 교육적 시사점

(1) 에릭슨의 심리사회적 이론의 평가

에릭슨은 무의식을 사회적 세계로 변화시킨 정신분석 이론가 중 2인자로 평가받고 있다(Hoare, 2005). 에릭슨 이론의 장점으로 평가되는 것은 다음과 같다. 첫째, 에릭슨은 프로이트처럼 불변하는 성격 발달 단계가 예정되어 있음을 믿었고 이러한 인간의 발달 단계를 제시하고 있다. 그러나 에릭슨은 프로이트처럼 인간의 발달 단계를 5단계인 사춘기까지로 제한하지 않았고 전 생애 동안의 8단계 발달 주기를 제시하고 있다. 또한 각 단계마다 프로이트의 갈등(conflict) 개념에 상응하는 위기(crisis) 개념을 제시하면서 프로이트의 무의식의 세계를 반대하고 사회적 맥락을 중시하였다. 이러한 에릭슨의 사회적 접근 의식은 프로이트의 무의식과는 상반되는 개념이었다(Atalay, 2007). 둘째, 에릭슨은 정신분석학자로는 처음으로 모자간의 애착이론을 중요시한 선구자로 평가되기도 한다. 애착이론에 대표되는 학자는 보울비로 보고 있지만 에릭슨 또한 많은 임상 경험을 통해 모자간 상호작용의 중요성을 일깨웠다.

그러나 에릭슨의 이론이 비판을 받는 첫 번째 이유는, 그의 4단계까지의 발달단계는 프로이트의 심리성적 발달 단계와 크게 다르지 않고 이를 단순히 확대해 놓은 정도라는 것이다. 에릭슨은 발달 4단계까지 일부 사회적 의미를 담고자 하였으나 근본적으로는 프로이트의 정신분석적 이론에 의존하였다. 에릭슨이 프로이트의 이론에서 완전히 벗어나 자신만의 순수한 이론을 펼친 것은 5단계 이후의 발달 개념이다(Atalay, 2007).

한편, 에릭슨의 이론은 개념 정의가 명확하지 못하고, 발달의 원인이 무엇인가에 대한 설명이 부족하다는 비판을 받는다(정옥분, 2009). 각 단계마다의 독특한 심리적 성장을 평가하는 데 있어서 어떤 행동이 그러한 심리적 성장을 돕는지에 대한 설명이 명확하지 않다. 따라서 에릭슨의 이론은 실험적 자료에 근거한다기보다는 추상적 이론, 개인적 · 주관적 해석에 그쳤다는 비판을 받고 있다(Hamachek, 1988).

(2) 교육적 시사점

에릭슨은 각 단계마다 심리사회적 위기를 제시하였다. 그리고 위기를 어떻게 경험하느냐에 따라 이것이 한 개인의 잠재성의 기초가 되기도 하고 한편으론 위험성을 내포하기도 한다고 보았다. 에릭슨의 발달 단계의 긍정적 발달 영역과 함께 부정적 위기 영역 개념은 부모나 교사로 하여금 아동이 발달을 하는 데 있어서 어떠한 정신적 발달 과업이 요구되는가와 함께 어떤 부정적인 위험 요인이 내포되어 있는가 하는 두 가지 정보를 함께 제공해 준다(Hamachek, 1988).

에릭슨의 제1 발달 단계에 해당되는 영아를 위해서는 부모가 자녀에게 이 세상은 안전한 곳이라는 안정감을 느끼도록 해 주어야 한다. 그러나 에릭슨은 완전한 신뢰감은 바람직하지 않다고 말하고 있다. 따라서 건강한 자아 발달과 성장을 위해서는 어느 정도의 불신감을 경험하는 것도 나쁘지 않다. 즉, 부모는 영아가 부모에게서 받을 것으로 기대하고 있는 모든 것을 완벽하게 해 주어야 한다는 부담감을 가질 필요는 없다.

제2 발달 단계에 있는 유아의 건강한 성장과 발달을 위해서는, 유아가 걷기나 배변통제를 할 때에 자신의 근육 등을 자율적으로 통제할 기회가 주어져야 한다. 이를 위해서 부모는 먼저 자녀가 이런 신체적 부분에서 스스로 통제할 능력이 있음을 신뢰해야 한다. 또한 이러한 신뢰감에 근거하여 촉박한 마음으로 자녀를 구속하거나 통제하지 말아야 한다. 비록 보행 시기의 자녀가 어리고 나약한 것처럼 보일지라도, 에릭슨의 발달 단계에 비추어 보았을 때 그들은 자신에게 주어진 발달의 시기를 느끼고 이에 따라 스스로를 조절해 가는 능력이 있는 존재이기 때문이다.

제3 발달 단계에 있는 유아의 부모는 자녀에게 주도성을 발휘할 기회를 주어야 한다. 새롭게 발달되고 있는 주도성을 무시하고 부모의 뜻대로만 하려고 한다면 부정적인 결과를 낳을 수 있다. 즉, 부모는 자녀의 발달이 전적으로 부모 자신들에 의해서만 결정되는 것이 아님을 인식해야 하며 자녀를 지배하고자 하는 충동을 억제해야 한다. 에릭슨은 건강한 유아는 반 정도만 잘 보살펴 주면 내적인 성장 법칙에 따라 건강하게 성장한다고 기술하고 있다.

부모가 유아의 행동을 바르게 이끌어 가길 원한다면 일방적으로 지시하기보다는 바람직한 행동을 제시해 주는 모델이 될 필요가 있다. 유아기는 부모 행동을 적극적으로 모방하기 때문에 지시보다는 모델을 보여 주는 것을 통해 큰 효과를 볼 수 있다. 에릭슨은 『Childhood and Society』(Erikson, 1950)에서 5세 남아가 엄마의 깊은 내면의 갈등까지도 거울처럼 그대로 재현해 보여 준다고 표현하고 있다. 이를 통해 유아를 자녀로 둔 부모의 모델링이 얼마나 강력한 힘을 발휘하는지를 알 수 있다.

한편 에릭슨의 발달 단계에서는 1단계 영아조차 사회적 요인이 중요하다고 언급하고 있다. 특히 3단계의 발달 시기에 있는 유아에게는 가족뿐만 아니라 또래와의 사회적 관계가 중요함을 강조하고 있다. 친구에게 관심을 갖기 시작하면서 상호 의사소통이 가능해지는 유아에게 사회적 흥미를 고무시키고 진정한 사회적 관계를 유지해 가도록 돕는 것은 부모와 교사의 당연한 과제다.

제3장 학습이론

행동주의 심리학에서 도출된 학습이론은 발달의 주요 에너지 자원이 유기체 내부가 아닌 환경에 있다고 보고 유아 발달에 있어서 생물학적 요인보다는 환경적 요인을 보다 강조하였다. 특히 초기 행동주의자들은 심리학이 과학이어야 한다는 것을 강조하면서 객관적 관찰이 가능하고 측정할 수 있는 외형적 행동만을 중요시하였다. 따라서 사고, 의식, 감정과 같은 눈에 보이지 않는 내적인 것, 특히 무의식적 욕구 등은 심리학의 연구 대상이 될 수 없다고 하여 철저히 배제하였다.

이러한 행동주의에 기초한 학습이론에서는 자극과 반응 간의 관계를 강조하면서 유아는 계속적인 반복, 연습 및 모방을 통해 배우고 또한 강화나 보상을 통해 학습이 촉진된다고 하였다. 학습이론에서는 유아 발달을 이해할 때 질적으로 차이를 보이는 각각의 발달 단계가 있다고 보지 않으며 연령에 대한 구분도 짓지 않고 있다. 따라서 학습이론은 인간 발달의 단계를 설정하지 않는 비단계 이론으로 여겨진다.

고전적 조건화 이론을 전개한 파블로프를 필두로 왓슨, 스키너, 반두라가 행동주의와 사회학습이론을 대표하는 이론가들이다. 다음에서는 스키너의 조작적 조건형성 이론(operant conditioning theory)과 반두라의 사회인지이론(social cognitive theory)을 살펴보고자 한다.

1. 파블로프의 고전적 조건형성이론

파블로프(1849~1936)

러시아의 생리학자인 파블로프(Ivan Patrovich Pavlov)는 고전적 조건형성이론을 주장하였다. 그는 심리학자가 아니고 특별히 학습에 관심을 가졌던 것도 아니었으나 개의 타액 분비의 성질에 관한 우연한 발견으로부터 학습에 있어서 조건형성이론의 기초가 되는 조건반사에 흥미를 갖게 되었다. 보통 개는 음식이 혀에 닿으면 타액을 분비하는 것이 일반적인 모습이다. 그러나 파블로프는 개가 음식을 가져오는 주인의 발소리를 몇 번 반복해서 듣고는 그 발소리만 들어도 타액을 분비하는 것을 발견했다. 이러한 새로운 발견을 기초로 그는 조건반사에 관한 연구를 시작하였다(이성태, 2007).

파블로프는 이를 체계적으로 알아보기 위한 실험에서 개에게 먹이를 주기 전에 종을 울렸다. 이렇게 종을 울리면서 음식을 주는 행동을 여러 번 반복하면 마침내 개는 종소리만 듣고도 침을 흘리게 된다. 이때 종소리는 조건자극이라 부르고 개의 타액 분비는 조건반응이라고 부른다. 이와 같이 자연적 결과를 유발하는 의미 있는 자극(음식)과 그 자체만으로는 어떤 결과를 유발할 수 없었던 중립적 자극(종소리)이 거의 동시에 짝지어져 제시되었을 때 이 중립적이던 자극도 반응을 유발하는 연합의 과정을 고전적 조건형성(classical conditioning)이라고 부른다.

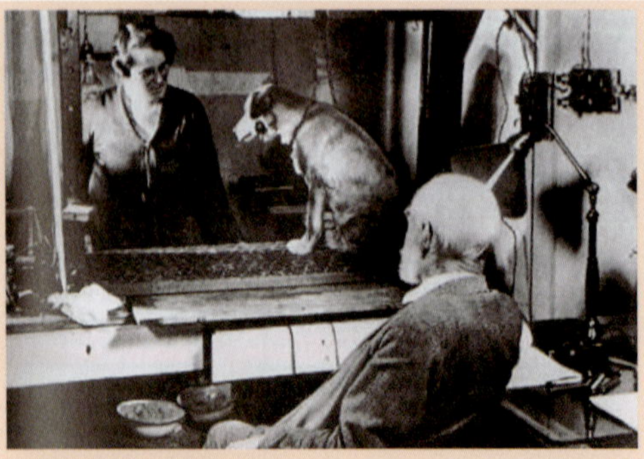

파블로프와 파블로프의 개

이러한 조건반사에 관한 그의 연구 결과는 인간의 행동이 어떻게 통제를 받게 되는가를 이해하는 데 적용될 수 있는 것이었다. 미국의 행동주의 심리학의 창시자로 불리는 왓슨(James Broadus Watson)은 이러한 파블로프의 조건반사 원리를 자신의 심리학적 사고의 기본으로 삼고 미국에서의 행동주의 학습이론을 꽃피운 대표적인 학자다. 그는 행동주의 학파를 창시한 사람으로 고전적 조건형성이 아동의 행동에도 적용될 수 있는지를 실험하였다. 즉, 그는 조건반사의 원리를 아동 발달의 문제에 최초로 적용했으며 이로써 행동 치료 방법의 기초를 이루었다.

이러한 상황으로 볼 때 행동주의 심리학의 상당 부분이 파블로프의 초기 연구에 근간을 두고 있다고 할 수 있으며, 따라서 파블로프의 고전적 조건이론은 행동주의 심리학에서 표방하는 학습이론의 기초가 되는 것이다(이성태, 2007).

2. 스키너의 조작적 조건형성이론

1) 주요 개념

조작적 조건형성이론을 창안한 스키너(Burrhus Frederic Skinner)는 1905년 미국 펜실베이니아 주의 한 조그마한 마을에서 태어났다. 그는 대학에서 영문학을 전공하였으나 하버드대학교 심리학과에 등록하여 학습에 대하여 연구하였으며, 자신의 생각을 체계화하는 작업을 하였다. 그는 왓슨과 같이 엄격한 행동주의자였으며, 또한 환경론자였다. 따라서 그는 심리학이 명백한 외현적 행동의 연구에 한정되어야 한다고 믿었다. 또한 그는 유기체가

스키너(1904~1990)

유전적 자질을 갖고 태어났다는 사실을 인정하면서도 환경이 행동을 어떻게 통제하는가에 주로 관심을 갖고 이를 밝히는 데 주력하였다.

스키너의 핵심적 이론은 조작적 조건화에 기초를 두고 있다. 이 조작적 조건형성이론은 파블로프의 고전적 조건형성이론을 수용하여 더욱 발전시킨 것이다. 그러나 파블로프의 고전적 조건형성에서는 피실험자의 역할은 중요시되지 않은 반면 스키너의 조건형성에서는 피실험자의 역할에 관심을 가졌다. 그는 고전적 조건형성의 원리가 선천적인 반사행동의 학습을 설명하는 데는 유용하지만 유기체 스스로 조작하는 행동을 설명하기에는 부족하다고 믿었다. 스키너는 인간의 행동에는 고전적 조건형성으로 설명되는 음식물의 타액 분비나 큰 소리에 놀라는 반응과 같은 수동적이고 기계적인 반응 행동만 있는 것이 아니라 능동적 존재인 유기체가 자발적으로 행동을 일으키기 위한 조작 행동도 포함된다고 주장하였다.

조작적 조건형성을 연구하기 위해서 스키너는 '스키너 상자'를 고안했다. 이 상자는 파블로프의 고전적 조건반사 실험 장치처럼 개를 붙잡아 매어 둔 상태가 아니었다. 이 장치는 쥐가 마음대로 돌아다닐 수 있으며, 한쪽 구석에는 지렛대가 있고, 그 지렛대를 누르면 먹이가 자동으로 나오도록 설계되어 있었다. 쥐가 먹이를 찾아 이리저리 움직이면서 우연한 기회에 지렛대를 누르고 그 결과 먹이를 받아먹는다. 이렇게 먹이를 받아먹는 긍정적 결과를 여러 번 반복하면 쥐는 점차 지렛대 누르기와 먹이와의 관계를 학습하게 된다. 이러한 과정을 통해 쥐는 지렛대를 누르는 행동을 학습하게 되는 것이다. 이 실험 결과는 유기체가 스스로 어떤 행동을 하고 그 행동의 결과가 긍정적일 때는 이후에도 그와 같은 행동이 나타날 확률이 높아진다는 것을 의미한다. 즉, 보상이 주어지거나 긍정적인 강화를 받는 행동은 반복해 나타나고, 강화되지 않거나 처벌된 행동은 다시 발생할 확률이 줄어든다는 것이다(김미영, 2010).

이와 같이 스키너는 쥐가 먹이를 먹기 위해 지렛대를 누르는 조작적 행동이

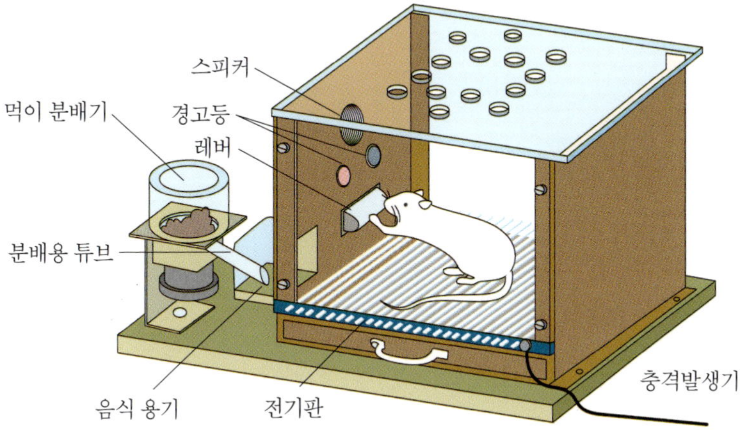

◆그림 3-1◆ 스키너 상자

그에 따른 먹이 보상의 획득, 즉 강화에 의해 반복적으로 나타난다는 실험을 통해 조작적 조건형성의 원리를 주장하였다. 그러므로 조작적 조건형성에서는 자극이 반응을 유도한다는 고전적 조건형성과는 달리, 자극이 주어지기 전에 먼저 반응이 일어나야 한다는 것을 강조한다. 즉, 고전적 조건형성에서는 자극이 반응에 선행하였으나 조작적 조건에서는 반응이 자극에 선행한다. 조작적 조건형성에서는 고전적 조건형성에서처럼 행동이 자동적으로 유발되지 않으며 유기체 스스로 행동해야만 보상이 주어진다. 이에 따라 스키너는 자신의 조건형성 연구를 파블로프나 왓슨의 조건형성과 구별하여 '조작적 행동(operant behavior)' 에 관한 것이라고 보았고, 이에 반해 파블로프나 왓슨의 연구는 '반응적 행동(respondent behavior)' 에 관한 연구라고 하였다(이성태, 2007).

무력감도 학습될 수 있다?

학습된 무력감 이론은 폭력에 연합이 되는 모순을 설명해 줄 수 있다. 이 이론은 마틴 셀리그먼(Martin Seligman)에 의해서 주창되었다. 그의 가설은 개가 확실한 의도에 의해 부적 강화를 받으면, 자신의 자발적인 행동이 자신에게 일어나는 일에 대해서 아무런 영향도 미치지 못한다는 것을 배우게 된다는 것이다. 같은 자극이 계속되면 개의 반응하고자 하는 동기는 점점 줄어든다.

이 가설을 지지하기 위하여 개, 고양이, 새, 쥐, 생쥐, 물개, 영장류 그리고 인간을 대상으로 여러 가지 실험이 실시되었다. 어떤 동물들은 좀 더 빨리 무기력하게 되었고, 더 여러 가지 상황에서 무기력하게 되었다. 어떤 동물들은 한 상황에서만 무기력하게 된 반면, 다른 동물들은 그것을 일반화해서 그 밖의 모든 상황에서도 무기력해졌다. 셀리그먼의 연구는 가장 좋은 실례가 된다. 그의 연구팀은 개를 우리에 가두어 두고 무작위로 다양한 간격을 두어 전기 충격을 주었다. 개는 곧 자기가 어떻게 반응하더라도 그 충격을 제어할 수 없다는 것을 배운다.

개는 처음에는 도망을 치려고 여러 가지 행동을 시도한다. 그러나 그 어떤 행동도 충격을 멈추지 못하자 아무런 자발적인 행동도 하려 하지 않게 되고 복종적이 된다. 후에 연구자들은 과정을 바꾸어 개를 다른 우리로 건너가도록 가르쳐서 도망갈 수 있게 하려고 하였다. 그러나 개는 여전히 수동적으로 무력하게 그대로 남아 있었다. 문을 열어 놓고 나갈 수 있는 길을 보여 주어도 개는 우리를 떠나려고 하지 않았고 전기 충격을 피하려고도 하지 않았다. 개는 어리면 어릴수록 이렇게 형성된 학습된 무력감을 극복하는 데 더욱 많은 시간이 걸렸다.

한번은 플로리다의 신문에 '학습된 무력감'에 대해서 도표로 보여 주는 기사가 실렸다. 플로리다 시에서 떠돌이들에게 고급 호텔 방 100실을 이용할 수 있도록 제안했다고 한다. 그러나 단 네 사람만이 그 제안을 받아들였다고 한다. 또한 신체 폭력을 당하는 여자들과 아이들에게 이 이론을 적용해 보면, 왜 그들이 스스로를 무기력하게 여기는지 이해하는 데 도움이 된다. 아이들은 나중에도 똑같은 종류의 관계를 갖게 되고, 아내들은 매를 맞는 관계를 벗어나려는 시도조차 하지 않는다. 매 맞는 사람이 스스로를 무기력하다고 믿는 것이야말로 이런 현상이 일어나는 가장 중요한 요인이다. 매 맞는 자녀와 아내는 부정적인 신념 체계라는 부정적인 사고의 틀에 의해서 제한을 받는다. 그들은 진심으로 상황이 절망적이라고 믿는다. 그렇기 때문에 그들은 매 맞는 관계에서 벗어나려는 시도를 하지 않는다. 사실 아이들은 그들이 믿고 있는 것만큼 무기력하지만은 않다. 여자들도 자신이 무력하다고 믿지만 사실은 그렇지 않다. 그럼에도 신체 폭력에 희생된 아이들은 무력감을 일반화하는 경향이 있다.

출처: Bradshaw(2006). 가족(오제은 역)에서 발췌.

2) 평가 및 교육적 시사점

(1) 스키너 학습이론의 평가

파블로프나 스키너의 학습이론에서는, 아동은 주로 외부환경에 의해 영향을 받아 발달한다고 봄으로써 발달에 있어서 경험의 중요성을 강조하였다. 파블로프의 고전적 조건형성의 학습이론은 17세기 경험주의 철학자 로크가 "지식은 연합에 의해서 형성된다."고 한 사상을 근간으로 하여 경험적인 실험을 통해서 자극과 반응이 연합되는 몇 가지 원리들을 밝힘으로써 학습이론을 구체적으로 확장시켰다. 그러므로 파블로프는 학습이론을 확고한 과학적 기반 위에 올려놓는 데 기여했다고 할 수 있다(이성태, 2007).

그러나 파블로프는 자극과 반응의 수동적인 연합을 설명하는 데 그쳤으며 이에 반해 스키너는 이러한 고전적 조건형성의 한계를 극복하였다. 즉, 유기체가 능동적으로 통제하는 조작적 행동의 조건형성이론을 발달시킴으로써 행동주의 학습이론의 적용 범위를 확장시켰다. 따라서 스키너 이론은 고전적 조건형성의 한계를 극복하고 학습이론의 범위를 넓혔다는 평가를 받고 있다(이성태, 2007). 또한 조작적 조건형성의 원리를 이용한 행동수정기법은 아동의 문제행동을 수정하고 바람직한 행동을 학습시키는 데 유용하게 활용되고 있다.

이러한 장점에도 스키너의 학습이론은 다음과 같은 비판을 받고 있다. 첫째, 스키너의 학습이론은 발달의 과정에서 아동을 능동적이기보다는 수동적인 존재로 보았다. 조작적 조건형성이론은 고전적 조건형성에 비해 아동 자신의 능동적 역할을 강조하고는 있지만 이 이론 또한 발달에서 아동 자신의 능동적 역할을 과소평가하였다는 비판을 받고 있다.

둘째, 실험실 상황에서 동물을 대상으로 한 연구 결과를 인간의 행동에 동일하게 적용하여 일반화하였다(김미영, 2010).

셋째, 환경의 중요성만을 강조하고 유전적 영향력을 간과하였다. 스키너의 이론은 환경적 요인에 초점을 맞추고 있어 유전의 역할을 소홀히 하였다는 점에서 논쟁이 되고 있다. 그럼에도 한편에선 스키너의 이론이 유전의 역할을 완전히 무시했다고 보진 않는다. 스키너는 유전이 발달에 전혀 무관하다고 보기보다는 오히려 통제 가능한 행동의 원인을 찾는 데 주력하였기 때문에 인력으로 통제가 불가능한 유전에는 상대적으로 관심을 덜 가졌던 것이다. 그는 어떤 행동은 완전히 유전적인 요인에 의해 이루어지는 것이어서 경험으로는 조건화되지 않는 것도 있지만 그럼에도 자신은 이런 유전적 행동 유형에는 관심이 없다고 하였다. 대신 그는 오직 인위적으로 다뤄질 수 있고 변화될 수 있는 행동에만 관심이 있었던 것이다. 이러한 스키너의 개념은 유전적 요인을 배제하는 특징으로 비춰져 수많은 논쟁을 낳았다(DeBell & Harless, 1992).

넷째, 스키너 이론은 내적 상태(internal states)의 존재를 거부하고 단지 눈에 보이는 행동에만 주의를 집중함으로써 인간 행동과 발달을 충분히 이해하는 데 한계를 보였다. 스키너도 마음(mind)의 존재를 완전히 부인한 것은 아니었으나 그럼에도 스키너는 심리학이란 과학적 방법으로 연구해야 하는 학문이므로 행동을 설명하기 위해서는 내적 상태보다는 눈에 보이는 분명한 행동에 의존해야 한다고 보았던 것이다(DeBell & Harless, 1992).

(2) 교육적 시사점

조작적 조건형성 원리를 이용한 행동수정이론은 유아의 문제행동을 바람직한 행동으로 바꾸는 데 많은 영향을 미쳤다. 행동수정 전문가들에 의하면 유아의 정서적 문제 중 대부분은 유아의 바람직하지 못한 행동이 우연히 강화되었기 때문이라고 보았다(정옥분, 2009). 즉, 문제행동의 원인은 하루하루의 생활 가운데 습관화되어 버린 학습의 산물이라는 것이다. 이러한 문제 행동은 적절한 강화와 함께 바람직한 행동이 학습되도록 함으로써 행동수정이 가능하다.

특히 연령이 어린 유아에게는 칭찬과 같은 정적 강화를 사용하는 것이 벌이나 비판을 사용하는 것에 비해 훨씬 행동수정의 효과가 크다. 따라서 벌의 사용은 최소화하고 정적 강화를 최대화하여야 한다. 예를 들어, 유아가 손가락을 물어뜯거나 빠는 행동을 습관적으로 할 때에 꾸중이나 체벌을 가하기보다는 손가락을 물어뜯지 않는 그 순간을 주목하여 이에 대해 칭찬을 해 주는 것이 더욱 효과적이다. 비슷한 예로, 이유 없이 우는 아이에게 엄마의 달래는 행동이 강화물로 작용할 수 있기 때문에 이때에는 무시 요법을 사용하고, 반대로 울지 않을 때에 곧바로 주목해 주고 칭찬을 하면 이것이 정적 강화로 작용할 수 있다.

한편 강화물의 사용에서도 고려할 점이 있다. 강화물로 스티커나 사탕 등의 물질적 보상을 먼저 생각하는 교사가 많다. 그러나 언어적 칭찬과 함께 미소나 안아 주기, 쓰다듬기와 같은 비언어적 보상도 물질적 보상 못지않은 훌륭한 강화물임을 인식해야 한다. 또한 강화물은 어떤 것이 어느 것보다 더 낫다는 순위가 있을 수 없다. 각각의 유아마다 선호하는 강화물은 서로 다르기 때문이다. 따라서 각 유아마다 좋아하는 것이 무엇인지 알고 이에 맞추어 강화물을 제공한다면 보다 효과적인 결과를 얻게 될 것이다.

3. 반두라의 사회인지학습이론

1) 주요 개념

반두라(1925~)

반두라(Albert Bandura)는 캐나다의 알버트에서 태어났다. 반두라는 스키너의 조작적 조건형성이론의 영향을 받았으나 모델링 현상의 이론화에 관심을 기울이면서 조건화 대신 정보 처리 개념에 더 가까워졌고 이후 자기 규제와 자기효능감에 관심을 기울이면서 행동주의적 관점과는 거리를 두게 되었다(이성태, 2007). 반두라는 유아가 능동적으로 주위 세계를 이해하려고 노력한다고 믿었기 때문에 '학습'이라는 용어를 사용하였고, 다른 사람들이 하는 행동들이 주위 세계에 대한 중요한 정보가 되기 때문에 그의 이론에 '사회'라는 용어를 포함시켰다. 그는 인간의 복잡한 행동을 자극과 반응, 강화, 소거 등의 조건형성이론만으로 설명하는 데는 한계가 있다고 믿었으며, 인간의 기본적 인지 능력을 간과해서는 안 된다고 보았다. 오늘날 반두라의 이론은 사회인지학습이론이라 불리기도 하는데, 이는 그의 이론이 사회적 환경과 유아의 인지 능력이 학습과 발달에 미치는 중요성을 강조하고 있기 때문이다.

유기체가 직접 행동함으로써 학습이 이루어진다고 주장하는 스키너의 학습이론과는 달리 반두라의 학습이론은 유아가 사회적 상황에서 타인의 행동을 관찰하고 그러한 행동을 본받게 됨으로써 학습이 이루어진다고 보고 있다. 반두라는 두 집단의 행동을 선정하여, 한 집단에게는 다른 사람이 사람 모양의 인형에게 공격적인 행동을 하는 필름을 보여 주고, 다른 집단에게는 공격적인 행동이 없는 중립적인 필름을 보여 주었다. 그 결과 공격적인 장면을 본 집단의 유아는 그것을 보지 않은 집단의 유아에 비하여 훨씬 더 공격적인 행동을 많이 하는 것을 발견하였다.

인간은 누군가가 하는 일을 단지 바라보기만 해도 어느새 그 행동이 몸에 밴다. 예를 들면, 유아는 엄마의 양육 행동을 관찰하고, 이를 놀이를 통해 그대로 모방하고 재현한다. 또한 아동은 TV를 보기만 해도 그 속에서 나오는 여러 행동을 쉽게 따라서 하게 된다. 이와 같은 결과를 놓고 반두라는 인간의 학습 과정은 직접적인 경험을 통하여 이루어지기도 하지만, 타인의 행동을 관찰하고 이를 모방함으로써 이루어지기도 한다고 주장하였다.

어떤 표본을 보기만 해도 그의 새로운 행동을 몸에 익힐 뿐만 아니라 지금까지 익혀 왔던 행동도 바꿀 수 있는 것은 바로 이런 관찰 학습의 결과라 할 수 있다. 즉, 반두라는 유아 행동의 변화는 고전적 혹은 조작적 조건형성을 통해서가 아니라, 다른 사람의 행동을 관찰함으로써 학습되어 나타난다고 보았다.

반두라는 스키너의 조작적 조건형성이론의 영향을 받았으나 모델링 현상의 이론화에 관심을 갖고, 조건화 대신에 관찰학습이론, 상호 결정론과 자기규제 및 자기효능감에 관심을 기울이면서 행동주의에서 점점 멀어져 갔다.

(1) 관찰학습, 대리학습, 대리강화

심리학 이론들은 전통적으로 직접 경험에서 얻은 학습을 강조해 왔다. 만약 인간의 지식이나 가치관 등이 오로지 직접 경험을 통한 시행착오를 통해서만 획득되는 것이었다면 인간의 발달은 매우 늦춰졌을 것이다. 직접적으로 탐색하는 활동의 종류나 탐색 장소는 매우 제한적이기 때문이다. 그러나 다행히도 인간은 모델을 관찰함을 통해서도 자신의 삶을 구조화하는 관찰학습이 가능할 만큼 인지적 수용 능력이 진화되어 있다(Bandura, 2003).

반두라의 사회인지학습이론은 강화나 처벌 없이도 개인이 사회적 상황 속에서 다른 사람의 행동을 단순히 관찰하는 것만으로도 새로운 행동을 학습하거나 발달시킬 수 있다는 사실을 설명해 주는 이론이다. 예들 들어 교사가 물건을 집어 던진 친구를 처벌하는 것을 목격한 유아는 자신은 그런 행동을 하지 말아야 한다고 생각하게 된다는 것이다. 이런 이유로 사회학습을 관찰학습이라 부른다. 관찰학습은 '모방'과 '모델링'이라는 두 가지 형태를 취한다. '모방'이 타인의 행동을 그대로 따라 배우는 것이라면 '모델링'은 모델이 되는 부모 및 타인의 행동을 관찰하면서 다양한 강화를 통해 그들의 행동과 특성을 내면화하여서 자신이 마치 그의 삶인 것처럼 행동하게 되는 동일시의 개념을 포함하고 있다. 예를 들면, 유아의 친사회적 행동의 경우 다른 사람의 행동을 모방함으로써 촉진되는 사례가 있다. 즉, 유아가 일상생활에서 부모, 교사, 또래의 행동 혹은 TV프로그램 속의 주인공이 보여 주는 친사회적 행동을 자주 목격하면 유아의 친사회적 행동이 촉진될 수 있다(김미영, 2010).

이와 같이 새로운 행동이 단지 관찰만을 통해서 획득된다는 것은 그 학습 과정에 인지적 과정이 포함되어 있음을 시사하고 있다. 반두라는 학습의 과정에는 내적 인지적 활동이 작용한다고 믿었다.

한편, 사람은 타인의 행동을 관찰하는 중에 그 행동에 따른 결과도 관찰하게 된다. 따라서 자신이 만약 그 행동을 수행한다면 그 결과 무엇을 얻게 될 것인가를 예상할 수 있고, 이로 인해 행동이 강화되는 것이다. 반두라는 이러한 강화를 대리강화라 불렀다. 관찰 대상이 강화받는 것을 보고 자신도 그대로 강화를 받게 되기 때문이다. 이처럼 학습자 자신이 직접 강화나 벌을 받지 않아도 다른 사람의 행동 결과에 따라 제공되는 강화나 벌을 관찰함으로써 새로운 행동을 학습하게 된다는 의미에서 관찰학습을 대리학습이라고도 한다(이성태, 2007).

(2) 상호결정론

반두라는 행동의 원동력이 환경이라는 초기 행동주의의 기본적인 가정에서 벗어나 발달 과정이 개인과 환경 간의 상호성에 의존한다는 상호결정론적 입장을 취했다. 이 이론은 반두라의 저서 『Social Foundations of Thought and Action: A Social Cognitive Theory』(1986)에서 '상호결정론(triadic reciprocal causation)'이라는 용어로 설명되었다.

상호결정론에 의하면 인간 발달은 '개인(person)' '행동(behavior)' 그리고 '환경(environment)'의 세 요소들 간의 상호작용에 의해 이루어진다. [그림 3-2]에서 보듯이 상호결정론의 모형은 상호작용의 삼각형을 구성한다. 여기서 개인(P)은 아동의 인지 능력, 신체적 특성, 신념과 태도 등을 포함한다. 이것은 유아의 행동이나 환경에 영향을 미친다. 유아는 자신이 원하는 것을 선택할 뿐만 아니라(P→B) 유아의 행동은 자신에 대한 느낌, 태도, 신념에 영향을 미친다(B→P). 마찬가지로 이 세상이나 사람들에 대한 유아의 지식의 대부분은 TV, 부모, 교과서, 그 외 다른 환경으로부터 얻은 정보에 의한 것이다(E→P). 물론 환경도 행동에 영향을 미친다. 학습이론가들이 주장하는 것처럼 유아의 행동 결과나 유

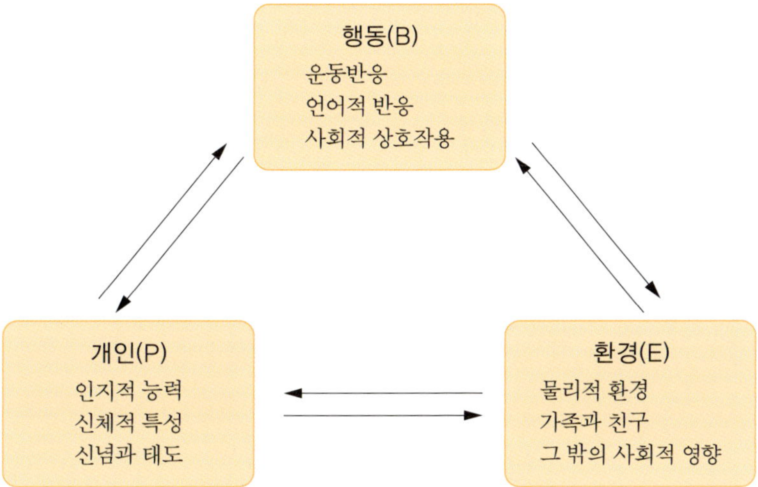

◆그림 3-2◆ 상호결정론 모델

출처: 김미영(2010), p. 200.

아가 관찰하는 모델은 유아 자신의 행동에 영향을 미친다(E→B). 그러나 유아의 행동 또한 자신의 환경에 영향을 미친다(B→E)(정옥분, 2009). 반두라는 인간의 발달심리를 완전히 이해하기 위해서는 이와 같은 세 가지 각각의 요인을 살펴보고 이 요인들 간의 관계를 모두 이해해야만 한다고 보았다(Lerner, 1990).

이 세 가지의 상호관련성을 인지하며 특히 주목해야 할 것은 개인(P)이 환경(E)의 영향 아래 있을 뿐만 아니라 환경(E)도 개인(P)이나 개인의 행동(B)에 의해 영향을 받는다는 점이다. 예를 들어, 한 유아의 언어성(좌뇌) 발달의 경우를 보자. 언어성 발달은 동작성(우뇌) 발달에 비해 환경의 영향을 많이 받는다. 특히 부모 환경이 그 자녀에게 어떤 환경 자극을 제공했느냐에 따라 언어성 IQ는 10 내지 15 정도는 차이를 보일 수 있다. 하지만 환경 자극만이 그 유아의 변화를 유도하는 것은 아니다. 예로 영아의 옹알이를 받아 주는 부모의 반응에 대해 그 영아가 또 어떻게 반응하느냐에 따라서, 또는 부모의 언어적 자극이나 가르침에 대해 영아가 얼마나 흥미를 보이며 반응하는가에 따라서 부모 환경의 자극은 다른 양상을 띠며 또 다른 환경 자극으로 변하게 된다. 따라서 환경은 한 개인과 그 개인의 행동에 영향을 미치며, 개인 또한 자신의 환경을 선택하고, 환경에 영향을 주며, 환경을 구성함으로써 자신의 삶(행동)을 만들어 간다. 이것이 상호결정론적 견해다.

반두라의 사회인지이론에서는 인간 발달, 적응, 변화를 설명하기 위해 인간매체(agency)의 개념을 채택하여 사용하고 있다. 상호결정론에서의 '개인' 매체는 사회구조적 네트워크 안에서 작용한다. 개인은 자신의 목적을 달성하기 위해 위험도 무릅쓰고 성공을 추구하는 존재이지만 혼자서는 해낼 수 없는 일을 성취하기 위해서 다른 사람과 협력하여야 한다. 이러한 매체 간 상호작용 속에서 사람들은 사회적 산물이 되는 것뿐만 아니라 무언가를 만드는 생산자의 역할도 수행한다. 이때 자신의 효능감(efficacy)을 믿는 것은 개인의 발달과 변화에 중요한 역할을 하는 자원이 된다. 이는 또한 인지, 동기, 정서, 결정력에 영향을 미친다. 매체(agency)로서의 개인은 자신의 삶을 수동적이 아니라 능동적으로 만들어 간다는 것을 의미한다. 유아의 경우에는 자신이 행동의 주체이며 자신으로 인해 어떤 일이 발생될 수 있음을 인식하게 될 때에 비로소 인간매체로서의 감각을 획득하게 되는 것이다(Bandura, 2006).

상호결정론에서의 '환경'은 개인이 영향을 받고 또 변화를 가하는 한 요인이다. 반두라는 시대의 변화와 함께 달라진 현대적 환경에 대해 언급한다. 현대와 같이 정보화되고 전자기기의 혁신적 변화가 이루어지는 사회, 그리고 급속한 사이버 세계 속에서 새로운 의사소통을 추구해 가는 사회에서는 이런 새로운 현실에 따른 새로운 도전이 인간의 삶을 통제하게 된다고 말한다. 이러한 환경에서의 개인은 그 이전엔 불가능하였던 네트워크를 형성함으로써 다양한 사람들과 흥미와 목적을 공유하며 조화를 이루어 가는 협력적 행동 수행을 하도록 요구된다(Bandura, 2006).

(3) 자기효능감(self-efficacy)

사회학습이론에서 자기효능감 또한 중요한 요소다. 자기효능감은 어떤 목표 수준에서 과제를 수행하거나 학습을 위해 요구되는 어떤 행동을 성공적으로 수행할 수 있을지에 대한 개인적 신념이다(Bandura, 1977). 즉, 자기효능감이란 자신이 어떤 일을 잘 해낼 수 있다는 개인적 신념으로서 어떤 행동을 모방할지를 결정하는 요인이 된다(정옥분, 2009). 따라서 인간은 자신이 갖고 있는 효능감에 따라 어떤 활동은 시도하고 또 어떤 활동은 회피하게 될 것이다. 자기효능감이 높은 사람은 성취를 위해 적극적이고 어려운 과제를 도전적으로 생각하고 활동 자체에 관심을 갖지만 자기효능감이 낮은 사람은 성취 활동에 소극적이고 부정적 태도로 과제를 회피하려는 경향을 갖는다. 예를 들어, 자신이 노래와 춤을 잘 춘다고 자부하는 유아는 다른 유아에 비해 TV에 나오는 가수의 노래나 춤을 더 많이 따라 하게 되고 타인 앞에서도 노래하고 춤추기를 좋아할 수 있다. 더구나 이러한 적극적 활동에 대해 타인으로부터 칭찬(보상)을 받으면 노래와 춤에 대한 자신의 신념은 더욱 상승하게 된다. 이와 같이 타인의 행동을 모방할 것인지에 대한 여부나 어떤 과제를 성취하기 위해 도전을 할지에 대한 여부는 자신의 능력에 대한 신념 즉, 자기효능감이 어떠한지에 달려 있다.

2) 평가 및 교육적 시사점

(1) 반두라의 사회인지학습이론의 평가

모델링은 옛날부터 있었던 개념이지만 반두라는 우리로 하여금 모델링의 중요성을 인식하게 하였다. 그는 모델링을 통해서 사회적 환경 속에서 아동이 어떻게 새로운 행동을 학습, 발달시키는가를 설명해 주는 데 크게 기여하였다. 사회인지학습이론은 공격성, 성역할, 친사회적 행동, 자기 규제 등의 사회화 행동 특성의 발달에 관찰학습이 중요하다는 많은 증거를 보여 줌으로써 후속 연구들의 자극제가 되었다. 또한 반두라에 의해 처음 제안된 자기효능감 개념은 유아의 자아개념이 사회인지 행동의 변화에 어떤 역할을 하는지를 설명하는 데 크게 기여하였다(이성태, 2007).

한편 반두라의 사회인지학습이론은 초기 학습이론에 비하여 완성도가 높은 편이나 그럼에도 이러한 인지체계가 어떻게 발달하고, 이러한 발달이 관찰학습에 어떻게 영향을 미치는가에 대해 명확히 규명하지 못하였다(정옥분, 2009). Lerner(1990)는 반두라의 연구들이 방법적인 면에서 좀 더 체계적이어야 했으며 또한 실증적인 예시를 제시함으로써 이론의 유용성을 좀 더 명확히 밝혔어야 했다고 말하고 있다.

(2) 교육적 시사점

반두라의 사회학습이론이 교육이나 양육에 있어서 시사하는 바를 요약하면 다음과 같다.

첫째, 반두라는 모든 문화적 환경 안에서 사회화 과정의 목표 행동(targets)들이라 할 수 있는 공격성, 성역할, 자기강화, 그리고 친사회적 행동이 어떻게 학습되는가를 보여 준다. 예컨대, 부모나 교사들이 유아의 행동을 바로잡기 위해 체벌을 사용한다면 이는 바람직하지 않은 행동의 본을 보여 주는 모델링의 결과를 낳게 된다고 하였다. 또한 유아에게 무언가를 명령하는 것은 처음에는 효력이 있는 듯하나 시간이 흐름에 따라 그 효력이 감소되고 오히려 분노나 반발심을 형성한다고 하였다. 그러므로 부모나 교사는 유아에게 명령보다는 관대함으로 대하고 유아로 하여금 강요받는다는 느낌을 주지 않으면서도 자신의 본을 따라 바람직한 행동을 할 수 있도록 모범이 되어야 한다.

둘째, 모델의 영향 중에서도 특히 영화나 TV 속의 모델이 강력한 영향력을 발휘한다는 점을 시사하고 있다. 많은 유아들이 여러 시간 동안 지켜보는 TV는 유아의 행동을 결정하는 유력한 매체다. 특히 폭력 장면은 유아의 공격성을 증가시킨다는 많은 연구 결과는 이에 대한 경각심을 더욱 증가시킨다.

셋째, 영향력을 크게 발휘할 수 있는 모델링 효과는 행동수정 분야에서 치료를 위한 도구로 사용되고 있다(이성태, 2007).

반두라는 관찰학습을 효과적으로 활용하기 위해 다음의 다섯 가지 원칙을 들고 있다. 첫째, 바람직한 행동을 가능한 한 반복적으로 모범을 보인다. 둘째, 모방하는 내용은 쉽고 간단한 것에서부터 시작하여 점차 어렵고 복잡한 것으로 옮아간다. 셋째, 각각의 단계에 맞게 말로 설명하고 지도한다. 넷째, 가르치는 내용에 맞추어 시각적 자료, 문자 혹은 손발 등을 사용하여 가르치는 것이 효과적이다. 다섯째, 잘할 때마다 칭찬해 주는 것을 잊지 않는다(오정수, 정익중, 2008). 이러한 다섯 가지 원칙은 유아를 지도하는 데 효과적으로 활용될 수 있다.

제4장 인지발달이론

인지란 주의집중, 기억, 상징화, 범주화, 계획, 추론, 문제 해결, 창조 그리고 공상 등과 같은 모든 정신 활동을 말한다. 인지 발달(cognitive development)이란 인간이 연령과 함께 발달해 가면서 일어나는 인지의 변화를 말하는 것으로 피아제는 인간이 능동적으로 환경과 상호작용을 함으로써 인지 발달을 이룬다고 주장한다. 인간의 사고는 환경에 적응할 뿐 아니라 환경을 변화시키며 발달해 간다는 것이다. 이러한 인지발달이론은 유아의 지적 능력이 어떻게 변화하는 것인지에 대한 답을 줄 수 있다. 인지 발달적 접근의 대표 학자인 피아제에 따르면 인지 발달이란 새로운 정보를 동화시키고 기존의 인지를 조절함으로써 환경에 적응해 가는 과정이다.

또 다른 인지발달이론가로는 비고츠키를 들 수 있다. 피아제가 지적 발달의 자연적 법칙에 초점을 두었다면, 러시아의 심리학자인 비고츠키는 인지 발달에 있어서 언어와 문화의 역할에 초점을 두었다. 즉, 유아의 발달은 그 유아가 속한 사회와 문화의 역사적 배경하에서 겪게 되는 수많은 경험 속에서 이루어진다고 보았다. 따라서 그의 발달 이론은 사회문화적 이론(sociocultural theory) 혹은 문화역사적 이론이라 불리고 있다. 그는 반응적 환경을 지적 발달의 중요한 요소로 보고, 성인과 아동 사이의 상호관계로 구성된 사회적 체계의 측면에서 인지 발달을 설명하였다.

1. 피아제의 인지발달이론

1) 주요 개념

피아제(1896~1980)

피아제(Jean Piaget)는 스위스에서 출생하였다. 피아제는 어려서부터 자연현상에 관심을 가졌고 과학자로서의 자질을 보였으며 동물 관찰과 실험을 즐겼다. 그 결과 그는 21세의 나이에 동물학 박사 학위를 취득하였다. 그러나 피아제는 지식의 근원에 관한 의문을 갖게 되면서 아동심리 분야에서 과학적 연구를 시작하게 되었다(김미영, 2010). 피아제는 생물학에 대한 탐구로 박사 학위를 취득한 후에 심리학, 특히 정신 구조의 발생에 관한 탐구에 보다 많은 관심을 갖게 되었다. 그래서 한때 그는 발생학적 의문에 답을 얻기 위한 인식론 철학에 몰두한 때도 있었다. 이로 인해 피아제는 아동심리학자로 널리 알려져 있음과 동시에 발생학적 인식론자로도 불리고 있다.

1950년대에 피아제는 아동의 인지 발달에 관한 연구를 계속하는 동시에 연구의 초점을 인식론적 철학에 관한 것으로 바꾸었다. 이로써 그의 연구의 중심 과제는 '인간의 지식은 어떻게 발달하는가?'라는 것이었다. 즉, '시간이 지남에 따라 지식을 갖는 자와 지식의 대상 간의 관계가 어떻게 변화하는가?'에 초점을 맞추었다. 피아제는 이와 같은 자신의 지식에 관한 이론을 발생학적 인식론이라 불렀다. 즉, 발생학적 인식론이란 한 수준에서 다음 수준으로 변화해 가는 발달 과정의 관점에서 지식이 어떻게 획득되는지를 설명하고자 하는 이론이다. 이러한 피아제의 지식에 관한 연구는 지식이 개인의 발달 과정에 따라 변한다는 지식의 발달적 연구인 것이다(이성태, 2007).

피아제 이론은 유아의 지식이 어떻게 발달하며, 문제들을 어떻게 생각하고, 어떻게 해결해 가는지를 설명해 주는 인지발달이론이다. 그는 지식을 획득한 정보의 총체 혹은 상태로 보기보다는 하나의 과정으로 보았다. 즉, 유아가 무엇을 안다고 하는 것은 신체적으로, 정신적으로 혹은 양자 모든 면에서 그 지식의 대상에 대하여 작용하는 과정으로 본다는 것을 의미한다. 예컨대, 두 살짜리 영아의 공에 대한 지식은 공을 잡거나 손가락으로 누르고 혹은 던져 올리거나 튀어 오르는 공을 관찰하는 것 등과 관련이 있다. 그러다 성장이 이루어지면서 유아는 이와 같은 직접적이고 신체적인 경험들을 기초로 해서 내적으로 성숙되어 간다. 이러한 성숙은 유아가 직접적인 신체적 행동을 수행하지 않고도 언어와 같은 정신적 이미지들을 이해하고 사용하는 데 기여하게 된다. 따라서 나이가 든 아동들의 지식 획득은 그 이전의 직접적인 신체적 행동 수행들에 의해 얻어진 지식을 근거로 하고 이 위에 정신적인 활동이 더해지면서 가능하다.

이제 유아는 대상들에 대하여 내면화된 과정을 통하여 사고한다. 그러므로 피아제에게 지식이란 저장된 정보의 목록이라기보다는 행동의 과정이고 목록이라 할 수 있다. 또한 이와 같은 지식에 관한 개념은 인간의 성장 발달 단계에 따라 지식의 수준이 질적으로 변화한다는 것을 시사하고 있다. 따라서 피아제가 말하는 지능 발달 혹은 인지 발달이란 지식, 즉 정신 활동의 목록을 확장하고 세련되게 만들어 나가는 끊임없는 노력의 과정이다.

(1) 유전과 환경

피아제에 의하면 유전은 신생아가 세상에서 맞닥뜨리게 될 문제들에 대응할 수 있는 기본 장치로서의 역할을 수행한다. 피아제는 기본적으로 유전적 형태에서 비롯된 지식의 형성에 호기심을 갖고 있었다(Valsiner, 2005). 그러나 이러한 유전의 작용이 잠재적인 도식들의 실현을 100% 보장해 주는 것은 아니며 단지 가능성의 범위를 정해 준다고 할 수 있다. 즉, 인간의 유전적 능력이 중요하지만 이것이 곧 발달을 결정짓는 전체적 요인은 될 수 없는 것이다. 유전적 잠재 능력의 실현은 유아 자신이 환경과 상호작용하면서 겪게 되는 경험의 종류에 따라 달라지기 때문이다. 그러므로 유전에 의한 내적 성숙은 발달의 진행에 있어서 필요조건이기는 하지만 충분조건은 되지 못한다.

피아제는 환경적 요인으로서의 물리적 경험에 관심을 가졌다. 유아는 생활 가운데서 대상들을 접할 때 그 대상들을 만져 보고 관찰하고 냄새를 맡아 보는 직접적 경험을 해 본다. 이러한 과정을 통해서 유아는 사물의 성질이나 그것이 작용하는 방식에 관한 지식과 논리를 만들어 간다. 유아의 논리나 지능의 발달은 수동적인 대상의 관찰에 의한 것이 아니고, 그 대상에게 영향을 주는 유아 자신의 어떠한 행위로부터 유아 스스로 도출해 낸 어떤 결론에 따른 것이다. 예를 들어, 유아가 방울토마토, 오이, 동전 등이 물에 뜨고 가라앉는 실험을 하였다고 하자. 실험 전에 유아에게 어떤 것이 가라앉을지 예측하게 하였더니 한 유아가 "오이가 무거워서 가라앉아요."라고 답하였다. 이때 교사가 유아에게 부력으로 인해 오히려 더 크고 무거운 오이가 가라앉지 않는다는 것을 설명해 주고 단순히 그 실험을 지켜보게만 하였다. 그러나 실험을 지켜보게만 하는 것으로는 유아의 이해를 이끌어 낼 수 없다. 유아는 각각의 사물을 직접 물에 담가 보는 실제적인 경험을 여러 차례 경험해 봄으로써 표면적에 따른 부력의 원리나 각 사물의 속성에 대해 이해하게 되고 이를 통해 지적 발달이 촉진된다.

이와 같이 피아제는 생물학적 성숙이 어떤 기본 능력으로서 결정적 역할을 하지만 환경이 이를 촉진하는 역할을 한다고 보았다. 따라서 피아제가 말하는 인지 발달이란 개체가 환경과의 상호작용을 통해서 적응해 가는 과정이다. 이를 통해 볼 때, 피아제는 인지 구조의 발달이 유전과 환경의 상호작용에 의한다는 상호작용주의자라 할 수 있다.

(2) 인지 발달의 개념(도식, 동화, 조절, 적응, 평형화)

피아제는 인지 발달의 이해를 위하여 스키마(Scheme, 도식), 동화, 조절, 적응, 평형화 등의 개념을 설명하였다. 스키마는 피아제 이론의 기본적 정신구조(basic mental structure)로서 사고(추론)하는 방식이나 체계적 행동 패턴을 의미한다. 스키마는 기존의 이해 방식의 틀에 따라 경험을 해석하는 '동화'의 과정과 과거의 이해 방식이나 스키마와는 맞지 않아 기존의 행동이나 사고를 변경(modification)하는 '조절'의 과정을 통해 발달한다(Bukatko & Daehler, 2001). 동화(assimilation)는 인지 발달 단계에서 유아가 세상을 경험하고 이해해 가기 위해 행하는 사고 과정인 반면 조절(accommodation)은 새로운 자극에 반응함으로써 유아의 사고 존재 방식을 변화 · 확장하는 것이다(Agbenyega, 2009). 예를 들어, 유아가 '나는 것은 새다.'라고 알게 된 후 날아다니는 모든 것을 볼 때마다 이를 새라고 인식하게 된다면 이것은 '동화'의 예다. 그러나 '나는 것은 새다.'라고 알고 있던 유아가 날아다니는 비행기를 보고는 새라고 동화하는 순간 이것이 잘못되었음을 듣게 되면서 '새는 날아다니는 것이다.'라는 지식 위에 '살아 있는 것이다.' 등의 새로운 지식을 확장하고 새에 대한 새로운 도식을 갖게 된다면 이것은 '조절'의 예가 될 수 있다.

동화와 조절의 예시

이제 막 아장아장 걷기 시작한 아기가 있다. 이 아기는 지금 자신의 집 거실에서 자유로이 걸어가고 있다. 그러다 아기는 윗방 침실로 올라가거나 아래 지하실로 내려가는 계단 앞에서 멈춰 서고는 더 이상 가지 못하고 돌아선다. 할머니나 이웃집에 가서도 계단 앞에 갔을 때 아빠가 "멈춰. 너 넘어져."라고 하는 소리를 듣기도 하고 어떤 때는 실제로 거기서 넘어지기도 한다. 이런 과정 속에서 아이는 계단이 넘어질

수 있는 어떤 것이므로 그곳으로 가면 안 된다는 사실에 동화한다.

시간이 흘러 얼음이 어는 겨울이 되었다. 이 아이가 밖에서 아빠와 함께 길을 걷고 있다. 아이가 앞으로 막 걸어가려는데 갑자기 "멈춰, 너 넘어진다."라는 아빠의 소리를 듣고 아이는 '계단'이 있나 하고 앞뒤를 살펴보게 된다. 하지만 계단은 아무 데도 없다. 그래서 아이는 다소 당황하며 혼돈을 느낀다. 왜 계단도 없는데 멈추라고 하는 건지 의아해하는 듯하다. 이런 아이의 혼란스러움을 깨달은 아빠는 앞에 빙판을 가리키며 "여긴 계단은 없지만 얼음 위에서도 넘어질 수 있는 거야."라고 이야기해 준다. 이런 새로운 경험을 통해 아이는 '계단이 아니고 빙판에서도 또는 미끄러운 마루나 어질러진 장난감 위에서도 넘어질 수 있는 것'이라는 사실을 알게 된다. 이렇게 조절이 이루어지는 것이다. 유아는 다양한 경험을 하면서 새로운 감각적 자극을 받아들이고, 새로운 방식으로 반응하면서 기존의 도식을 수정하고 새로운 도식을 형성해 간다.

출처: Bukatko & Daehler (2001).

피아제에 의하면 동화와 조절은 모든 심리적 활동의 상호 보완적 측면(complementary)을 갖고 있다고 말한다. 유아는 이해되지 않는 상태 또는 새로운 경험에 직면하게 되기 때문에 조절을 통해 스키마를 새롭게 변화시키도록 계속적인 압박을 받는다. 이때 유아는 사고를 더욱 조직화하여 새롭게 발달시킨 스키마, 즉 도식을 갖기 위해 동화와 조절 과정을 통해 평형화(equilibration)를 이끌어 낸다. 새로운 자극을 접했을 때 그 자극이 기존의 도식과 맞지 않으면 불평형 상태가 일어나며, 불평형 상태는 긴장과 갈등을 유발하여 평형 상태로 되돌아가려는 노력을 활성화시킨다. 즉, 새로운 경험이 불균형을 일으켰을 때 유아의 스키마가 변경을 통해 수정되고 균형을 맞추어 가는 것이다(Bukatko & Daehler, 2001).

피아제의 평형화란 경험과 인지 사이의 불일치, 즉 불평형을 일치 곧, 평형으로 옮기는 사고 과정이다. 유아가 현재 경험한 것에서 얻은 지식이 기존에 갖고 있던 인지적 정보 체계와 일치하지 않아 인지적 갈등을 갖게 될 때 유아는 사고의 불평형 상태를 경험한다. 이때 유아는 기존의 사고에 새로운 도식을 형성함으로써 조절을 하게 되고 이를 통해 기존의 도식과 새로운 자극 간의 평형을 이루는 것이다. 또한 유아는 환경과의 끊임없는 상호작용을 통해서 이루어지는 동화와 조절을 상호 보완해 가면서 삶의 환경에 맞추어 가는데, 이를 적응(adaptation)이라고 한다.

이러한 피아제의 이론을 정리하면 다음과 같다.

- 도식: 인간의 정신적 구조로 유기체가 사물을 인지하고 대응하는 데 사용하는 '지각의 틀' '반응의 틀' '이해의 틀'이다.
- 동화: 기존의 이해 방식의 틀 속에서 경험을 해석하는 사고 과정이다.
- 조절: 과거의 이해 방식, 즉 과거의 스키마가 더 이상 맞지 않을 때 행동, 사고를 변경(modification)하는 사고 과정이다.
- 적응: 환경과의 끊임없는 상호작용을 통해서 이루어지는 동화와 조절의 두 과정이 조화롭게 균형을 이루어 삶의 환경에 맞추어 가는 것이다.
- 평형화: 새로운 경험과 기존의 인지 사이의 인지적 갈등, 즉 불평형의 상태를 평형의 상태로 바꾸어 가는 과정이다.

2) 인지 발달 단계

피아제는 아동의 자연스런 삶의 현장에서 그들을 관찰하고 면접함으로써 그들의 사고 과정에 대한 자료를 얻을 수 있었다. 그리고 수집된 모든 자료를 살펴본 후 여기서 공통적인 것을 찾는 연역적(inductive) 방법으로 연구한 후 아동의 사고를 각 단계로 세분하였다(Valsiner, 2005). 피아제는 시기와 단계에 따른 아동 발달을 밝히고 있으며, 구체적인 발달 연령보다는 발달 위계성을 강조하였다. 그는 이전 단계의 발달이 이루어지지 않고는 다음 단계로의 이동이 불가능하다고 보았다(Agbenyega, 2009). 각 단계는 연속적이며 현 단계는 전 단계를 토대로 형성되거나 파생된다는 것이다. 또한 각 단계에 도달하는 연령 단계는 개인의 경험이나 동기 혹은 사회문화적 환경에 따라서 다를 수 있다고 가정하였다. 피아제는 이러한 발달 단계를 4단계로 나누고 그것을 다시 하위 단계로 세분화하여 설명하였다. 피아제 인지 발달의 초기 두 발달 단계는 감각운동기(sensorimotor)와 전조작기(preoperational period)로 정신연령 7~8세의 영아와 유아 발달을 설명한다. 그리고 구체적 조작기(concrete operational period, 7~12세)와 형식적 조작기(formal operational period, 12세 이후)는 그 이상 연령의 아동 발달을 설명한다.

(1) 감각운동기

감각운동기(sensorimotor period, 출생~2세)의 영아는 보고 듣고 만지는 등의 감각운동적인 활동을 통하여 환경과 상호작용하면서 이 세상에 대한 이해를 넓혀 간다. 이 시기의 발달은 매우 빨라서 처음에는 생득적인 반사가 출발점이 되지만 마지막 단계에 가서는 감각운동적인 활동을 통해서 비교적 지적인 행동도 할 수 있게 되고, 원시적 형태로나마 상징을 사용할 수 있게 되어 단순한 상징놀이도 가능하다(김미영, 2010). 피아제에 의하면 영아는 최초의 도식이라고 할 수 있는 빨기, 잡기, 바라봄 등과 같은 학습되지 않은 생득적 반사로서의 도식을 통해서 세상을 이해하기 시작한다. 이러한 도식은 영아가 환경과 상호작용하는 과정에서 동화와 조절이라고 하는 상보적 과정을 통해서 빠르게 변화되고 발달해 간다(이성태, 2007). 감각운동기를 다시 6단계로 나누어 간략하게 살펴보면 〈표 4-1〉과 같다.

이 시기에 가장 중요한 변화 중 하나는 대상영속성(object permanence) 개념의 발달이다. 즉, 영아는 사물이 눈에 보이지 않더라도 존재하고 있음을 알게 된다.

• 표 4-1 • 감각운동기의 하위 6단계

하위 단계	적응 행동
반사 단계 (출생~1개월)	타고난 반사 행동을 한다.
1차 순환반응 단계 (1~4개월)	자신의 신체와 관련된 흥미로운 활동을 반복한다.
2차 순환반응 단계 (4~8개월)	외부 대상에 대해 학습하며 흥미로운 활동을 반복한다.
2차 순환반응의 협응 단계 (8~12개월)	목적을 이루기 위해 의도적인 행동이 시작된다.
3차 순환반응 단계 (12~18개월)	문제 해결이나 흥미로운 결과를 위해 새로운 방식을 다양하게 시도한다.
내적 표상 시작 단계 (18~24개월)	상징을 사용하기 시작하며 행동하기 전에 사고한다.

출처: 김미영(2010), p. 214.

예를 들어, 12개월 이전의 어린 영아는 침대에서 딸랑이를 떨어뜨리면 울면서도 그것을 찾지 않는 반면 그 이후 시기의 영아는 이를 찾게 된다. 영아가 사물이 눈에 보이지 않음에도 그 사물이 여전히 존재하고 있음을 안다는 것은 사물의 상징적 표상을 내면화하였음을 의미한다. 상징적 표상은 감각 자극의 부재에도 유지되며 이러한 정신적 조작은 인지 발달에서 가장 중요한 지표가 된다.

생각해 보기

대상영속성 발달 시기에 대한 새로운 생각

영아는 언제 대상영속성 개념을 획득하게 되는가? 피아제는 이를 알아보기 위하여 물체를 감추는 간단한 실험 장치를 만들고 연구를 수행하였다. 먼저 물체를 A 뚜껑 아래에 감추고는 영아가 찾아보게 하기를 반복하였다. 그런 후 그 물체를 B

뚜껑 아래에 숨겨 보았다. 이때 8~10개월 된 영아는 물체를 찾는 것에 실패한 반면 12개월된 영아는 B 뚜껑 아래에서 물체를 찾았다. 짧은 순간 물체가 옮겨지는 것을 목격한 8~10개월 된 영아는 이전에 물체가 놓여 있던 A에서 물체를 찾고 있었으나 12개월 영아는 정확히 B 위치에서 물체를 찾아낸 것이다. 이를 'A-not-B error'라고 부르는데 이는 발달 시기와 관련된 매우 흥미로운 개념이다. 그렇다면 10개월 영아는 12개월 영아에 비해 어떤 능력이 결여되어 있는 것인가? 피아제는 12개월 영아의 표상 능력에 특히 주목하였다.

그러나 피아제의 이런 연구 결과에 대한 이견이 제시되곤 한다. 최근 연구에 따르면 아주 어린 영아라도 피아제가 주장했던 것과는 달리 대상에 대한 많은 것을 알고 있으며, 이런 지식의 일부는 선천적이라고 한다. 예를 들어, 장난감 대신 먹을 것을 감추거나, 실험실이 아닌 집에서 실험하였다면 이러한 오류가 덜 발생할 수도 있다. 다음 실험의 예를 살펴보자.

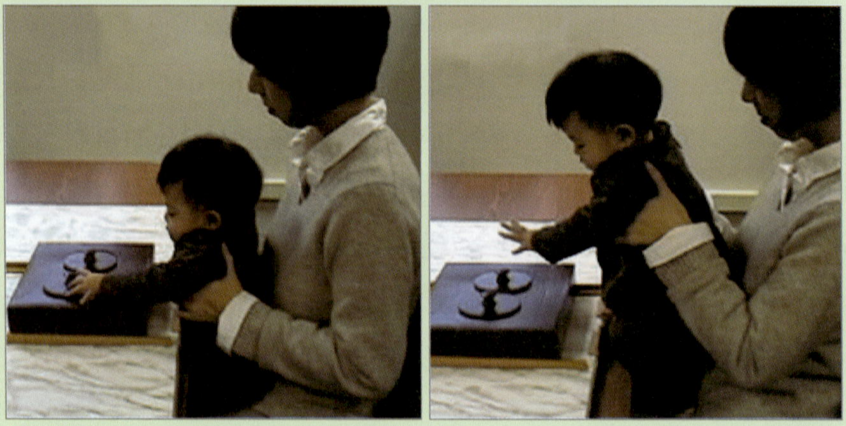

▲앉아서 A뚜껑 아래서 물체를 찾고 있는 영아 ▲서서 B 뚜껑 아래서 물체를 찾고 있는 영아
이 자세를 바꾸면 12개월 이전의 영아라도 12개월 영아가 해내는 정도로 임무를 수행할 수 있다.

뚜껑이 있는 두 개의 그릇을 놓고 개월 수가 다른 두 영아로 하여금 숨겨진 장난감을 찾도록 하였다. 그런데 영아의 위치만 바뀌어도 실험 결과는 달라지는 것을 알 수 있었다. 즉, 장난감이 숨겨지는 것을 앉아서 보던 영아(왼쪽 그림)를 서서 보도록 그 위치를 바꾸어 주자(오른쪽 그림), 8~10개월 어린 영아도 A가 아닌 B지점에서 장난감을 찾을 수 있었다. 이외에도 영아의 안구운동을 추적하거나 놀람 반응을 측정해 보면 피아제의 주장처럼 영아가 대상영속성 개념을 아직 획득하지 못했다고 보기는 어렵다.

피아제의 연구에서는 여러 가지 원인이 복합적으로 작용하여 10개월 영아가 12개월 영아에 비해 낮은 능력을 보였을 수도 있다. 따라서 발달의 인과 과정을 설명할 때는 이러한 여러 가지 원인을 함께 고려해야 한다.

이를 통해 우리는 유아의 발달을 보다 깊게 이해하기 위해서는 다양한 원인을 함께 고려하려는 연구 노력이 수반되어야 한다는 교훈을 얻게 된다.

출처: Smith & Thelen (2003).

(2) 전조작기

전조작기(preoperational period, 2~7세)에는 감각운동기의 사고 유형과는 달리 사물에 대해 상징과 심상을 사용하는 표상 능력이 증가하고 자신의 주변에서 일어나는 일들에 대해 사고할 수 있게 된다. 그러나 이 시기의 사고는 논리적이지 않고 문제 해결에 있어 여러 가지 조작적 사고를 할 수 없기 때문에 전조작기라 부른다. 피아제는 이 시기 유아의 인지 발달을 위해서는 놀이가 중요한 역할을 한다고 말한다. 놀이 속에서 유아는 필요한 기술을 배우게 되므로 놀이는 기술의 연마를 돕는 매체가 될 수 있다. 특히 전조작기 유아는 규칙 있는 게임을 하게 되면서 구체적 조작 기술을 발달시킬 수 있다(Piaget, 1951). 전조작기의 인지적 특징은 다음과 같다.

1 자아중심성

유아는 다른 사람의 입장이 되어 사고하는 것이 어렵다. 유아의 이러한 특성을 자아중심성이라 부르며, 이것은 이기적인 것과는 성격이 다르다. 이기적인 것은 타인의 관점을 알고 그들을 공감할 수 있음에도 타인보다는 자신의 이익을 우선시하는 것을 의미하는 반면 유아의 자아중심성은 타인의 입장을 고려하고 공감할 수 있을 만큼 발달이 이루어지지 못하였음을 의미한다. 예를 들어, 4세 남아는 엄마의 생일 선물로 총을 사려고 고르고 있을 수 있다. 자신이 좋아하는 총을 엄마도 좋아할 것이라고 생각하기 때문이다. 이 유아는 엄마가 좋아할 만한 것을 공감할 만큼 발달이 이루어지지 못하였다. 이와 같이 이 시기의 유아는 타인의 관점을 고려하기보다는 자신의 관점에서 생각하고 말한다. 경우에 따라서는 타인의 관점이 있을 것이라는 기본적 생각조차도 하지 못할 수도 있다.

한편 유아는 언어 사용에 있어서도 이러한 자아중심성을 갖는다. 예를 들면, 피아제의 딸 Jacqueline은 아빠를 '많은 재클린(Jacqueline)을 가진 사람'이라고 묘사하였다. 피아제는 자아중심적 언어의 세 가지 형태로 독백(monologue), 수집적 독백(collective monologue), 반향어(repetition, echolali)를 들고 있다. 여기서 '수집적 독백'이란 집단 상황에서 유아가 다른 유아가 한 말과는 관련이 없는 말을 하는 것을 말한다. 수집적 독백은 누군가와 함께 이야기하고 있는 상황이고 독백은 혼자서 말하고 있는 상황이라는 점에서는 차이를 보이지만 이러한 언어 유형이 나타나는 이유는 동일해 보인다. 즉, 둘 모두 상대방의 의견을 듣고 이에 반응하는 형태가 아니라는 점에서는 같다는 것이다. 자아중심적 언어의 세 번째 형태는 반향어로, 다른 유아의 말을 자신의 말처럼 반복하는 독특한 형태의 언어다.

② 중심화

성공적으로 문제를 해결하기 위해서는 여러 가지 사물의 속성을 한 번에 고려해야 하는 경우가 있다. 하지만 전조작기 유아는 중심적인 사고에 따라 여러 가지 속성을 동시에 고려할 수 없기 때문에 문제를 해결할 때 실수를 범한다. 즉,

전조작기 유아의 중심화 경향

유아는 한 번에 한 속성에만 초점을 두는 성향, 즉 여러 가지 속성을 동시에 고려할 수 없는 성향을 갖고 있기 때문에 두 가지 기준을 동시에 고려하며 문제를 해결하는 데 어려움을 겪는다.

예를 들어, 유아가 많이 가지고 노는 퍼즐 맞추기 놀이에서 이 시기 유아들은 퍼즐의 조각모양과 바탕의 그림 모두를 동시에 고려하여 조각을 맞출 수 없다. 때문에 유아는 가장자리에 맞도록 각이 진 퍼즐 조각을 가지고도 한가운데에 맞추려는 시도를 하곤 한다. 이것은 바탕 그림에 맞게 놓으려고 생각하기 때문이다. 각이 있는 조각은 가장자리에 놓아야 한다는 것을 여러 번 알려 주어도 바탕의 그림만을 기준으로 하여 맞추려는 유아는 퍼즐 조각의 모양이라는 또 다른 기준도 함께 고려해야 한다는 것을 잊는 듯 보인다.

③ 상징적 활동의 증가

감각운동기의 영아에게는 자신이 지각할 수 있는 대상만이 이 세상에 존재하고, 사고가 현재의 구체적인 대상에게만 한정되는 데 반해 전조작기 유아는 외부에 단서가 없이도 어떤 대상에 대해 상징을 사용하는 것이 가능하다. 이는 그림이나 언어 또는 소꿉놀이나 병원놀이에서 나타난다. 예를 들어, 소꿉놀이를 할 때 나뭇잎이 반찬이 되고 작은 돌이 밥이 되기도 하며, 역할놀이를 하며 친구는 엄마가 되고 나는 아빠가 되기도 하는 것이다. 또한 최근에는 부모가 휴대폰을 사용하는 모습을 많이 지켜본 유아는 여러 가지 물건이 휴대폰이 되어 전화 거는 흉내를 내는 가상놀이를 빈번하게 즐긴다. 이러한 가상놀이는 연령이 증가하면서 더욱 빈도가 잦아지고 점차 발전적인 형태로 나타난다.

④ 직관적 사고

전조작기에 해당하는 유아는 눈에 보이는 것에 따르는 직관적 사고를 한다. 예를 들면, 먼저 각각 7개씩의 공깃돌을 두 줄로 나란히 늘어놓고 유아와 함께 몇 개인지 수를 세어 보았다. 두 줄 모두 각각 7개씩임을 확인하고 그 유아가 보는 앞에서 한 줄의 공깃돌을 더 길게 늘어뜨려 놓는다. 그리고 다시 어느 공기돌이 더 많은지 물으면 이 시기의 유아는 길게 늘어뜨려 놓은 공깃돌의 수가 더 많다고 말하곤 한다. 이것은 유아가 이전의 과정을 기억하기보다는 현재 더 많아 보이는 것에 따라 답하는 직관적 사고를 하기 때문이다.

⑤ 보존 개념

보존 개념이란 물체에 외형적인 변화가 일어나더라도 특정한 양과 질에는 변화가 일어나지 않음을 아는 능력을 말한다. 피아제에 의하면 전조작기 유아는 하나의 특성에만 초점을 맞추는 중심화 경향 때문에 보존 개념의 획득이 어렵다고 한다. 또한 위에서 말한 직관적 사고 또한 보존 개념의 획득을 어렵게 만든다. 예를 들면, 유아가 보는 앞에서 두 개의 동일한 컵에 동일한 양의 물을 담았을 때 유아는 두 컵의 물의 양이 같다는 것을 안다. 그러나 유아가 지켜보는 앞에서 컵의 길이가 길고 면적이 좁은 다른 컵(혹은 길이가 짧고 면적이 넓은 컵)에 물을 옮겨 부어도 물의 양이 변하지 않음은 알지 못한다. 이 시기의 유아는 양에 대한 보존 개념이 형성되지 않았기 때문이다. 이외에도 이 시기 유아들은 수, 길이, 무게, 부피, 면적 등에 대한 보존 개념이 형성되지 않은 상태다. 〈표 4-2〉는 보존 개념에 관한 간단한 테스트다.

보존 개념은 생득적인 것이 아니다. 보존 개념을 가지는 것 자체가 자연스러운 것이 아닐 수도 있다. 따라서 보존 개념을 갖게 하기 위해서는 컵 실험의 경우 물을 원래의 그릇에 다시 부어 보는 등의 실제적인 경험을 해 보아야 한다. 실험적인 경험을 통해 유아는 경험을 넓히게 되고 새로운 직관을 갖게 된다. 이

● 표 4-2 ● 보존 과제

영역	처음 제시	변형 후 제시	원리
수	두 줄의 동전 수는 같은가? 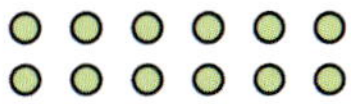	동전의 간격을 달리해도 동전 수는 같은가? 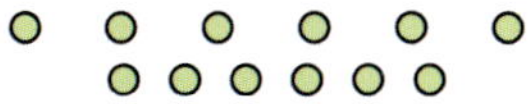	재배열 후에도 수는 동일하다.
길이	두 막대의 길이는 같은가? 	막대기를 옮겨 놓아도 길이는 같은가? 	배열이 변화해도 길이는 변하지 않는다
액체	두 컵의 물의 양은 같은가? 	넓적한 컵에 옮겨 부어도 양은 같은가? 	물을 담은 컵의 모양이 변하더라도 물의 실제 양은 동일하다.
질량	두 개의 공 모양의 찰흙은 양이 같은가? 	찰흙으로 만든 공 하나를 변형하여도 양은 같은가? 	모양이 변해도 찰흙 양은 동일하다.
면적	두 마리의 소가 먹는 풀의 양은 같은가? 	풀의 위치를 바꾸어도 동일한 양의 풀을 먹을 수 있는가? 	면적의 위치가 변해도 그 면적은 변함이 없다.
무게	두 개의 공 모양의 찰흙은 무게가 같은가? 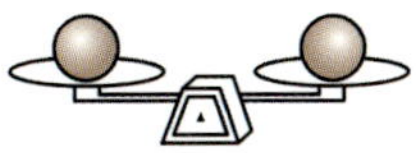	하나를 다른 모양으로 변형하여도 무게는 같은가? 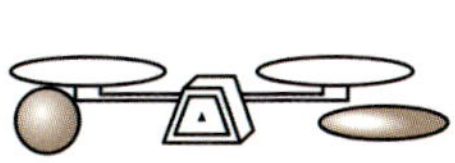	모양이나 부피가 변해도 무게는 동일하다.
부피	두 개의 공 모양의 찰흙을 물에 넣으면 높이는 같은가? 	하나를 변형하여 넣어도 물 높이는 같은가? 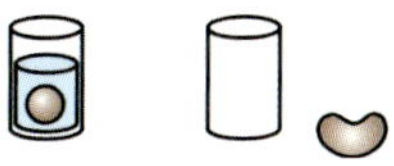	모양이 변하여도 부피는 변하지 않으므로 물 높이는 동일하다.

출처: 김미영(2010), p. 224; Berk (1996). 재구성.

러한 보존 개념은 보편적으로 6세경이 되면 수 보존, 7세경에는 질량과 길이의 보존, 9세경에는 무게의 보존, 11세경에는 용량의 보존 개념이 획득된다(Stephen & Hooper, 2008/2011).

⑥ 물활론적 사고

물활론이란 무생물을 생명과 의식이 있는 존재라고 믿는 것이다. 즉, 무생물이 살아 있고, 사람처럼 감정이나 의도를 가지고 있다고 생각하는 것으로 어떤 의미에서는 자기중심성의 특별한 형태라고 할 수 있다(김미영, 2010). 유아가 인형과 마주 보고 이야기하거나 탁자에 부딪힌 유아는 탁자가 일부러 자기를 넘어뜨리려고 했다면서 "너, 나빠!"라고 말하기도 한다. 물활론은 연령 증가와 함께 다음 네 단계를 거쳐 변화한다. 1단계는 사람에게 어떤 영향을 주는 사물을 모두 살아 있다고 생각하는 단계다. 2단계는 움직이고 이동할 수 있는 것은 살아 있다고 생각하는 단계다. 해와 바람, 그리고 자동차 등은 움직이므로 살아 있다고 생각하는 것이다. 3단계는 스스로 움직이는 것은 생명이 있다고 믿는 단계다. 따라서 해는 스스로 움직이므로 살아 있으나 자동차나 자전거는 스스로 움직이는 것이 아니므로 살아 있지 않다고 말한다. 마지막으로 4단계에서는 과학적이고 생물학적 생명관에 기초를 두는 단계로 변화하고 발달하는데, 이 단계는 학령기인 구체적 조작기에 해당한다.

(3) 구체적 조작기

구체적 조작기(concrete operational period, 7~12세)에 들어서면 아동의 사고는 급격하게 진전을 보이게 된다. 전 단계의 유아는 지각적으로 두드러진 대상에게만 자기의 관점을 한정시키는 데 반하여 이 시기의 아동은 일반적인 것으로 관점이 확대되고 내적 표상을 여러 가지 방식으로 조정할 수도 있게 된다.

이 시기 아동의 특성은 다음과 같은 다섯 가지로 이해할 수 있다.

첫째, 보존 개념의 습득이다. 구체적 조작기의 아동은 눈에 보이는 대로 사고하는 직관적 사고에서 벗어나 논리적 조작이나 규칙을 적용하면서 보존 문제를 풀게 된다. 이렇게 이 시기 아동이 보존 개념을 획득할 수 있는 것은 '동일성의 원리, 가역의 원리, 보상성의 원리'를 이해함으로써 가능해지는 것이다. '동일성의 원리'란 모양이 변하더라도 질량은 변하지 않는다는 것을 이해하는 것이고, '가역의 원리'란 지각의 변화 과정을 역으로 거쳐 가면 본래의 상태로 되돌아갈 수 있음을 이해하는 것이다. 또한 '보상성의 원리'는 어떤 차원에서의 변형에 의한 양의 손실은 다른 차원에서 대신 얻어진다는 원리로, 즉 높이나 넓이로 인해 잃은 것은 다른 차원에 의해 보상될 수 있음을 인식하는 것을 말한다(김미영, 2010).

둘째, 탈중심화의 획득이다. 이 시기 아동은 지각적으로 두드러진 대상에만 관심을 집중하는 경향이 감소하고 일반적인 것으로 관심이 확대되고 여러 특징이나 측면을 고려하는 다면적인 사고를 하게 된다. 또한 또래와의 상호작용 시에도 상대방의 관점과 관심을 이해하고 추리하게 된다. 이러한 작용이 탈중심화를 이끌어 낸다. 이것은 자기중심적인 사고에서 벗어나 타인의 입장, 감정, 인지 등을 추론하고 이해할 수 있는 조망수용 능력과도 관계가 깊다. 이러한 사고 능력은 아동이 사물 간의 관련성을 이해할 수 있기 때문에 가능한 것이라고 볼 수 있다.

셋째, 가역적 사고가 가능해진다. 이것은 아동이 논리적으로 추론할 수 있는 능력이 생기면서 가능해지는 것이다.

넷째, 서열화 및 유목 개념이 발달한다. 이 시기의 아동은 대상과 대상 간의 공통점과 차이점 및 관련성을 이해할 수 있게 되어 크기, 무게, 밝기 등과 같은 특성의 양적 차원에 따라 나열할 수 있는 서열화가 발달한다. 또한 대상들을 여러 가지 군집들로 분류할 수 있는 유목 개념도 발달한다(이성태, 2007).

그러나 이 시기 아동의 논리적 사고는 완전하지 못한 것이 특징이다. 그들은 자신에게 익숙한 구체적 상황에서나, 구체적인 사물을 다루는 데는 논리적이나 가설적이고 추상적인 상황에서는 논리적으로 문제를 다루는 데 미숙한 면이 있다(김미영, 2010).

(4) 형식적 조작기

마지막 단계인 형식적 조작기(formal operational period, 12세 이후)의 청소년은 형식적 세계를 추상적, 논리적으로 사고할 수 있게 된다. 전 단계에서는 구체적인 세계에서만 논리적 사고를 하는 반면에 이 시기에는 세부적이거나 구체적인 경험과 독립되어서 추론적 사고 및 가설적 사고가 가능하다. 이제 그들은 사랑, 도덕성, 과학, 수학 등과 같은 추상 개념들과 현실에 존재하지 않는 현상에 관해 추론할 수 있다(이성태, 2007).

이 시기 사고의 특징은 조합적 사고로서 문제가 제시되었을 때 가장 타당한 해결 방안 내지 정답을 찾기 위해서 먼저 그 문제를 인출하여 그것을 차례로 검토한 다음 결론을 내리는 사고가 가능하다. 그리고 제시된 문제 안에서 어떤 하나의 가설을 도출하여 그 가설에 입각해서 결론 내지 해결 방안을 찾아내는 연역적 사고가 가능해진다(김미영, 2010). 또한 그들은 자신의 생각과 상대방의 생각을 함께 고려할 수 있어서 의사소통과 사회관계에서 보다 유능해진다. 이와 같이 피아제는 마지막 발달 단계로 형식적 조작기의 단계가 존재한다고 주장하고 있지만 모든 사람이 이 발달 단계까지 도달하는 것은 아니라는 주장이 제기되기도 하였다(Krantz, 1994: 이성태, 2007에서 재인용).

3) 평가 및 교육적 시사점

(1) 피아제 이론의 평가

피아제의 유아 발달 영역에서의 최고 공헌은, 유아가 어떤 정해진 과정 혹은 단계를 거친다는 이론에 있다(Agbenyega, 2009). 따라서 그는 '단계 이론가(stage theorist)'로 인식되고 있다(Valsiner, 2005). 피아제의 유아 추론 능력에 관한 관찰은 먼저 유전적인 기초에 근거하여 이루어졌다. 그러나 그는 유전적인 기초 위에 환경의 영향력을 간과하지 않았다. 피아제의 이론에서 유아는 환경과의 상호작용을 통해서 스스로 풍부한 지식의 구조들을 구성해 가는 능동적인 학습자다. 피아제는 유아 스스로가 발견하고 구성해 가는 학습, 그리고 유아와 환경과의 직접적인 접촉을 강조하는 교육 프로그램의 개발에 견인 역할을 했다는 평가를 받고 있다. 그는 진정한 학습이 교사에 의해서 주어진다기보다는 유아 자신으로부터 나오는 것이므로 그 유아의 수준에 맞는 학습이 이루어져야 한다고 보았다.

반면에 피아제의 연구는 과학적 연구 방법 측면에서 결함이 많다는 비판을 받기도 한다. 예컨대 그의 이론이 주로 자신의 세 자녀의 관찰에 근거하고 있어 대표적인 표본으로 인정하기 어렵다는 것이다. 또한 피아제의 영유아기 인지발달 이론에서는 영아와 유아의 지적 능력을 과소평가하고 있다고 비판받고 있다. 예컨대, 영아의 대상영속성 개념은 피아제가 주장하는 것보다 적어도 여러 달 앞서 발달된다는 연구 결과가 보고되고 있다. 또한 유아의 수보존 실험의 경우에도 사용하는 과제 수를 줄이거나 유아의 일생생활에서 친숙한 재료나 상황을 활용하는 등 실험 방법만 달리한다면 4, 5세 유아도 보존 개념을 획득하거나 인과 추론이 가능하다고 보고되고 있다(이성태, 2007).

한편 피아제의 인지 발달의 순서는 각 지역마다의 문화적 차이를 고려하지 않고 단계를 구분하고 있다는 비판을 받기도 한다(Agbenyega, 2009).

(2) 교육적 시사점

피아제에 따르면 인지는 어떤 순서에 따르는 유전적인 기초를 갖는다고 할 수 있다. 그러나 유전도 주어지는 환경에 영향을 받는다. 자극을 줄 수 있는 환경이 유아의 인지 발달에 도움이 될 수 있는 것이다. 유아는 수동적 학습자가 아니기 때문에 유아교사는 주입식이 아닌 유아의 흥미를 자극하고 문제를 탐구하게 하는 자료들을 제공해 줌으로써 유아 스스로가 문제를 해결해 나가고 지식을 구성해 가도록 도와야 한다. 심각한 장애 유아의 경우는 예외적이지만, 일반적으로 유아의 발달에 대한 예후는 생물학적 요인보다 초기 사회적 환경에 영향을 받는다(Stephen & Hooper, 2008/2011).

유아의 인지 발달을 촉진하기 위해서는 각 유아의 인지 발달 단계를 고려해야 한다. 유아의 연령에 따른 발달 단계보다는 각 유아마다의 실제 발달 단계에 맞출 필요가 있다. 같은 연령의 유아라도 서로 다른 발달 단계에 있을 수 있기 때문이다. 예를 들면, 같은 전조작기 단계의 유아라 할지라도 어떤 유아는 수 보존 개념이 형성되지 못한 반면 어떤 유아는 면적, 길이 등의 보존 개념을 획득한 경우도 있을 수 있다. 따라서 교사는 각 유아의 인지 발달에 따른 적합한 활동을 제시함으로써 각 유아의 인지 발달을 촉진할 수 있다.

인지 발달이 다소 늦는 유아는 쉽고 간단하게 반복되는 놀잇감을 좋아하고 그런 놀이를 즐긴다. 자신의 능력에 비해 높은 수준이면 부담감을 느껴 놀이를 아예 하려 하지 않거나 즐길 수 없기 때문이다. 반면, 인지가 또래에 비해 더 발달된 유아는 자신의 능력에 도전이 될 만한 장난감, 즉 다소 어려운 장난감이나 활동을 즐긴다. 왜냐하면 단순한 놀이는 더 이상 흥미를 주지 못하거나 어떤 도전이 되지 못하기 때문이다. 이렇듯 서로 다른 유아마다의 인지적 발달 수준을 고려하여 놀이를 제공한다면 그들의 지적 발달을 촉진하는 데 기여하게 될 것이다.

또한 과제를 반복적으로 제시하여 유아의 이해를 돕거나 암기를 유발하려는 경우에도 항상 동일한 과제를 제시하지 않도록 주의해야 한다. 물론 유아는 과제에 반복적으로 노출됨으로써 이해나 암기를 잘할 수 있다. 그러나 항상 동일한 과제는 흥미를 유발하지 못하여 학습으로 연결되는 데 방해가 될 수 있다. 같은 과제라도 약간의 변화를 주어 제시한다면 유아의 흥미를 유발하여 유아의 인지 발달을 촉진할 것이다.

끝으로 피아제의 인지 발달 단계를 볼 때 유전에 따른 성숙과 학습적 환경 간의 차이를 고려해 볼 필요가 있다. 전조작기 유아의 특징을 살펴보면 유아의 비논리성이나 보존 개념 부족 등은 유아가 덜 성숙했기 때문으로 볼 수 있다. 예를 들어, 일대일대응의 수학 문제를 요구하였으나 이를 해결하지 못하는 유아가 있다고 하자. 교사나 부모가 유아에게 일대일대응의 개념을 계속하여 설명하여 주었음에도 이를 전혀 이해하지 못하고 있다. 이때 부모나 교사는 피아제의 발달 단계를 고려해 보고 그 유아가 아직은 구체적 조작기에 이르지 못하여 논리적 대응을 이해할 수 없음을 알아야 한다.

전조작기 단계의 유아들은 쉬워 보이는 수학적 개념조차도 여러 번 반복해서 가르쳐야 하고 그럼에도 이해하지 못하는 경우가 있다. 따라서 단계적 성숙이 이루어지지 않은 유아에게 너무 다그쳐 가르치려 하지 말아야 한다. 그렇다고 이해할 수 있는 발달 단계가 오기만을 마냥 기다리고만 있을 것인가? 피아제가 이미 언급했듯이 인지 발달은 환경에 의해 큰 영향을 받는다. 따라서 유아의 인지 발달을 촉진할 수 있는 자극적 학습 환경을 적절히 제공할 필요가 있다. 즉, 어느 정도 시간을 두고 그 유아가 다시 한 번 같은 문제에 도전해 보는 기회를 갖는 것도 좋다. 이러한 환경은 성숙이라는 유전적 기제에도 불구하고 유아의 인지적 발달을 촉진하는 계기가 될 것이다.

2. 비고츠키의 사회문화적 인지이론

1) 주요 개념

비고츠키(Lev Seminovich Vygotsky)는 벨라루스의 북동쪽에 위치한 오르샤 시의 중산층 유태인 가정의 8남매 중 둘째로 태어났다. 그는 모스크바 대학교에 진학

비고츠키(1896~1934)

하여 의학 공부를 시작하였으나 법학으로 전공을 바꾸어 졸업하였다. 그는 대학에 다니면서 당시 비공식 교육기관이던 샤니아프스키 시민 대학에서 자신의 오랜 관심사였던 문학, 철학, 예술 그리고 심리학을 공부하였다. 대학 졸업 후 그는 자신이 자랐던 고멜로 돌아가 고멜 사범대학을 비롯한 여러 학교에서 문학, 역사, 철학, 심리학 그리고 교육학을 가르쳤다.

그는 러시아어를 비롯하여 영어, 불어 등 8개국 언어가 가능하여 폭넓은 독서를 통해 지식을 넓혀 갔다. 비고츠키는 피아제나 프로이트 등의 유명한 심리학자들의 이론을 연구하였고 특히 게젤과 피아제의 초기 저서들에서 강조한 내적 인지 발달의 중요성을 인정하였다. 또한 이에 더해 사회문화 및 역사적 맥락에서 발달을 보는 그만의 인지 발달의 관점을 발전시켰다. 그는 지병인 결핵으로 고생하다가 1934년 38세의 나이로 짧은 생애를 마쳤다. 그러나 그는 짧은 생애의 후반기 12년 동안 180편이 넘는 논문과 저서를 집필하는 등 놀라운 업적을 남겼다.

비고츠키는 피아제와 같은 해에 태어났다. 그러나 그는 피아제처럼 심리학 분야에서 어떤 형식적 훈련이나 교육을 받지는 않았다. 또한 피아제가 발달의 생물학적 기원을 중요시한 반면, 비고츠키는 문화적 · 사회적 상호작용을 강조하였다(Routledge, 2009). 비고츠키는 환경과 문화적 요소, 생물체 간의 상호작용을 통해 아동 및 개인의 발달이 이루어진다고 보았기 때문이다(Agbenyega, 2009). 여기서 그가 말하는 문화(culture)란 무엇인가? 이것은 여러 가지 도구와 같이 물리적인 것을 포함하여 인간이 생산하고 산출해 낸 많은 환경들을 말한다. 이보다 더욱 중요한 문화의 개념으로는 언어와 실제, 가치, 세대 간 축적되고 전수된 신념을 포함한다. 즉, 문화란 인간의 환경이 세대 간 전수해 온 역사적 축적물을 의미한다(Bukatko & Daehler, 2001).

비고츠키는 자신의 유아 발달 모형을 착안할 때, 이와 같은 문화적 · 역사적 관점을 채택한 것이다. 따라서 유아가 어떻게, 왜, 지금 그들이 행하고 있는 것과 같은 행동을 발달시키게 되었는가를 이해하기 위해서는 그 유아가 살고 있는 사회와 문화의 역사적 배경을 이해해야만 한다고 하였다. 왜냐하면 유아의 발달이란 그 유아 자신이 속한 사회와 문화, 역사적 환경 가운데서 겪게 되는 수많은 경험 속에서 가능해지기 때문이다. 그러므로 비고츠키에 의하면 유아가 양육되는 사회의 역사와 그리고 그러한 사회에서의 유아의 경험들은 그 유아가 생각하는 방식을 형성하는 기본 요소가 된다. 비고츠키의 이와 같은 발달 관점에 따라 그의 이론은 사회문화적 이론 혹은 문화역사적 발달 이론이라 불리고 있다.

(1) 근접발달영역과 비계설정

비고츠키는 개인과 그 개인이 접하는 사회 · 문화적 요소들 간의 관계로 인하여 개인의 발달이 이루어진다는 발달 이론을 전개하였다. 이러한 사회와 문화는 유아가 자라나는 방식에 지대한 영향을 미치게 된다(Bukatko & Daehler, 2001). 특히 그의 근접발달영역(zone of proximal development: ZPD)과 비계설정(scaffolding)의 개념은 유아의 인지 혹은 지적 능력의 발달에 관한 이해와 지도에 있어 커다란 시사점을 주고 있다(이성태, 2007). 비고츠키는 유아가 혼자서 할 수 있는 것과 어른의 도움을 받아서 할 수 있는 것 간의 범위를 '근접발달영역'이라고 불렀다(Zaretskii, 2009). 좀 더 구체적으로 말하면 근접발달영역(ZPD)은 유아가 독립적으로 문제를 해결하고 스스로 성취할 수 있는 '실제적 발달(actual development)'과 좀 더 능력 있는 또래와의 협력을 통해서나 교사나 부모 등 어른의 지도를 통해 문제를 해결할 수 있는 '잠재적 발달(potential development)' 간의 차이를 의미한다(Routledge, 2009).

다음의 예를 통해 비고츠키의 근접발달영역에 대한 비계설정의 개념을 이해할 수 있다. 예를 들어, 만 5세 종훈이가 공룡 프로젝트에서 트리케라톱스(네 발로 기는 공룡) 모형을 만들려고 한다고 하자. 친구들도 모두 동의해 공룡 모형 만들기를 시작하였고 친구들이 공룡 모형 재료로는 찰흙이 좋다고 하여 찰흙으로 공룡을 만들었다. 하지만 공룡이 서 있지 못하고 자꾸 넘어지자 종훈이와 친구들은 공룡을 세울 수 있는 방법을 고민하였다. 종훈이가 공룡이 서 있을 수 있는 이유는 뼈가 있기 때문이라고 하자 옆에 있던 친구들이 나무나 철사로 뼈를 만드는 것이 좋겠다고 말하였다(또래의 비계설정). 종훈이는 곧 교사에게 철사와 나무젓가락을 구해 줄 것을 요구했고 이에 교사는 일반 철사와 공작용 철사, 나무젓가락과 자 그리고 이쑤시개를 준비해 주었다(성인의 비계설정). 종훈이와 친구들은 공작용 철사가 공룡 뼈로 가장 적합하다는 결론을 내리고 공작용 철사로 공룡 뼈대를 만들었다. 종훈이는 트리케라톱스를 완성한 후 티라노사우루스(두 발로 서 있는 공룡)도 만들고 싶다고 생각하게 되었다.

ZPD의 교수 방법적 의의(pedagogical significance)는 어느 시점에서 발달이 이루어지는지를 아는 데 있다. 예를 들어, 나뭇잎이 줄기에서 돋고 열매가 열리는 바로 그 순간처럼 인간의 발달에도 발화 시기가 존재하는데 적절한 교수를 하기 위해서는 이 시기를 아는 것이 필요하다. 따라서 ZPD적 교수는 아동이 어느 시

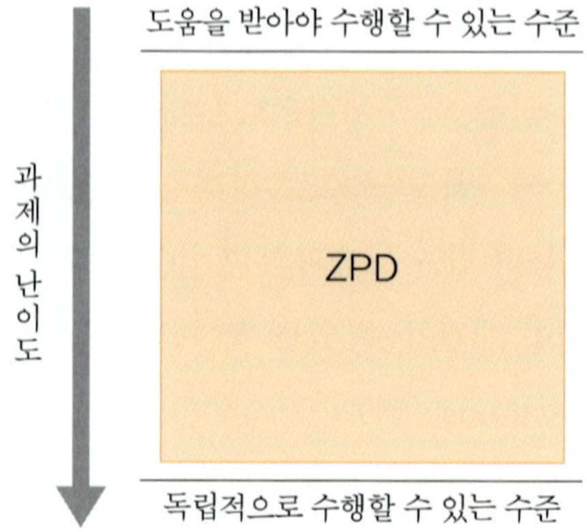

◆그림 4-1◆ 근접발달영역

출처: 이성태(2007), p. 125.

점에서 발달이 이루어질 것인가에 대한 의문에 답을 제공해 줄 수 있는 방법으로 볼 수 있다(Zaretskii, 2009).

(2) 언어와 사고의 발달

동물과는 다른 인간의 주된 특성은 다양한 형태의 도구(tools)를 사용할 수 있는 능력에 있다. 비고츠키는 인간이 신체적 능력을 확장하기 위해 칼이나 도끼 등의 물리적 도구를 사용하는 것과 같이 정신적 능력을 확장하기 위해 심리적 도구들을 개발한다고 보았다. 이 도구들은 현실을 분석하고 의사소통하기 위해 인간이 사용하는 상징체계들이며, '상징물, 지도, 계획, 숫자, 음표, 차트, 모델, 사진들'을 포함한다. 하지만 비고츠키는 이들보다 더욱 중요한 상징체계로서 언어를 들고 있다(Routledge, 2009). 비고츠키 교육의 목적은 아동이 현실을 빠르고 성공적으로 분석할 수 있도록 하기 위해 문화적 도구들 전체를 어떻게 사용해야 하는지를 가르치는 데 있다고 하였다. 아동은 인간의 문화를 통해 세계를 보고 알아 가기 때문이다(Routledge, 2009).

이와 같이 비고츠키는 유아의 사고 발달은 유아가 살고 있는 사회문화적 상호작용의 과정에서 주고받는 언어와 같은 신호들의 내면화 과정에서 이루어질 수 있음을 밝히고 있다. 그는 언어가 유아의 사고 발달에 필수적이라고 믿었기 때문이다. 이러한 비고츠키의 생각은 사고의 발달이 언어의 발달을 촉진한다고 믿었던 피아제의 이론과는 다소 차이를 보인다. 즉, 피아제는 사고가 언어 발달에 우선한다고 보았으며 따라서 언어가 한 유아의 인지 수준 이상으로 발달할 수 없다고 보았다. 그러나 비고츠키는 유아의 언어와 사고는 상호 관련성이 없고 상호 도움을 주지 않으며 각각의 분리된 기능으로 발달을 하다가 차츰차츰 서로 관련성을 맺으며 서로의 발달에 일조해 가는 관계로 발달해 간다고 주장을 하였다. 즉, 유아의 언어의 발달은 사고의 도움 없이도 가능하고 사고 역시 언어가 없이도 발달될 수 있다고 본 것이다(정옥분, 2009). 이와 같은 비고츠키의 견해는

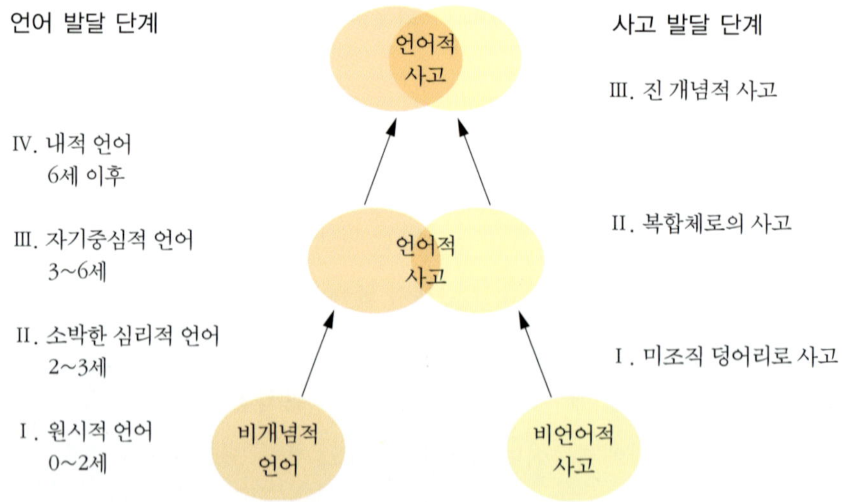

◆그림 4-2◆ 언어와 사고의 발달

출처: 이성태(2007), p. 130.

[그림 4-2]를 통해 설명할 수 있다.

유아의 언어와 사고는 [그림 4-2]와 같이 처음 발달의 시기에는 서로 맞닿지 않은 두 개의 원으로 나타낼 수 있다. 이것은 곧 언어와 사고의 발달이 서로 연관성이 없음을 보여 주는 것이다. 먼저 언어 발달 측면에서 보면, '원시적 언어' '소박한 심리적 언어' '자기중심적 언어' 그리고 '내적 언어' 단계를 이어 간다. 제1 '원시적 언어' 단계는 만 2세까지의 영아가 보이는 옹알이나 웃음 등의 비지시적 언어 기능 시기다. 이 시기의 영아는 말은 하지 못하지만 표정이나 옹알이로 자신의 의사를 표현한다. 제2 '소박한 심리적 언어' 단계는 2~3세 유아가 문법의 기능을 이해하지 못하면서도 문법의 구조와 형식을 사용하는 단순한 발달 특징을 보이는 시기다. 따라서 이 시기의 유아는 문법적인 오류를 범하기 쉬운데 예를 들면, "사람이가 살고 있어요."와 같이 조사 두 개를 연이어 말하는 경우를 흔히 볼 수 있다.

제3 '자기중심적 언어' 단계는 독백과 같은 언어 형태를 사용하는 3~6세의 유아기다. 이때의 유아는 상대방과 함께 이야기를 나누는 경우에도 상대의 이야기를 귀기울여 듣고 이에 따라 적절한 답을 하기보다는 그 주제에 맞지 않음에도 생각나는 대로 자신이 하고 싶은 이야기를 하는 데 더 주력한다. 제4 '내적 언어' 단계는 6세 이후의 초등학생이 심상을 이용해 언어를 다루는 방법을 터득하는 시기다. 이는 마치 그동안은 손가락이라는 구체적 사물을 통해서만 계산을 해왔던 유아가 구체적 사물 없이도 암산을 통해 계산을 하는 이치와 같다.

다음으로 사고 발달 단계를 보면, 첫째는 '미조직 덩어리적 사고 단계'로서 유아가 본질적으로는 아무런 상관이 없고 공통성이 없는 사물들을 주관적으로 선택하여 대상을 비조직화된 덩어리로 인식하는 시기다. 이것은 유아의 마음대로 사고하는 합리성이 결여된 단계다. 둘째는 '복합체적(complexes) 사고 단계'로 사물들 간의 구체적 맥락이나 객관적 연관성에 따라 하나로 묶어 복합체로 사고하는 시기다. 이 시기에는 전 단계에 비해 어떠한 합리적 준거에 맞춰 보려는 유아의 노력이 시작된다. 그러나 논리성과 통일성은 여전히 결여되어 있으며, 다만 그 이전의 자기중심적인 사고에서 벗어나 다음 단계로 발달하는 데 기초가 된다는 점에 그 의의를 둘 수 있다. 셋째는 '진 개념적(true concept) 사고 단계'로 종합적 분석력을 기본으로 객관적이고 논리적인 추론을 하는 개념적 사고 단계다.

예를 들어, '물'과 '불'이라는 단어의 관련성에 대한 사고를 살펴보자. 전혀 공통성이 없는 '물'과 '불'을 글자의 모양이 비슷하다거나 한 음절로 이루어졌기 때문에 둘이 서로 같은 사물이라고 인식한다면 이는 미조직 덩어리적 사고 단계에 해당된다. 그러다가 물이 불을 끄는 데 사용되기 때문에 둘을 하나로 묶을 수 있다고 사고하게 되면서 복합체적 사고 단계를 거치게 된다. 이후에는 물과 불은 기본 구성 인자가 서로 다를 뿐 아니라 각각의 특성이나 용도가 다르므로 같은 물체라고 볼 수 없다는 등의 분석을 하게 되면서 진 개념적 사고 단계로 발달하게 된다.

비고츠키에 의하면 처음에는 서로 떨어져 있던 언어와 사고 두 개의 원은 약

2세경을 전후로 서로 만나 사고는 언어적으로 되고 언어는 합리적이 된다고 한다. 또한 아동이 성장함에 따라 서로 맞닿는 면적이 넓어져 일치하는 부분이 많아지는데, 이렇듯 겹쳐진 부분은 언어적 사고의 발달 정도를 의미한다. 즉, 언어와 사고가 만난다는 것은 말이 지능의 발달을 돕고 사고가 말로 표현된다는 것을 의미하는 것이다(이성태, 2007).

(3) 사회적 상호작용과 사고의 발달

비고츠키는 유아의 학습이 근접발달영역(zone of proximal development), 즉 유아 스스로는 문제를 해결할 수 없지만 성인이나 보다 유능한 또래의 도움으로 문제를 해결할 수 있는 범위 내에서 일어난다고 보았다. 즉, 유아의 사고 발달은 사회적 상호작용을 통해 지원된다는 것이다. 이와 관련하여 김숙이(2008)는 사회적 상호작용은 유아교육의 측면에서 필수적인 교수 학습으로 작용되며, 특히 부모와 교사와 같은 성인과의 접촉 또는 유능한 또래와의 상호작용은 사고 발달의 근원이 된다고 하였다.

유아의 인지적 발달을 촉진하기 위한 사회적 상호작용의 특징은 다음과 같다(Berk, 2006/2008). 첫째, 어떤 과제를 시작할 때에는 서로 다르게 이해하고 있던 두 사람이 공유된 이해에 도달하게 되는 상호 주관성이다(Newson & Newson, 1975). 한 유아가 "나는 이게 맞는 것 같아. 넌 어때?" 라고 물어보는 것은 자진해서 또래와 관점을 공유하려는 증거다(Berk, 2001). 이러한 방식으로 유아들은 서로에 대한 근접발달영역을 만들어 가기 시작한다. 둘째, 유아의 현 발달 수준에 맞추어 교수의 양을 조절해 나가는 비계다. 유아의 발달 수준이 높아질수록 성인은 점차적으로, 또 민감하게 도움의 양을 줄여 나가고 유아에게 책임을 맡기게 된다. 이후 유아는 스스로 자신의 문제를 해결하게 되는데 이 과정에서 사용하는 용어가 곧 혼잣말(private speech)이다. 유아와 어머니, 또 유아와 교사 간의 과제 수행을 비교한 박은정과 김희진(2002)의 연구에서 보면, 어머니는 교사보다 적은 수의 교수 전략을 사용하고 비언어적인 교수 전략을 사용하였고, 이때 유아는 혼잣말을 더 많이 사용하였다고 밝히고 있다. 즉, 성인의 도움의 양이 적고 비언어적인 교수 전략을 사용할수록 유아가 혼잣말을 사용하며 보다 주도적으로 문제를 해결해 나가게 됨을 알 수 있다.

생각해 보기

한 유아가 퍼즐을 맞추다가 잘 안 되자 "어, 왜 안 되지? 이게 아닌가? 다른 건가?"라고 혼잣말을 하며 다른 퍼즐 조각을 찾아 끼워 본다. 이렇게 유아가 사용하는 혼잣말을 들어본 적이 있는가? 유아들이 혼잣말을 많이 사용하는 것이 과연 인지 발달에 도움이 될까?

유아들이 놀이하는 것을 관찰하다 보면 다른 대화 상대가 아닌 자신에게 말하는 것을 종종 볼 수 있다. 한 예로 위처럼 4세 유아가 재활용품으로 사진기를 만들면서 "렌즈는 무엇으로 하지? (투명한 비닐을 꺼내며) 어, 이게 좋겠다. 그런데 이 비닐을 어떻게 붙이지?"라고 자신에게 말하면서 사진기 만들기를 계속해 나가는 경우다.

위와 같은 혼잣말은 유아기에 나타나는 정상적이고도 흔한 현상으로 만 4~10세의 유아와 아동 중 20~50%에서 나타난다(Berk, 1986: 이영 외, 2009: 282에서 재인용). 2~3세 유아들은 장난하듯 규칙적인 소리를 반복하고, 3세 이후에는 큰 소리로 혹은 거의 알아듣기 힘든 작은 소리로 중얼거린다.

피아제는 이러한 유아의 언어를 '자기중심적 언어'라고 하였다. 자기중심적 언어는 유아가 타인의 관점을 이해하지 못하기 때문에 나오는 미성숙한 언어로서 인지 발달 수준이 높아지면서 점차 다른 사람의 입장을 생각하고 이야기하는 사회적 언어로 대체된다고 하였다. 그러나 비고츠키는 피아제의 입장에 반박하면서 자기중심적 언어 대신에 '혼잣말'이라는 용어를 사용하였다. 혼잣말은 유아들이 자기지도(self-guidance)를 위해 스스로에게 말하는 것으로, 문제를 해결하거나 중요한 목표를 달성하고자 행동을 계획할 때 사용하는 내적 언어다. 즉, 유아가 다른 사람의 도움 없이 새로운 과제를 해결하고자 할 때, 큰 소리로 혼잣말을 함으로써 자기 스스로에게 무언가 하도록 지시하고 이에 따르게 한다. 따라서 혼잣말은 문제 해결에서 자신이 올바르게 하고 있다는 확신을 주는 자기 나름의 길잡이 역할을 할 수 있다(정옥분, 2009). 최근의 연구들은 피아제보다는 비고츠키의 관점을 지지하며(Berk, 2006/2008), 혼잣말은 고등 인지 과정의 기초가 되므로 중요하다고 본다.

아동이 혼잣말을 많이 사용하는 경우는 과제가 어렵거나 실수했을 때, 앞으로의 진행 방향이 혼돈스러울 때, 성인의 지도나 도움이 부재할 때 등이다. Patrick과 Abravanel(2000)의 연구에서 색깔 순서 짓기 과제의 난이도를 보다 높였을 때 4세와 5세 유아의 혼잣말이 보다 증가되었다고 하였다(Berk, 2006/2008에서 재인용). 즉, 어려운 과제를 수행하면서 유아들은 혼잣말을 통해 과제에 보다 집중하고 문제 해결을 위한 적극적인 노력을 하게 된다고 하였다. 박수경과 유연옥(2007)의 연구에서도 유아의 혼잣말은 연령에 따라 증가하며, 3세와 4세는 지각 과제에서, 5세는 의미 과제에서 혼잣말을 많이 사용했다고 하였다.

유아들은 자신과 끊임없이 대화하는 형태로 일과에서 지속적으로 혼잣말을 사용하며, 혼잣말은 유아 자신을 정서적 · 탐색적 · 행동적으로 조절하고 계획하게 하는 자기 조절적 기능으로서의 의미를 지니기 때문이다(서현, 김영옥, 2006). 따라서 유아들이 혼잣말을 사용할 때 이를 미성숙한 행동으로 보아서는 안 되며, 오히려 유아의 혼잣말 사용은 유아에게 과제에 대한 집중력과 스스로의 문제 해결력을 키워 주는 의미 있는 과정임을 이해해야 할 것이다.

(4) 장애 유아 교육에의 접근

비고츠키는 심리학의 방법론적 인지 발달, 심리적 언어 그리고 학습이론에 대해서는 전문가로 알려져 있지만 특수교육에 끼친 그의 공헌은 거의 논의가 되지 않았다(Yan-bin, 2009). 그러나 사실 그는 장애 유아를 교육하는 데 필요한 포괄적이고 실질적인 접근 방법을 제시해 주었다(Stephen & Hooper, 2008/2011).

비고츠키는 유아 특수교육 영역에서 청각장애, 시각장애, 지적 장애 그리고 언어 및 의사소통 장애에 대하여 관심을 갖고 있었다. 그는 장애는 심리적 영역에 문제를 일으키는 것뿐만 아니라 사회적 상호작용에 한계를 가져온다는 문제를 지적하고 있다. 예를 들어, 시각장애 아동은 자신의 장애로 인해 자존감이 낮을 수 있으며 이로 인해 긍정적인 정서 및 심리 발달을 방해받는다. 그런데 여러 영역의 발달은 상호 관련성이 있기 때문에 부정적 심리 발달은 또 다른 영역에 부정적인 영향을 낳게 되는데, 비고츠키는 특히 사회성 발달 면에서의 부정적인 영향에 초점을 맞추고 있다.

따라서 그는 특수교육의 주된 목적은 장애 유아의 심리적 기능의 강화와 발달을 도와 주된 장애 즉, 사회적 발달을 저해하는 요소를 보상(보충)해 주는 데 있다고 하였다. 특수교육이란 심리적 발달뿐만 아니라 2차적 장애가 나타날 수 있는 의사소통 분야와 사회적 관계 부분을 보상하고 강화하기 위해 효과적이고 시기적절한 교육을 적용하는 것이라고 본 것이다(Yan-bin, 2009). 그는 이와 같이 장애 유아에 대해서 그 장애 문제만을 다루려 하기보다는 관계, 상호작용의 어려움에 대해 더 관심을 가졌다. 그러므로 그가 말하고 있는 통합교실(mainstream setting)이란 장애 유아와 일반 유아가 물리적으로 한곳에 모이는 곳이라기보다는 두 집단 간에 소통이 이루어지는 장소로서의 의미를 갖는다(Routledge, 2009). 한편 그는 장애 아동을 평가할 때는 유아가 이미 가지고 있는 능력뿐만 아니라 교육을 통해 변화 가능한 유아의 잠재적 능력도 알아보아야 한다고 하였다. 즉, ZPD는 유아의 현재 상태뿐만 아니라 그 유아의 학습 잠재성을 반영해야 함을 의미한다.

사실 유아가 혼자서 문제를 해결할 수 있는 실제적 수준(real level of development)과 좀 더 능력 있는 또래나 어른의 지도 아래 해결할 수 있는 잠재적 수준(potential level of development) 간의 차이를 말하는 ZPD 이론은 심리 테스트가 잘못 사용되고 있는 그 당시의 실상을 고쳐 보려는 의도에서 시작되었다. 비고츠키는 현재 수행되고 있는 심리 테스트는 유아가 도움을 받지 않고 혼자서 수행하는 실제 수준(real level)만을 측정한다는 점에서 오류를 범하고 있다고 보았다. 그에 따르면 타인의 도움으로 능력을 발휘하도록 하는 것이 교육의 목적이었기 때문에 이것은 오류일 수밖에 없었던 것이다. 이로 인해 ZPD 이론은 예언, 진단, 학생의 학습 능력 준비도, 교수(敎授)의 수행도, 교수 결과의 평가에 영향을 미치게 되었다(Yan-bin, 2009).

2) 평가 및 교육적 시사점

(1) 비고츠키 이론의 평가

비고츠키의 주된 연구 관심은 사고와 언어, 유아의 학습과 발달에 관한 것이었다. 그의 이론은 1960년대에 이르러 큰 관심을 받게 되었고 그는 '심리학의 아버지'로 평가받기 시작하였다(Yan-bin, 2009). 비고츠키는 환경이 특별행동을 유발하고, 역으로 행동이 다시 환경에 영향을 주는 상호작용이 이루어진다고 하면서 환경과 문화적 요소, 그리고 생물체 간의 상호작용을 통해 유아 개인의 발달이 형성된다고 보았다. 이로써 비고츠키의 문화역사적 이론(cultural-historical theory)은 유아 발달면에서 성숙, 생물학적 측면을 뛰어넘는 철학적 측면을 갖고 있다고 평가받고 있다(Agbenyega, 2009).

비고츠키에게 모든 지식은 유아가 살고 있는 사회집단의 오랜 역사를 통해서 누적된 문화적 형태로 존재한다. 이러한 관점에 근거하여 그는 세대를 거치면서 전수되는 가치관, 신념, 관습 그리고 사회관계의 기술들을 포함하는 사회의 문화적, 역사적 맥락이 유아의 발달에 그 어떤 요인보다도 중요하게 작용한다고 주장한다. 한편 비고츠키는 20세기에 특수교육이 더욱 접근 가능하도록 도왔다는 긍정적 평가를 받고 있다(Yan-bin, 2009).

그러나 비고츠키의 인간발달이론은 생물학적 측면을 간과했다는 비판을 받고 있다. 물론 그는 생물학적 영향력의 중요성을 인정했으나 유전이나 뇌의 성장이 유아의 인지 발달에 미치는 영향에 관하여서는 거의 언급하지 않았다. 한편으로는 전통적인 지능에 대한 대안의 하나로 제시한 그의 근접발달영역 개념이 모호하며 근접발달영역을 측정하는 방법에도 문제가 있다는 비판을 받고 있다.

(2) 교육적 시사점

비고츠키의 이론은 다음과 같은 면에서 의의를 가진다. 첫째, 비고츠키도 피아제와 마찬가지로 유아는 그들에게 주어지는 것을 수동적으로 받아들이는 것이 아니라 자기 스스로의 이해를 통해 능동적으로 구성해 가는 존재라고 보았다. 학습에서의 유아의 능동적인 역할을 강조한 것이다. 이는 부모나 교사로 하여금 유아의 능동적 활동을 격려하는 교수 방법을 채택할 것을 요구하고 있다.

둘째, 비고츠키의 이론이 사회문화적 이론이라고 불리는 것에서 알 수 있듯이, 그는 사회적 맥락의 중요성을 강조한다. 따라서 교육 과정에 유아가 속해 있는 지역사회에서 사회문화적으로 의미 있는 활동에 유아가 참여할 기회를 많이 마련하는 것이 좋다.

셋째, 비고츠키의 근접발달영역 이론은 학습의 최대화를 돕기 위해서 ZPD의 크기, 즉 유아의 잠재적 학습 능력이 반드시 규명되어야 함을 암시하고 있다. 여기에서는 유아가 현재 혼자서 할 수 있는 것이 무엇이며, 교사의 도움을 받음으로써 할 수 있는 것이 무엇인지에 대한 평가가 포함된다. 즉, 그의 근접발달영역의 개념은 유아의 지적 능력에 대해 전통적인 지능이나 학습 능력 개념과는 다른 시각을 우리에게 요구하고 있다. 예를 들어, 두 유아가 지능지수나 학업성취도 등에서 동일한 수준을 보이고 있다 하더라도 근접발달영역은 서로 다를 수 있기 때문에 교사나 부모는 이에 대해 세심한 관심을 가지고 관찰함으로써 각 유아의 잠재적 발달 수준에 적합한 교육의 내용과 방법을 조정해 주어야 한다.

또한 ZPD의 교수 방법이 유아의 어느 발달 시점에서 이루어져야 하는가가 중요한 요인이 되므로 이에 대해서도 유념해야 한다. 교사가 유아의 이 발달 시점을 알기 위해서는 특히 유아가 어려움을 겪을 때나 실수를 범할 때를 잘 관찰해야 한다. 놀이 과정 중에서 보이는 유아의 실수가 ZPD를 통해 비계를 설정해야 할 바로 그 영역이 될 수 있다. 따라서 이에 대한 교사의 이해는 각 유아의 요구에 맞는 구체적 도움을 주는 데 도움이 된다. 또한 무엇보다 ZPD 영역 안에서 유아를 돕고자 하는 교사는 창의적이야 한다. 창의적인 교사만이 유아의 필요를 즉시 알고 구체적으로 도와줄 수 있기 때문이다(Zaretskii, 2009).

넷째, 언어는 유아의 인지 발달에 결정적인 역할을 하며 문화적 활동에 효과적으로 참여하게 하고 타인과의 의사소통에 중요한 수단이 되므로 교사는 유아의 언어 능력 발달에 최대한 관심을 기울여야 한다. 또한 부모의 언어적 행태를 자녀가 똑같이 따라 하는 경향이 있으므로(Routledge, 2009) 부모는 자녀에게 모범적인 언어 역할 모델이 되도록 주의를 기울여야 한다.

한편 특수한 유아를 맡고 있는 교사의 경우에는 그들의 문제행동에만 초점을 맞추어 수정하려 하기보다는 그들의 사회적 상호작용에 관심을 가지며, 그들이 또래나 다른 어른들과 상호작용할 기회를 더욱 많이 제공해야 한다. 예를 들어, 청각장애 유아의 경우 같은 장애를 갖고 있는 친구뿐만 아니라 일반 유아와도 수화를 통해 이야기할 기회를 충분히 마련하는 것이 좋다. 이는 청각장애를 가진 유아의 언어 · 인지 발달을 자극하고 다른 사람과의 사회적 상호작용의 기회를 늘려 줄 수 있다. 장애를 가지고 있는 유아에게는 특히 또래집단과의 협동작업 기회를 많이 주는 것도 좋다. 또래와 공동의 목표를 이루기 위해 협동하면서 서로 간에 많은 것을 배울 수 있는 기회를 갖게 될 것이다.

제5장 생태학적 접근 이론

생태학 이론은 개인의 경험이나 개인과 직간접으로 연결되어 있는 환경적 상황이 그 개인에게 미치는 영향력을 중시한다. 즉, 생태학 이론은 환경이 개인의 행동에 영향을 주고 개인의 행동은 환경에 영향을 주는 개인-환경 간의 지속적 상호 교류 측면에 관심을 갖는다. 유아의 발달은 혼자서 이루어내는 것이 아니며 가족, 이웃, 국가라는 여러 가지 환경 속에서 이루어지는 것이다. 유아에게는 가족, 친구, 친척, 종교단체, 유아교육기관뿐만 아니라 대중매체 등도 환경으로 작용하고, 유아 자신이 속한 사회의 문화와 세계 도처에서 일어나는 사건도 중요한 환경이 된다. 그리고 유아의 발달은 이러한 환경과 사회적 영향의 산물이다. 다음에서는 브론펜브레너의 생태학적 접근(ecological approach)을 통한 유아 발달을 알아보고자 한다.

1. 브론펜브레너의 생태학적 체계이론

1) 주요 개념

브론펜브레너(1917~2005)

브론펜브레너(Urie Bronfenbrenner)는 러시아의 모스크바에서 출생했으나 6세 때 미국으로 이주하였다. 그는 1938년에 음악과 심리학을 전공하여 코넬 대학교에서 학사학위를, 하버드 대학교에서는 심리학을 전공하여 석사학위를, 1942년 미시간 대학교에서는 발달심리학 박사학위를 취득하였다. 그 후 1948년에 코넬 대학교의 교수가 되었으며 2005년 사망할 때까지 코넬 대학교의 인간 발달, 가족학과 석좌교수로 재직하였다.

생태학적 체계이론은 브론펜브레너가 인간 발달을 사회문화적 관점에서 이해한 이론이다. 브론펜브레너는 생태학적 이론을 주장하고 사회문화적 관점에서 아동 발달을 체계화하였다.

먼저 그가 말하는 환경이란 인간의 발달에 영향을 주거나 인간의 발달에 의해 영향을 받는다고 생각되는 유기체 바깥의 사건이나 조건이다. 이러한 환경은 여러 가지로 분류될 수 있으나 일반적으로는 물리적 환경과 사회적 환경으로 대변된다. 물리적 환경이란 사람을 둘러싼 비(非)인간적 환경으로 개인이 살고 있는 집과 이웃의 나무 등을 포함한다. 이에 반해 사회적 환경은 타인을 포함하는 인간적 환경이다. 이러한 물리적 환경과 사회적 환경은 모두 아동의 연령이 증가함에 따라 변화한다. 그러나 물리적인 것보다는 사회적 상황 속에서의 사람과의 관계 형성과 관계의 변화가 개인의 발달에 더 큰 영향을 주기 때문에 한 개인의 발달을 위해서는 물리적 환경보다는 사회적 환경이 더 중요하게 여겨진다(황혜정 외, 2008).

한편 브론펜브레너가 말하는 인간 발달이란 '인간이 자신의 환경을 지각하고 다루는 방식에서의 지속적인 변화'로서 정의되며 다음의 세 가지를 기본 전제로 하고 있다. 첫째, 발달하는 개인은 단순히 환경의 영향을 받는 백지 상태가 아니라 환경을 재구성하면서 성장하는 역동적인 실체다. 둘째, 환경도 상호조절 과정을 거쳐 영향력을 발휘하기 때문에 개인과 환경 간의 상호작용은 상호호혜성의 특징을 지닌다. 셋째, 생태학적 환경의 개념은 개인이 직접 참여하는 장면에만 국한되는 것이 아니라 개인이 직접 참여하는 장면들 간의 상호 연결과 개인이 속해 있지 않은 외부 환경으로부터 받는 영향까지도 포함한다(이영 외, 2011).

(1) 다섯 가지 체계

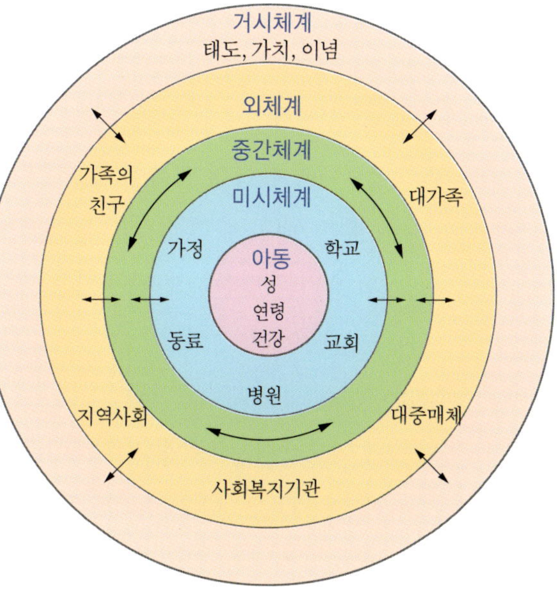

◆그림 5-1◆ 브론펜브레너의 생태학적 체계이론

출처: 정옥분(2009), p. 97.

브론펜브레너의 이론에 따르면 다섯 가지의 환경체계가 있다. 그것은 미시체계(microsystem), 중간체계(mesosystem), 외체계(exosystem), 거시체계(macrosystem) 그리고 시간체계(chronosystem)를 말한다. 이 체계는 가족과 같이 아동에게 가장 직접적인 환경으로부터 시작해서 그 유아가 살고 있는 근접한 영역으로, 그러고는 점점 더 광범위한 영역으로 확대된다.

1 미시체계(microsystem)

[그림 5-1]에서 유아가 중앙에 위치해 있는데, 이 유아의 근접 환경이 미시체계다. 미시체계는 유아가 살고 있는 집의 크기, 근처에 있는 운동장의 시설물, 학교 도서관에 구비된 도서 등과 같은 물리적 특성을 포함한다. 또한 유아의 가족, 친구, 학교, 이웃이 이 체계에 포함된다. 이 미시체계는 유아의 인지적 능력, 사회·정서적, 동기적 부분과 함께 유아의 생물학적, 심리적 특질에 가장 직접적이고 즉각적으로 영향을 주는 부분이다(Bukatko & Daehler, 2001). 특히 취학 전 유아에게는 가정, 유치원, 또래집단과 같은 미시체계가 유아의 발달에 직접적으로 영향을 미치는 환경이다. 지금까지 수행된 유아에 관한 연구들의 대부분은 이 수준에서 이루어졌다. 어머니와 유아의 애착에 관한 연구, 또래집단 내에서의 인기도에 관한 연구 등이 좋은 예다. 한편 각각의 미시체계가 유아의 발달에 미치는 영향은 유아가 성장함에 따라 변화하게 된다.

2 중간체계(mesosystem)

중간체계는 미시체계들 간의 상호관계, 즉 환경들과의 관계를 말한다. 즉, 중간체계는 유아가 적극적으로 참여하는 미시체계들 사이의 연결망에 해당된다. 이를테면, 부모와 교사 간의 관계, 형제관계, 이웃친구와의 관계 등이 그것이다. 또래에 관심을 많이 갖게 되는 유아기에는 또래 간의 관계로부터 많은 영향을 받으며 유아교육기관을 다니면서 부모와 교사 간의 관계 또한 유아에게 중요한 영향을 미치는 요인이 된다. 일반적으로 이 체계들이 더 많이 상호 관련되어 있을수록 유아의 발달이 좀 더 분명하고 일관성 있게 이루어질 수 있는 것이다(황혜정 외, 2008).

3 외체계

외체계(exosystem)는 유아가 직접 참여하지는 않지만 유아에게 영향을 미치는 사회적 환경을 의미한다. 여기에는 정부기관, 사회복지기관, 교육위원회, 대중매체, 직업 세계 등이 포함된다.

4 거시체계

거시체계(macrosystem)는 미시체계, 중간체계, 외체계에 포함된 모든 요소에다 개인이 살고 있는 문화적 환경까지 포함된다. 문화란 한 세대에서 다음 세대로 전수되는 영적 · 종교적 가치, 법적 · 정치적 실제, 문화집단에 의해 공유되는 관습과 관례를 의미한다(Bukatko & Daehler, 2001).

5 시간체계

위의 네 단계는 시간이 지나면서 변한다. 기아, 전쟁, 다른 자연재해 같은 역사적 사건으로 인해 미시체계와 외체계의 변화를 가져오기 때문이다. 시간체계(chronosystem)는 이런 영향으로 인한 변화에 근거한 브론펜브레너의 개념이다. 시간체계는 전생애에 걸쳐 시간이 흐름에 따라 달라지는 사회역사적인 환경을 의미한다. 예컨대 과거에 유아에게 중요한 영향을 미치는 환경은 주로 가족이었으나 최근에는 대중매체나 친구 등 가정 밖의 요인들의 영향력도 점차 더 커지고 있다. 또한 인터넷은 과거와는 또 다른 환경으로서 유아에게 영향을 미치고 있다. 이처럼 시대가 흐름에 따라 달라지는 경험을 시간체계라 한다.

이러한 변화는 언제나 발생할 수 있으며, 변화의 원천들이 얼마나 많고 적으냐에 따라 변화 양상도 다양할 수 있다(Bukatko & Daehler, 2001). 예를 들어, 부모의 이혼이 유아에게 미치는 영향에 관한 연구에서는 이혼의 부정적인 영향은 이혼한 첫 해에 최고조에 달하며, 딸보다 아들에게 더 부정적인 영향을 미친다고 보고하고 있다. 또한 사회문화적인 환경과 관련해서는 20~30년 전에 비해 더 많은 여성들이 직업 갖기를 희망하게 되었다고 말한다. 이와 같은 상황에서의 시간체계는 유아의 삶에 지대한 영향을 미치게 된다.

앞의 다섯 가지 체계는 서로 간에 영향을 주고받게 된다. 시간체계와 거시체계에서의 변화가 외체계에 영향을 주고 외체계의 변화는 다시 중간체계와 미시체계에 영향을 준다. 또한 미시체계에서의 변화는 중간체계와 외체계를 거쳐 거시체계와 시간체계에 영향을 미친다. 따라서 유아의 행동은 여러 다양한 수준의 상황들이 상호 역동적으로 영향을 미쳐서 나타난다고 볼 수 있다. 예를 들어, 한 유아가 특정 놀잇감을 왜 꼭 그런 방식으로 가지고 노는지를 이해하려면 그 유아의 미시체계(예: 함께 있는 다른 유아들)와 거시체계(예: 그 유아가 과거 그 놀잇감을 통해 갖게 된 관념 등)를 동시에 고려해야 한다. 한편, 집단에서 따돌림을 받는 유아를 이해하기 위해서도 그 유아의 미시체계(함께 있는 다른 유아들)와 거시체계(예: 다른 사람과의 사회적 상호작용에 대한 사회적 가치관)를 동시에 고려해야 한다(황혜정 외, 2008).

이와 같이 생태학적 접근은 한 유아의 행동을 여러 다양한 환경적 요인과 관련하여 살펴보도록 요구한다. 따라서 한 유아에 대한 정확한 이해는 그 행동에 영향을 준 다양한 환경 요건을 함께 고려함으로써 가능해진다.

유아의 컴퓨터 놀이로 인한 자연친화적 환경 놀이의 중요성 부각

○○유치원은 4,000여 평의 공간을 나무와 꽃이 있는 숲으로 만들어 자연친화적인 활동공간으로 만들었다. 아기자기하게 꾸며진 교실과 이를 둘러싸고 있는 알록달록한 나무들, 너른 잔디밭, 계절 따라 쉬지 않고 피어나는 꽃 무덤, 터널이 있는 나즈막한 언덕, 미로, 채소밭, 통나무 숲, 동물 장, 소나무 숲, 축구장, 모래놀이장은 아이들의 상상 속 놀이마을과 같다.

시간체계의 관점에서 볼 때 현대 유아는 컴퓨터나 TV 등의 놀잇감에 큰 영향을 받는 시대가 되었다. 이러한 놀잇감이 유아에게 주는 이점도 있지만 지나친 노출은 여러 가지 부정적 결과를 낳을 것이라는 우려 또한 크다. 이렇듯 컴퓨터 놀이에 노출되는 환경과 인지교육 중심의 교육기관이 넘쳐나는 요즈음에 ○○유치원의 자연친화적인 교육환경은 유아가 마음껏 뛰어 놀 수 있는 환경을 제공하며 놀이를 통해 생태를 이해하고 학습하면서 몸과 마음이 건강하게 발달하도록 도울 것이다.

유아의 건강한 전인적 발달이 이루어지도록 자연친화적 환경의 필요성이 더욱 중요해지는 시대가 되고 있다.

출처: 한국일보 HK비즈 보도자료(2011. 10. 24.). '○○유치원, ○○○원장, 자연친화 환경 교육 효과 탁월'

2) 평가 및 교육적 시사점

(1) 브론펜브레너 이론의 평가

브론펜브레너의 생태학 이론이 다른 이론과 구별되는 특성으로 꼽을 수 있는 것은 이 이론이 다른 이론에서는 거의 관심을 갖지 않았던 유아의 매일매일의 환경에 대한, 즉 환경을 통한 유아 발달에 대한 접근의 필요성을 강조하였다는 점이다. 브론펜브레너는 발달이 가정뿐만 아니라 학교, 이웃, 지역사회와 관련하여 연구되어야 한다고 믿었다. 또한 그의 핵심 공헌 중 하나는 한 개인의 환경에 대한 포괄적 생태 그림(portrait)을 제시하였다는 점이다(Bukatko & Daehler, 2001). 브론펜브레너의 이론은 우리의 시선이 유아와 부모와의 관계, 또 가정을 넘어 유아가 성장하는 체계나 생태학적 활동 범위를 형성하고 있는 사회문화적 관계의 망으로 확장되도록 도왔다는 데서 그 의의를 찾을 수 있다.

그러나 생태학적 접근법은 유전적 측면을 다소 간과하였다는 단점을 갖고 있다. 생태학적 접근법이 인간의 유전적 잠재력이나 자율적인 성장 가능성을 배제하진 않았지만 인간을 둘러싼 환경을 보다 체계적으로 분류하고 이들 간의 복잡한 상호작용을 밝히는 데 집중하면서 인간의 유전적 영향력을 간과하였다. 즉, 생태학적 접근은 아동의 발달을 꾀하기 위해서 아동에게 적절한 환경을 제공하는 것에 대한 중요성을 강조하였지만 아동이 본래 갖고 있는 유전적 요인을 통한 발달에는 관심을 갖지 않았다는 것이다.

(2) 교육적 시사점

첫째, 유아 발달에 환경은 매우 중요하게 작용하지만 그럼에도 유아는 환경에 의해서만 영향을 받는 수동적인 존재는 아니다. 유아는 오히려 유아 스스로 환경을 형성해 가고 환경은 그 유아가 환경을 형성하도록 돕는 역할을 하는 상호작용적인 관계를 형성한다고 보는 것이 옳다. 유아는 중요한 인적 환경 중 하나인 어머니에 의해 주로 영향을 받지만 한편으론 유아 자신도 어머니의 행동에 영향을 준다. 둘째, 유아 발달에서는 유아와 환경 각각의 특성 자체보다 이 둘 간의 조화 적합성이 더 중요하다. 이 적합도에 따라 유아의 발달과 적응이 증가되기도 하고 반대로 성장과 안녕이 손상되기도 한다. 따라서 유아와 환경의 상호작용의 결과는 유아나 환경의 특성 자체보다는 유아와 환경 사이의 일치도나 조화에 달려 있다고 볼 수 있다.

예를 들면, 어느 유아에게나 맞는 교사 유형은 정해져 있을 수 없다. 교사와 유아 간에 조화되는 부분이 많을 때에 유아의 발달을 더욱 촉진할 수 있다. 높은 수준의 능력을 가진 유아에게는 기대치를 높여 진행을 빨리 하는 교사가 적절하고, 반면에 수준이 낮거나 환경이 좋지 못한 유아에게는 지시적이고 요구적인 교사보다는 온정적으로 대해 주고 격려해 줌으로써 동기를 유발하는 교사가 적절하다. 한편으론 생태학적 접근법에 따른 교육은 유아의 유전적 측면을 간과할 수 있다는 것에 대해서도 주지할 필요가 있다. 따라서 환경의 중요성을 기초로 적절한 환경을 제공함으로써 유아의 발달을 꾀하면서도 유아의 유전적 요인을 고려하여 그들의 기본적 능력을 이해하고 이에 맞는 교육 활동을 제공하는 것이 필요하다.

제6장

유아 뇌 발달 이론-뇌 기반 학습이론

뇌 기반 학습이론은 뇌에 관해 밝혀진 지식 및 원리와 전략을 교육에 적용하는 교육을 말한다. 이는 1990년대 초에 학교교육의 새로운 모형으로 등장되었다. 그동안과는 전혀 다른 성격의 교수-학습 과학으로서 뇌를 기반으로 한 교육과학이 등장한 것이다. 이것은 20세기 들어 인지, 과학, 신경생물학 및 교육학 관련 분야가 상당히 진보하고 과학자들과 교육학자들이 상호작용하게 되면서 마음, 뇌, 교육을 연결하는 새로운 방향으로의 개척을 의미한다.

뇌 기반 학습이론의 이러한 새로운 학문적 노력을 일컬어 '신경 교육(neuroeducation)'이라고 칭하며, 또 다르게는 '교육신경과학(educational neuroscience)' 또는 '마음, 뇌, 교육(mind, brain, and education: MBE)'이라고도 부른다.

1. 뇌에 관한 기본 지식

1) 뇌의 구조 및 기능

뇌의 발달은 영아기에 급속도로 이루어진다. 두미 발달의 원칙에 의해 출생 시에 머리와 뇌의 크기는 신체의 다른 어떤 부위보다도 성인의 크기에 가깝다. 그리고 영아기에 매우 빠른 속도로 성장을 계속한다. 출생 시 뇌의 무게는 평균 300~400g으로 성인 뇌 무게의 1/4에 이른다(정옥분, 2009). 영아기 뇌 크기의 놀라운 성장은 뇌의 구조적 · 기능적 발달과 관련이 있다.

뇌의 각 부위([그림 6-1] 참조)는 발달하는 시기가 각기 다르다. 반사 운동과 신체 기능을 통제하는 뇌간(brainstem)은 출생 시 이미 완전한 기능을 한다. 뇌간의 가장 기본적인 기능은 호흡, 심혈관 활동, 수면, 의식과 관련이 있다. 뇌의 또 다

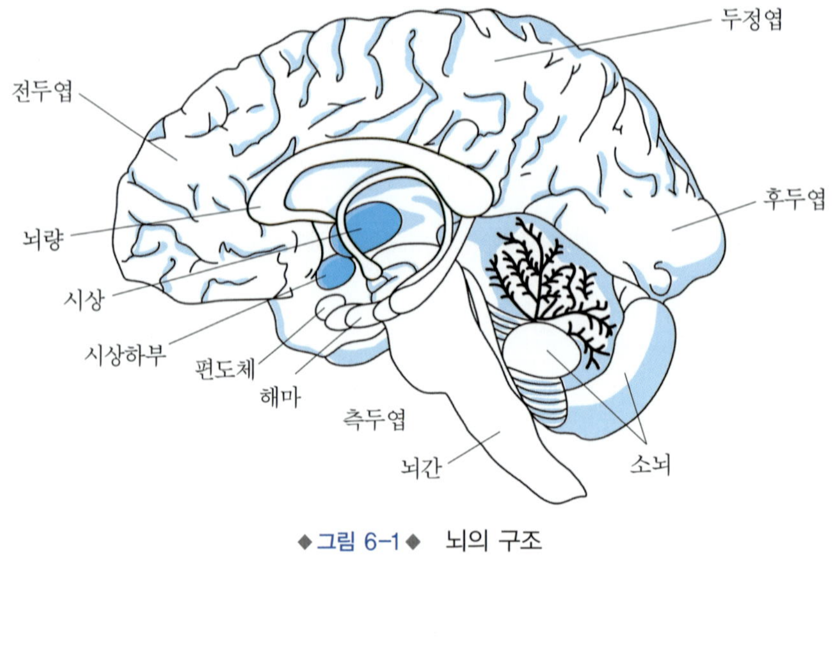

◆그림 6-1◆ 뇌의 구조

른 부위는 출생 시에도 기능을 하지만, 출생 후 계속해서 발달하고 재편성된다. 감각 정보가 대뇌피질(cerebral cortex)에 전달되도록 하는 시상(thalamus), 운동 기능과 자세 조정을 관장하는 소뇌(cerebellum), 기억을 관장하는 해마(hippocampus) 등이 뇌간에 속한다.

시상은 감각 정보를 연결하는 정거장과 같으며, 통증의 지각에도 중요한 역할을 한다. 뇌의 뒤쪽 아래에 있는 소뇌는 뇌에서 차지하는 부피가 전체의 10%에 불과하다. 그러나 소뇌에는 뇌 신경세포의 50%가 들어 있다. 오래전부터 소뇌는 동작과 자세, 걸음걸이를 조절한다고 알려졌다. 최근에는 소뇌가 컴퓨터의 정보처리 속도 조절 장치처럼 뇌로 들어오는 정보처리 속도를 조절한다는 사실이 밝혀졌다. 이는 아마도 소뇌에 신경세포가 많기 때문인 것으로 보인다. 또한 소뇌는 사고를 조율하고 인지적, 정서적 균형을 잡는 일에도 관여한다. 그뿐 아니라 운동을 할 때 동작을 조절하고 긴장하거나 새로운 상황에서는 정서 조절에도 관여한다(Daniel, 2006/2010).

해마는 뇌의 중앙 위쪽에서 아래쪽으로 구부러져 있는 초승달 모양의 구조로, 장기 기억을 뚜렷하게 형성하는 책임을 맡고 있다. 너무 많은 정보가 장기 기억 저장고로 흘러 들어가는 것을 막는 방파제 역할도 한다(Jensen, 2007/2010).

마지막으로 대뇌피질은 사고나 추론 같은 복잡한 인지 능력을 관장하는 기관으로서, 출생 시에 발달이 가장 덜 된 부위다. 대뇌피질은 인간 고유의 정신 기능을 하는 곳으로 뇌 무게의 80% 이상을 차지하고, 뇌 구조 중 가장 많은 수의 뉴런과 시냅스를 가지고 있다. 출생 후 대뇌피질은 다음과 같이 발달을 계속한다. 첫째, 뉴런의 크기가 증가하고 구조가 점점 복잡해진다. 둘째, 신경섬유 주위에 미엘린이라 불리는 지방 물질이 형성된다. 셋째, 뉴런 간의 시냅스의 수가 증가한다. 넷째, 대뇌피질과 뇌의 다른 영역—특히 시상, 소뇌, 해마—간의 연결이 증가한다. 다섯째, 대뇌피질의 여러 영역이 점점 세분화된 기능을 맡게 된다. 이와 같이 대뇌피질은 계속해서 성장하기 때문에 뇌의 어떤 부위보다도 환

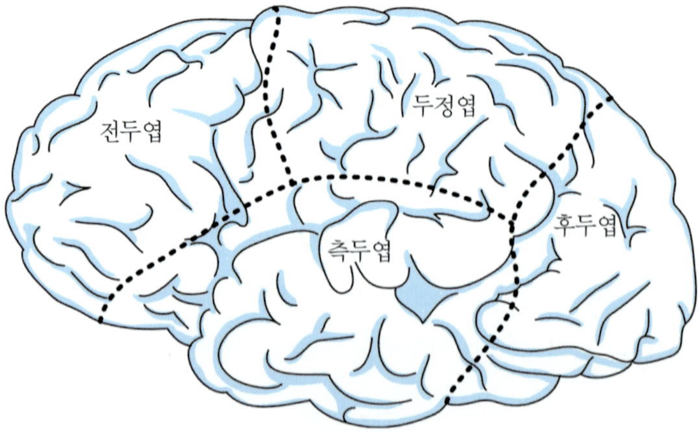

◆그림 6-2◆ 뇌엽

경의 영향에 민감하다(정옥분, 2009).

대뇌피질은 엽(lobe)이라 불리는 네 영역, 즉 전두엽, 두정엽, 측두엽, 후두엽으로 구분되어 각기 세분화된 기능을 담당한다(Jensen, 2007/2010). 뇌의 기능을 간단하게 설명하면, 뇌의 뒤쪽 절반을 이루는 두정엽과 후두엽, 측두엽 부분에서는 정보를 받아들이고 세상을 인지하는 일을 하고, 나머지 앞쪽 절반에서는 뒤쪽 절반에서 받아들인 정보를 통합하고 분석, 계획하여 행동으로 옮기는 일을 한다(Daniel, 2006/2010).

- 전두엽(frontal lobe): 이마 부분에 위치하며 판단, 창의성, 문제 해결 및 계획과 같은 의도와 목적을 가진 행위와 관련이 있다(예측과 판단).

  뇌의 앞쪽 절반에 해당하는 전두엽은 크게 세 개 영역으로 나뉜다. 첫째 영역은 걷고, 씹고, 손가락과 발가락을 움직이는 활동과 같은 신체 운동을 조절하는 운동피질이다. 둘째 영역은 동작을 계획하는 전 운동 영역이다. 셋째 영역은 계획, 예측, 판단, 조직화, 충동 조절, 표현과 같은 실행 기능과 관련된 전전두엽이다. 전전두엽은 인간의 뇌에서 가장 발달한 부분으로, 전체

대뇌피질의 30%를 차지한다. 전전두엽은 우리로 하여금 실수로부터 학습하거나 계획을 수립하고 목표에 도달하기 위해 행동을 목표와 일치시키도록 돕는다. 전전두엽이 제 역할을 하면 신중하고 남의 의견에 귀를 기울이며, 표현이 풍부하면서 계획적이고 목표지향적인 사람이 된다. 반대로 전전두엽에 문제가 생기면 판단이 흐려지며 충동적으로 변하거나 집중 시간이 짧아지고 시간 관리에 서툴며 남의 마음을 잘 헤아리지 못한다.

- 두정엽(parietal lobe): 뇌의 위쪽 뒤에 위치하며 감각 처리, 운동 및 공간 기능을 담당한다(감각 정보 처리와 방향 감각).
- 측두엽(temporal lobe): 양쪽 귀 주변과 위쪽에 위치하며 주로 듣기, 기억, 의미, 언어를 책임진다(기억과 감정 안정).
- 후두엽(occipital lobe): 뇌의 중간 뒤쪽에 위치하며 주로 시각을 담당한다(시각 정보 처리).

2) 신경계의 발달

신경계는 두 종류의 기본 세포로 구성되어 있는데, 하나는 신경세포 또는 뉴런(neurons)이고, 다른 하나는 신경교세포(지주세포, glia)다. 대략 1조 개의 인간의 뇌세포 중에서 대부분이 신경교(85~90%)이고, 나머지 10~15%가 신경세포다. 신경교세포는 신경세포에 영양을 공급하고, 신경계를 결합하는 접착제 역할을 한다. 신경세포, 즉 뉴런은 다른 신경세포나 감각기관에서 정보를 받아서 또 다른 신경세포에 전달하는 세포다.

뉴런은 세포체, 수상돌기, 축색돌기 그리고 말초신경섬유로 구성되어 있다([그림 6-3] 참조). 세포체에 연결되어 있는 관모양의 축색돌기는 끝 부분에 위치해 있는 말초신경섬유를 통해 다른 세포로 정보를 전달한다. 또한 두 개의 뉴런이 연결되는 지점, 즉 뉴런의 말초신경섬유와 또 다른 뉴런의 수상돌기가 연결

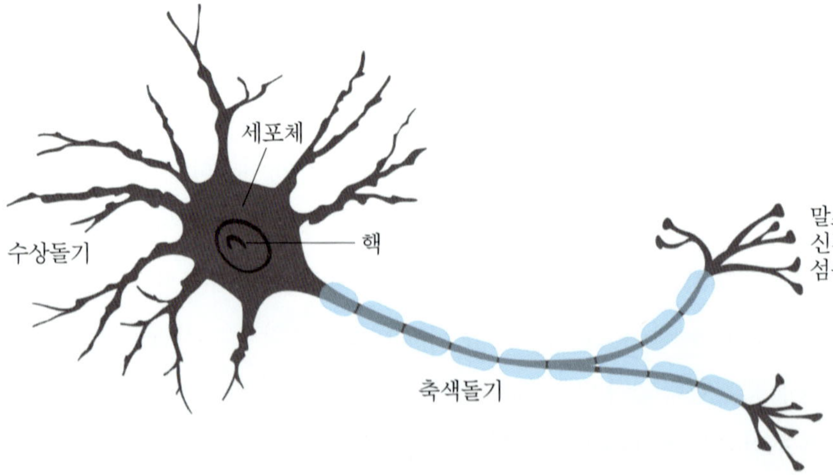

◆그림 6-3◆ 뉴런의 구조

되는 부분을 시냅스(synapse)라고 부른다(정옥분, 2009). 인간의 뇌는 최종적인 수의 시냅스 중 일부만을 가지고 태어나며 이는 성인 용량의 2/3 정도다. 나머지 시냅스는 출생 후 형성되며 이러한 과정의 일부는 경험에 의해 영향을 받는다(Jensen, 2007/2010).

시냅스는 두 가지 방식을 통해 뇌에 연결된다. 첫 번째는 시냅스가 과잉 산출되어서 선별적으로 소실되는 것이다. 생후 6개월 영아는 지각피질에 성인보다 더 많은 시냅스를 가지고 있다. 이것은 생후 초기 몇 달 동안 많은 시냅스가 형성되고 이후에 상당수의 시냅스가 사라지기 때문이다. 시냅스의 과잉 형성과 소실을 위해 가지치기(pruning) 과정이 이루어지는 것이다(Committee on Developments in the Science of Learning, Committee on Learning Research and Educational Practice, 2000/2007). 다른 뉴런과 성공적으로 연결되는 뉴런은 그렇지 못한 뉴런을 밀쳐 내면서 뉴런의 약 절반 가량이 소멸된다. 이때 살아남은 뉴런은 수백 개의 시냅스를 형성하는데, 이 과정에서도 역시 뉴런이 적절한 자극을 받지 못하면 소멸된다. 즉, 신경계의 발달은 보편적인 성장의 원리와는 다르게 불필요한 뉴런이 제거됨으로써 신경계의 효율성이 증대되는 것이다. 인간은 이와 같은 뉴런의 도태 과정을 통해 환경에 적응하는데, 예를 들어 수직선만 있는 시각적 환경에서 자란 고양이가 결국엔 수평선을 보지 못하게 되는 이유가 바로 환경에 적응했기 때문이다(Antonio, Kurt, & Pierre, 2008/2009).

시냅스 형성의 두 번째 방법은 형태가 완성될 때까지 새로운 시냅스를 추가하는 것이다. 시냅스의 과잉 형성 및 소실과는 달리, 시냅스 추가 과정은 인간 생애 전반에 걸쳐서 일어나며 특히 생애 후반에 중요하게 일어난다. 이때는 뉴런이 아닌 신경교세포가 일생을 통해 형성된다. 뉴런은 출생 후 더 생성되지 않는 것이므로 태어난 후에 뇌의 성장은 이 신경교세포에 의해 이루어지는 것이다(Committee on Developments in the Science of Learning, Committee on Learning Research and Educational Practice, 2000/2007).

신경교세포의 가장 중요한 기능은 수초화(myelination)인데, 수초화는 미엘린이라 불리는 지방성 물질이 축색돌기 둘레에 막을 형성하는 현상을 말한다(정옥분, 2009). 수초화는 뇌의 빠른 성장에 영향을 미치기 때문에 후천적 인지 발달을 위해서 수초화를 고려하게 된다. 원래 수초화 순서는 유전자에 의해 정해지지만 전전두엽 연합기제 같은 부위는 20세 무렵까지 수초화가 계속된다. 많은 경우 수초화는 영아기 동안 급속도로 진행되지만, 뇌의 어떤 부분에서는 수초화가 청년기나 성인기까지 완성되지 않는 경우도 있다. 이와 같이 수초화는 부위에 따라 그 시기가 다르다(Antonio, 2008/2009). 이는 20세까지도 뇌의 발달이 이루어질 수 있음을 의미하며 뇌 발달을 촉진하기 위해서는 최적의 환경을 계속해서 제공해야 함을 뜻한다. 왜냐하면 이 과정은 경험에 예민할 뿐 아니라 실제로 경험에 의해 유도되며 두뇌 발달을 위해서는 유전적으로 타고난 기제도 중요하지만 외부에서 주어지는 환경도 중요한 역할을 하기 때문이다(Committee on Developments in the Science of Learning, Committee on Learning Research and Educational Practice, 2000/2007).

3) 뇌 기능의 차이

(1) 좌뇌와 우뇌

우리의 뇌는 좌반구(좌뇌)와 우반구(우뇌) 2개의 반구로 구성되어 있다(Jensen, 2007/2010). 두 개의 반구는 모양은 똑같지만 각기 기능이 다르고, 신체의 각기 다른 영역을 통제한다. 각각의 기능을 다음의 〈표 6-1〉을 통해 알 수 있다.

뇌의 좌반구와 우반구는 신피질이라 불리는 얇게 주름진 피부(약 6.4mm 두께의 주름진 피부와 같은 얇은 조직)로 덮여 있으며 시간의 경과에 따라 변화가 나타난다. 예를 들어, 유아가 언어를 처음 배울 때는 우반구에서 처리하는데 3, 4세가 되면 언어를 처리하는 곳이 우반구에서 좌반구로 바뀐다. 또한 여아가 남아보다 더 일찍 좌반구가 발달되기 때문에 여아들이 언어와 읽기 기능에서 남아보다 더 욱 확실하게 이점을 갖는다. 5세에는 남아가 여아보다 우반구의 발달이 더 우수하지만, 8~9세가 되면 우반구의 남녀 발달이 비슷해진다. 또한 남자는 50세 이후에 우반구를 보다 많이 사용하는 경향이 있다.

우리에게 오래전부터 전해오는 상식 중에는 음악과 미술을 잘하려면 우뇌가 우수해야 한다는 말이 있다. 이것은 시대에 뒤진 생각일 수 있다. 사실 좌뇌와

표 6-1 좌뇌와 우뇌의 특징

뇌의 좌반구	뇌의 우반구
• 신체의 오른쪽 부분을 통제한다. • 언어적인 활동 즉, 언어 능력, 청각, 언어기억, 의사결정 등에서 큰 역할을 한다. • 기쁨과 같은 긍정적 정서의 표현 등을 관장한다. • 순서대로 질서 있게 배우고 익혀 간다. • 일을 부분적으로 나누어 보고 이에 따라 수행케 한다.	• 신체의 왼쪽 부분을 통제한다. • 공간지각 능력, 즉 거리지각, 지도 읽기, 기하학적 도형에 대한 이해 등에서 큰 역할을 한다. • 촉각, 음악과 같은 비언어적 소리, 슬픔과 같은 부정적 정서의 표현 등을 관장한다. • 순서 없이 닥치는 대로 배우게 한다. • 일을 전체적(종합적)으로 볼 수 있고 이에 따라 수행케 한다.

우뇌 사용에 대한 선호도가 있지만 그렇다고 오로지 좌뇌 혹은 우뇌만을 사용한다는 의미는 아니다. 좀 더 세심하고 순서적인 사람이 있는 반면에, 좀 더 전체적이고 변칙적인 사람이 있다. 사람마다 좌뇌 혹은 우뇌에 대한 상대적 선호도가 있다고 말할 수는 있지만 좌뇌 혹은 우뇌만을 절대적으로 사용하는 독점성을 갖고 있다고는 말할 수 없다.

인간의 뇌는 좌뇌와 우뇌로만 구분되는 걸까?

네 개의 영역으로 구분되는 인간의 뇌

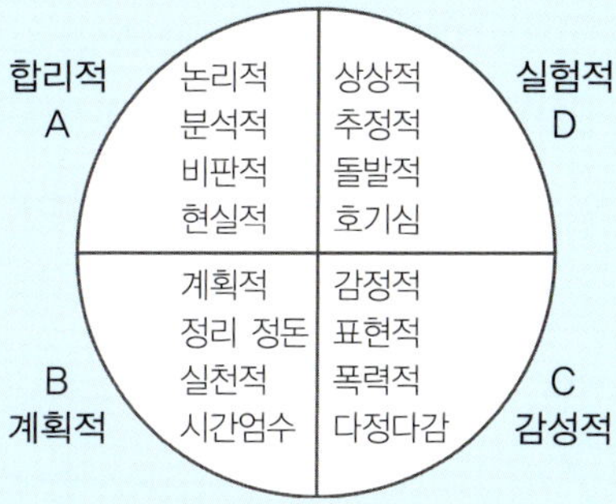

인간의 두뇌는 좌반구와 우반구로 나뉘어 있습니다. 좌측 두뇌는 수학과 논리를 다스리고 우측 두뇌는 언어와 예술 능력을 다스립니다. 1988년 네드 허만(Ned Hermann) 교수는 인간의 두뇌를 한 번 더 나누어 그림처럼 4등분하였습니다. A쪽 두뇌가 발달한 사람은 수학, 물리, 이론 등 분석을 요구하는 일에 능하고, B쪽 두뇌가 발달한 사람은 계획성 있고 꼼꼼하며 정리 정돈을 잘한다고 합니다. 여기서 주목하고 싶은 것은 흔히 사회에서 개구쟁이, 말썽꾸러기, 괴짜, 돌연변이로 부르는 체제 불순응형 사람들이 대개 우수한 D쪽 두뇌를 가졌을 확률이 높다는 점입니다. 이쪽 두뇌가 바로 높은 창의력과 직결됩니다.

미국에는 이 이론을 바탕으로 한 재미있는 연구가 있습니다. 미시간 공대 전학장인 럼스데인(Lumsdaine) 박사가 여러 대학 공대 학생들을 대상으로 조사를 해 보니, 공대생들이 졸업할 즈음에는 A쪽 두뇌, 곧 분석적 두뇌만 불균형적으로 비대하게 개발되어 있는 것을 발견했습니다. 아니, 지금이 어떤 세상인가요? 기술 경쟁을 하려면 창의력이 필수 아닙니까? 또 서비스 경쟁을 하려면 C와 D쪽 두뇌도 골고루 발달해야 되지 않겠습니까!

세 개의 영역으로 구분되는 인간의 뇌

다음은 스타인버그(Steinberg) 박사가 쓴 『성공적 두뇌(Successful Intelligence)』에 나오는 이야기입니다.

> 똑똑이와 똘똘이가 산을 넘어가고 있었다. 똑똑이는 학교에서 이름난 우등생이고 똘똘이는 동네에서 소문난 개구쟁이다. 이 두 아이가 산속에서 호랑이를 만났다. 똑똑이가 척 보니까 호랑이는 250미터 떨어져 있는데 달려오는 속도는 50킬로미터 정도였다. 똑똑이는 정확히 계산을 해 보더니 "야, 우린 이제 17.88초 후면 죽었다!"라고 똑소리 나게 재빨리 결론지으면서 친구 똘똘이를 쳐다보았다. 그러나 똘똘이는 태연하게 운동화 끈을 동여매고 있지 않은가. 그 모습을 본 우등생 똑똑이는 열등생 똘똘이를 비꼬았다.
> "멍청하긴. 네가 뛰어봤자지, 호랑이보다 빨리 뛸 것 같아?"
> 그러자 똘똘이는 씩 웃으면서 말했다.
> "아니야, 나는 너보다만 빨리 뛰면 돼."

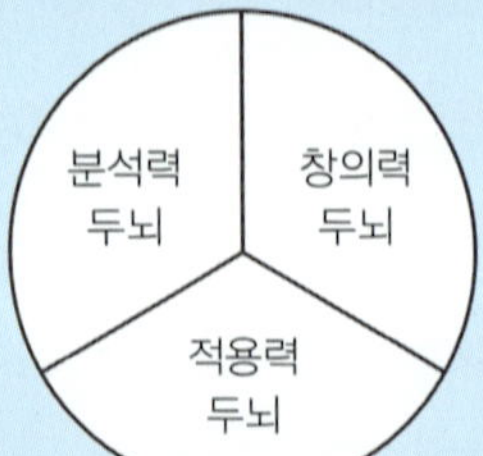

스타인버그 박사는 인간의 두뇌 능력에는 적어도 세 가지 영역이 있는데 분석/논리 능력과 적용력과 창의력, 이렇게 셋을 구분해서 보아야 한다고 합니다. 그러나 불행하게도 보통 정규 교육과정에서는 분석/논리 능력에만 치우치고 나머지 두 영역인 적용력과 창의력에 대해서는 측정 방법조차 개발되지 않아서 많은 인재들을 "공부 못한다."는 한마디로 썩히고 있는지도 모른다고 안타까워합니다.

출처: 조벽(2011).

(2) 남아와 여아의 뇌

유아의 성별에 따른 뇌 발달 상태는 다음과 같은 특징이 있다(Jensen, 2007/2010). 먼저 남아의 경우를 살펴보면, 첫째, 남아의 뇌는 여아의 뇌보다 우반구가 더 일찍 발달한다. 이러한 발달 특성으로 인해 남아는 여아보다 교실에서 벌을 받거나 훈육을 듣는 일을 더 많이 저지르게 되고 또 여러 가지 운동 경기를 더욱 즐겨하는 경향을 갖게 된다. 둘째, 남아는 여아보다는 세로토닌을 20~30% 더 적게 갖고 있으며 이것은 그들의 충동적 공격성, 폭발적 분노 그리고 성장 후 보이는 자살이나 알코올 중독 등의 행동 특성과 연관을 갖는다. 셋째, 남아는 말하기와 읽기 학습 면에서 여아보다 느리다. 넷째, 남아는 정서적 사건을 순차적으로 하나씩 처리하기보다는 전체적으로 처리한다. 다섯째, 남아는 여아에 비해 두려움과 수줍음이 적으며, 자신감이 높다. 여섯째, 남아는 여아보다 고집이 있고 융통성이 적은 편이다.

다음은 여아의 뇌 발달 특징이다. 첫째, 여아는 좌반구가 우반구보다 더 일찍 발달한다. 둘째, 여아는 남성보다 뇌량(섬유가 3~10% 더 많다.)을 더 많이 갖고 있다. 셋째, 여아는 남아보다는 세로토닌을 20~30% 더 많이 갖고 있으며, 이것은 여아가 남아에 비해 두려움, 수줍음, 낮은 자신감 및 매우 약한 공격성을 보이는 특성과 상관이 있다. 넷째, 여아의 뇌는 보다 넓은 영역에 걸쳐 사고 기능이 미치고 있으며, 이것은 학습 장애의 가능성을 줄여 준다. 다섯째, 여아는 한꺼번에 여러 가지를 처리하는 데 능숙하다. 여섯째, 여아는 타인의 말에 담긴 정서적 내용을 남아에 비해 보다 쉽게 간파할 수 있다. 일곱째, 여아는 이익보다는 관계에 관심을 갖고 있으며 따라서 친구를 사귀는 일에 열중한다.

2. 신경과학(뇌과학)과 교육

1) 뇌 기반 교육: 교육신경과학(신경교육)

1990년대 초에 학교교육의 새로운 모형이 등장하기 시작했다. 전혀 다른 성격의 교수-학습 과학이 발달했는데, 다름 아닌 교육신경과학(신경교육)이었다. 즉, 뇌를 기반으로 한 교육과학이다. 교육신경과학은 뇌를 이해하기 위한 간학문적 접근으로 시작되었으며, 뇌 기반 교육으로 알려지게 되었다(Jensen, 2007/2010). 이러한 접근은 1800년대 후반 심리학의 등장과 함께 뇌와 마음 사이의 관계에 관한 새롭고 다양한 질문들이 생겨나면서부터 시작되었다. 그러나 당시에는 뇌 기능은 심리학자의 관심사가 될 수 없다는 일반적인 인식 때문에 단지 몇몇 소수의 심리학자만이 이 관계에 대해 탐구하였다. 지금도 여전히 뇌 연구는 심리학과는 관련이 없다는 인식이 심리학 분야에 널리 퍼져 있기는 하지만 최근에는 이러한 생각이 조금씩 바뀌기 시작했다. 예를 들어 1980년대에는 인지에 대한 소수의 논문만이 신경과학적 색채를 띠었던 반면 1990년대에는 많은 수의 인지 관련 논문이 인지와 학습 간의 신경학적 기초에 초점을 맞추고 있다.

무엇이 이러한 관점의 변화를 일으켰을까? 첫 번째 촉진 요인은 1980년대 후반의 인지파 경향을 들 수 있다. 인지과학은 처음부터 지능 연구에 관심을 가진 많은 분야 학자들의 협력을 필요로 하였다. 특히 인지에 연결주의적인 접근이 이루어지면서 뇌 연구가 진행되었다. 연결주의의 중요 전제는 인지의 이론적 모형은 뇌 기능에 대한 현재 지식을 근거로 해야 한다는 것이었기 때문이다. 두 번째 촉진 요인은 개인의 뇌 활동을 감지해 주는 뇌 영상 촬영 기술의 발달이다. 그 예로 '양전자 방출 단층촬영기법(PET)'과 '기능 자기공명 영상법(fMRI)'이 있다. 세 번째 촉진 요인은 1990년대를 '뇌의 시기'라고 명명한 의회의 결의안에 대한 논쟁이었다. 이 결의안은 연방기구들로 하여금 신경과학적 연구에 더욱 많이 투자하게 하는 계기가 되었다. 종합적으로 볼 때 이러한 세 가지 경향성은 더욱더 많은 사람들 사이에서 신경과학 연구가 학습과 인지에 관한 중요한 질문들에 답을 제공해 줄 것으로 믿는 분위기를 만들어 갔다(James, 2001/2008).

많은 과학자와 교육학자는 우리가 마음, 뇌, 교육을 연결하는 새로운 방향으로 나아가고 있음을 느끼고 있다. 아마도 이런 느낌이 든 것은 지난 20년간 인지, 과학, 신경생물학 및 교육학 관련 분야가 상당히 진보하고 그 분야의 학자들이 상호작용하게 되었기 때문일 것이다.

이런 노력을 일컫는 한 가지 명칭으로 신경교육(neuroeducation)이 있는데, 이 분야에서는 초학문의 교육적 측면을 강조하고 있다. 다른 명칭은 교육신경과학(educational neuroscience)으로, 교육과 관련된 신경과학에 주 관심을 두고 있다. 이제 인지과학, 생물학, 교육학을 종합하는 이러저러한 관심을 포괄하여 '마음, 뇌, 교육(mind, brain, and education: MBE)' 이라는 명칭을 사용하기도 한다.

교육이 신경 측면 그 이상인 것은 틀림없지만, 뇌과학과 생명과학은 교육의 과정과 방법을 상당 부분 조명할 수 있다. 새로운 뇌영상과 DNA 분석법으로 인해 신비에 싸여 있던 뇌와 그 발생 과정이 점점 가시화되고 있다. 이런 엄청난 기대가 비현실적일 수도 있지만, 그것은 교육을 개선하고 21세기의 복잡한 세계에 대처하려는 진보 욕구를 반영한 것이다. 이런 프로그램들은 모두 탐구자로서의 유아의 역할을 회복시키고, 능동적 태도, 대화, 관찰 및 실험을 통해 유아의 호기심을 촉진하려 하고 있다. 그 실험들은 뇌 발달 관련 지식, 자극과 동기의 역할, 학습과 기억의 관계에 관한 것이다. 특히 2~6세의 유아기에 관심을 갖고 있으며, 최근 인지심리학 연구에서는 학습 중인 유아에 대해 주변을 탐색하고 실험하는 '과학자'라고 말하고 있다.

유아의 학습에 뇌가 어떻게 작용하는가? 학습은 신경세포의 무리 혹은 신경망과 관련이 있다. 즉 하나의 신경세포가 1만개의 다른 신경세포와 결합하면서(Connell, 2005/2010) 학습을 가능하게 한다. 유아는 성장하면서 뇌의 여러 가지 특징(뉴런과 시냅스 수, 뇌 용량, 수초화, 뇌 활동 등)이 체계적으로 변화한다(Antonio, Kurt, & Pierre, 2008/2009). 미시적 수준에서 보면, 신경세포들이 시냅스에서 결합할 때 전기적 결합에서 화학적 결합을 하고, 다시 화학적 결합에서 전기적 결합을 한다. 이러한 연접부(시냅스)는 더욱 견고해지며, 두 개의 신경세포는 훨씬 더 적은 신호로도 서로에게 의사를 전달할 수 있다. 거시적 수준에서 보면, 입력 신경세포들은 시상, 작업 기억, 해마의 순서대로 신호를 보내며, 신호를 장기 저장하기 위해 피질로 보내기도 한다(Jensen, 2007/2010). 이러한 유아의 뇌 변화에 대한 이해는 유아의 행동 변화를 이해하는 데 도움을 준다. 따라서 뇌–행동의 관계를 이해하려는 인지신경과학자들과 이런 지식을 활용해 교육을 개선하려는 교육자들이 뇌와 행동 발달 간의 의미 있는 연결고리를 찾아 분석할(연령 증가에 따른 어떤 특징의 전반적 증가나 감소를 밝히는 수준 이상으로) 방법을 밝히고자 하는 것이다(Antonio et al., 2008/2009).

물론 뇌 발달에 대한 지식은 현재 놀라운 속도로 증가하는 추세이고, 인지 발달과 학습에 대한 지식은 이미 광범위하고 심오한 상태이나 여전히 증가 중이다. 그럼에도 뇌 발달과 인간의 인지 발달의 관계에 대해서는 별로 알려진 것이 없다. 이런 신경과학적 지식의 한계에도 불구하고, 뇌과학을 교육 실제에 접목하려는 대중의 기대가 현실을 앞지르고 있다(Antonio et al., 2008/2009). 따라서 뇌 관련 과학이 앞으로 도전해야 할 분야는 뇌 연구가 일상생활의 필요에 접목되도록 하는 데 있다. 현대사회의 성공은 이런 대과업과 관련 있으며, 교육의 성공 역시 그러하다. 컴퓨터와 커뮤니케이션 기술로 모든 수준의 교수와 학습에서 큰 변화가 이루어졌고 당연히 뇌도 그런 변화에 속한다. 다음 시대의 최첨단 교육은 인지과학과 뇌과학에서 도출된 기술에서 비롯된 것이어야 할 것이다.

2) 뇌 기반 교육의 원리

교육신경과학(신경교육)은 뇌에 대한 이해가 단지 뇌를 아는 것에 그치는 것이 아니라 이러한 이해를 교육에 적절히 적용하기 위한 노력의 일환이다. 다음에서는 뇌가 가진 특징에 따라 교육적 원리를 세움으로써 유아의 뇌 발달 수준에 맞는 교육을 이루어 가기 위한 교육원리들을 제시하였다(Jensen, 2007/2010).

(1) 원리1 변화의 원리: 뇌는 고정적인 것이 아니라 역동적이다

수년 전에 교육자들은 어린 유아의 뇌는 보다 작다고 생각하고 그들에게 지식과 기술을 가득 채워 주려 하였다. 그러나 뇌는 크기보다는 변화하는 것임을 알게 되었다. 그렇다면 변화하고 있는 것은 무엇인가? 이는 세포의 양, 크기, 형태, 새로운 결합의 수, 뇌의 화학작용의 수준, 신경 활동의 패턴, 뇌 영역들의 부피 등의 변화를 의미한다.

또한 유전자는 두 가지 기능을 갖고 있다는 것이 새롭게 알려졌다. 하나는 RNA를 통해서 유전자를 복제하는 기능이고, 다른 하나는 보다 놀라운 것으로 환경적 신호에 민감하게 반응하는 기능이다. 특히 두 번째 기능을 유전자 발현이라고 부른다. 이로써 '고정 뇌', 즉 뇌가 변화하지 않고 고정적이라는 그동안의 사회적 통념은 잘못되었음을 알게 되었다. 이제 우리는 유아의 뇌가 새로운 뇌세포를 성장시킬 수 있고 실제로 성장한다는 것을 알아야 한다.

여기서 생각해 볼 것은 많은 새로운 뇌세포가 생존하고 기능을 발휘하도록 하기 위해 유아 주변의 성인의 역할이 중요하다는 사실이다. 이들이 유아의 뇌세포 변화 과정에 관여할 수 있기 때문이다. 예를 들어, 유아로 하여금 가정 폭력에 노출되게 하는 것은 불행히도 그들의 지능에 해가 될 수 있다. 반면에 열심히 공부할 수 있도록 자극하고 적절하게 격려함으로써 그렇지 않은 유아에 비하여 더욱 머리가 좋아지게 할 수 있다. 보다 적절한 자극은 유아의 뇌세포의 길이, 즉 수상돌기가 증가하도록 함으로써 뇌 발달을 증가시키기 때문이다.

(2) 원리2 다양성의 원리: 모든 뇌는 독특하다

사람마다 지문이 모두 다른 것처럼 지구상에 있는 그 어느 누구의 뇌도 동일하지 않고 독특하다. 심지어 일란성 쌍생아조차도 다른 뇌를 갖고 있다. 특히 지적 장애와 학습 장애 등 장애 유아는 일반 유아와는 구조적으로나 절차적으로 매우 다른 뇌를 지니고 있는 것으로 증명되었다. 이와 같은 맥락에서 영재로 판명된 유아도 일반 유아와는 다른 뇌를 지니고 있다는 증거가 있다. 영재아와 일반 유아의 뇌가 보이는 차이가 일반 유아와 장애 유아 뇌 간의 차이와는 다른 양상을 보이지만 영재아와 장애 유아의 뇌가 모두 일반 유아의 뇌와는 차이가 난다는 점에서는 같다.

무엇이 유아를 이렇게 독특하게 만드는가? 그것은 유전자와 유아를 둘러싼 환경의 영향 때문이다. 모든 유아는 정확히 같은 DNA의 99.5%를 공유하고 있다. 그러나 사회적 · 문화적 · 환경적 요인이 유아의 인지와 행동에 직간접적으로 영향을 미친다. 유아는 명령이나 자극-반응으로 이루어지는 학습 현상을 직접적으로 관찰할 수 있다. 그러나 유아 주변의 간접적인 많은 요인들이 유아가 갖고 있는 유전자의 발현과 신경세포의 기능을 수정하도록 뇌에 피드백을 줌으로써 영향력을 행사한다.

(3) 원리3 발달적 민감성의 원리: 유아의 뇌는 취약하다

출생에서 5세까지 유아기의 인간의 뇌는 상당히 취약하다. 타고난 대로 보자면, 유아들이 세상을 이해하도록 하기 위해 뇌는 본질적으로 문화를 그대로 답습하도록 요구한다. 즉, 유아는 배우고 본 대로 그대로 흡수한다는 의미다. 뇌는 이런 방법을 통해 세상에서 생존하는 방법을 파악하려 하기 때문이다. 예를 들어, 만약 어떤 유아가 부모의 학대, 부조화, 외상에 노출된다면, 그 유아의 뇌는 불확실성에 기인한 스트레스로 인해 한쪽 혹은 양쪽 부모 모두를 잃을지도 모른다는 두려움을(사회 속에서 알게 된 두려움) 그대로 답습하게 된다. 이러한 어린 시절의 고통은 평생 동안 외상(trauma)으로 남을 수 있다.

(4) 원리4 상호작용의 원리: 유아는 '사회적 뇌'를 갖고 있다

'사회적 뇌'는 사회적 집단의 일부가 되고자 하는 내재된 욕구를 가리킨다. 유아가 사회적 집단의 일부가 되고자 하는 욕구를 충족시키기 위해서는 어느 정도의 정서지능과 사회적 기술이 필요하다. 유아의 사회적 인지는 정보를 처리하는 것으로서 다른 사람들의 생각과 의도를 정확하게 파악하도록 해 준다.

(5) 원리5 결합성의 원리: 뇌는 통합된 '기관'이다

유아의 뇌는 생각보다 훨씬 더 자체적으로 결합되어 있다. 따라서 유아의 마음, 신체, 정서 등은 분리되어 개별적으로 움직이지 않고 하나로 통합되어 작용한다. 움직임은 자유선택활동 시간이나 바깥놀이 시간에만 일어나고, 정서는 슬픈 동화를 들으면서만 표출되며, 인지 활동은 이야기 나누기 시간에만 이루어진다고 보는 견해는 이제 과거의 이야기다.

(6) 원리6 기억 유연성의 원리: 유아의 기억은 유연하다

기억(력)을 사진에 비유하기도 한다. 그러나 이 말은 일부 맞기도 하지만 그렇지 않다는 것이 더욱 최근의 견해다. 유아의 기억(력)은 사진을 찍은 것처럼 100%의 일치율을 보이기보다는 상당히 유연성을 갖고 있기 때문이다. 유아는 기억을 조각조각 분리하여 저장하기 때문에 유연하고, 그래서 기억은 마치 만화경을 보는 듯하다. 따라서 일반적으로 기억의 속성을 모두 결합하여 완전하게 기억을 하는 경우는 드물다. 유아의 기억은 일반적으로 단편적이며, 부정확할 때가 많다(Jensen, 2007/2010). 이런 이유로 같은 경험을 한 두 유아의 기억에서 나온 이야기가 서로 다를 수 있는 것이다.

3) 뇌 기반 교육과 유아

(1) 오늘날 환경과 유아의 뇌 발달

오늘날 유아의 뇌는 그 이전과는 다른 양상을 띠는 듯하다(Jensen, 2007/2010). 물론 이에 대해 확실히 알 수는 없지만 오늘날의 유아는 다른 뇌를 갖고 있다는 것이 일부 증명되기도 하였다. 그렇다면 오늘날 유아의 뇌는 왜 과거 유아의 뇌와 차이를 보이는 것인가? 그 이유는 다음과 같은 두 가지 간단한 사실 때문이다. 첫째, 뇌는 경험의 결과에 따라 변하기 때문이고, 둘째, 오늘날의 유아는 그 이전 세대의 유아와는 다른 경험을 하기 때문이다.

경험의 종류가 달라지면 뇌에 영향을 미치는 방식도 달라진다. 시냅스의 형성과 혈관 형성은 뇌의 적응을 돕는 중요한 원인이지만 이들은 생리적 기제와 행동 사건에 의해 영향을 받는다. 결국 신경과학 연구는 경험이 두뇌의 구조를 변경함으로써 마음의 구조를 만드는 데 역할을 담당한다는 사실을 확인하도록 해 주었다. 발달은 단순히 이미 짜여 있는 프로그램을 펼치는 것이 아니다. 발달은 단순히 생물학적으로 프로그램화된 과정이 아니며 오히려 경험에서 본질적인 정보를 추출하는 능동적 과정이다. 연구에 따르면 어떤 경험은 예민한 특정 시기 동안 가장 강력한 효과를 나타내는 반면에, 다른 경험은 좀 더 오랜 시간을 두고 뇌에 영향을 미칠 수 있다. 따라서 교육과 관련하여 알아보아야 할 중요한 이슈는 어떤 것이 결정적 시기에 묶여 있는지(예, 음소 지각과 언어 학습의 측면) 또는 어떤 것이 결정적 시기에 큰 영향을 받지 않는지를 판단하는 것이다. 복잡한 환경에서 경험한 양과 뇌의 구조적 변화 간에 관련성이 있다는 연구 결과(Committee on Developments in the Science of Learning, Committee on Learning Research and Educational Practice, 2000/2007)를 볼 때 뇌와 마음의 기능적 조직화는 경험에 의해 좌우되며 경험은 이에 긍정적으로 영향을 미친다는 것을 알 수 있다.

그렇다면 오늘날의 유아에게 그 이전과는 다르게 주어지는 환경은 어떤 것일까? 먼저는 일상에서 섭취하는 음식물의 변화를 들 수 있다. 오늘날의 유아는 지방과 당분이 많고 단백질이 적은 탄수화물 음식을 섭취한다. 이러한 음식물은 뇌의 기능에 영향을 미칠 수 있다. 다음으론 걷기와 신체 활동의 감소를 들 수 있다. 우리는 예전보다 자동차를 많이 이용하고 있다. 따라서 유아들은 자동차 안의 유아용 의자에 앉아 있게 되고 자연히 탐색놀이를 할 기회를 잃게 되었다.

저조한 신체 발달은 자동차 안에서, 텔레비전을 시청하면서, 컴퓨터 앞에서 보내는 시간과 더욱 관련이 있다. 또한 폭력적인 비디오, 텔레비전, 그리고 게임에 더욱 많이 노출되는 것 또한 뇌 변화의 원인이 될 수 있다. 한편 오늘날의 유아는 부모보다는 타인(유아교사, 보모)들에게서 보육되는 경우가 더욱 많아지는 추세다. 2세대 전에는 10% 정도였으나 오늘날에는 60% 정도의 유아들이 보육 시설에서 시간을 보내고 있다. 이로 인한 유아의 정서적 안정의 결여와 애착 형성의 결핍은 뇌의 변화를 일으키는 원인이 될 수 있다(Jensen, 2007/2010).

(2) 뇌 기반 교육과 유아의 경험

유전적 요소가 뇌 구조의 상당 부분을 결정함에도 불구하고, 아기는 극히 미숙한 뇌로 태어나 사춘기 말까지 구조적으로 계속 발달해 간다. 출생 무렵에는 모든 뉴런이 제자리로 정착하고 장거리를 연결하는 기본 연결들이 형성된다. 그러나 피질의 뉴런은 대부분 제대로 연결되지 않은 상태다. 출생 후 1년 정도가 지난 후부터 신경세포 간 연결이 이루어지는데, 시간적으로 상관된 활동을 할 가능성이 높은 연결은 공고화되는 경향이 있는 반면, 그럴 가능성이 낮은 뉴런들 간의 연결은 사라지게 된다. 물론 출생 후 뉴런 네트워크의 활동은 대부분 그 당시 이용 가능한 감각신호의 영향을 상당히 받는다. 이는 곧 발달 과정에 경험이 개입함을 의미하는 것이다. 따라서 경험이 뉴런의 연결을 더욱 촉진해 간다고 할 수 있다.

교육 전략을 고려하는 맥락에서 이러한 과정을 중시할 수밖에 없는 것은 교육받는 유아기에 뉴런의 발달이 잘 이루어지지 않으면 나중에는 되돌릴 수 없기 때문이다. 일단 각 발달의 창문이 닫히면, 뉴런은 새로운 연결 형성을 멈춘다. 이는 바로 뇌 발달에서 경험에 민감한 발달의 창문을 '결정적 시기'라고 표현하는 이유이다. 이런 결정적 시기에만 뇌 구조가 수정되고 최적화된다. 그리고 일단 각각의 결정적 시기가 끝나면, 신피질의 해당 회로는 더 이상 수정될 수 없다. 사라진 연결은 회복되지 않고, 부적절한 연결도 사라지지 않는다. 물론 이미 구성된 구조를 수정하는 유일한 방법은 존재한다. 그것은 기존 연결의 효능을 바꾸는 것이다. 이는 기능적 수정을 꾀하는 성인 학습에서 이루어진다. 그러나 사춘기 후에는 불변하는 해부 구조로 인해서 학습에 제약을 받게 된다는 단점을 갖는다.

뇌 구조 발달의 후성적(후천적) 영향력이 적지 않음을 생각해 볼 때 조물주는 왜 발달 중인 뇌를 위험한 감각 경험에 노출되도록 하는 발달 기제를 선택하셨는지 대한 의문을 갖게 된다. 하지만 아직 정해지지 않아 긍정적일지 혹은 부정적일지 모르는 불확실한 미래의 환경 변수에 뇌 발달을 맡긴 것은 오히려 다행일 수 있다. 왜냐하면 경험에 근거한 후성적 영향이 없다면 발달은 유전적 지시만으로 이루어져야 할 것이기 때문이다. 이는 달리 말하면 발달이 후성적 영향을 받기 때문에 유전적 지시만으로 불가능한 기능 수행이 가능해지고 박탈의 위험 요인을 상당 부분 보상하게 된다는 것이다.

다시 말해 뇌의 기능적 구조가 경험에 의해 후성적으로 수정 가능하다는 사실은 유전적 지시에만 의존하는 발달 과정에 비해 두 가지의 이점을 갖고 있다. 첫째, 환경에서의 경험에 따른 발달은 유전적 지시로서는 수정이 어려울 어떤 부분들을 조정하여 발달될 가능성을 확장시킨다. 이로 인해 유전만으로는 개발될 수 없었던 기능 획득이 가능해진다. 특히 언어 획득에 있어서는 경험에 의해 인지 과정이 조정되는 경향이 두드러진다. 둘째, 발달 과정에 환경의 영향을 포함할 경우 뇌 구조의 후성적 변화로 인해 생성된 위험 요인에 대해 이후의 보상을 가능케 한다. 4세까지 보육원에서 길러진 유아를 예로 들어보자. 그 유아는 많은 유아들 중에서 함께 자라면서 언어적 자극을 잘 받지 못하였고 이로 인해 4세가 되었어도 여전히 한두 단어 정도의 어휘력을 보일 뿐이었다. 드디어 이 유아가 입양이 되었고 한 부모의 집중적인 양육을 받게 되면서 더욱 적절한 언어적 자극을 받게 되었다. 이 유아는 이러한 자극을 통해 언어 발달이 빨리 진행되었고 드디어 또래의 발달 수준까지 진전될 수 있었다. 이것은 뇌의 발달이 환경에 영향을 받으며 따라서 이전의 미성숙한 발달조차도 다른 적절한 환경을 통해 보상받을 수 있음을 예증한다.

3. 평가 및 교육적 시사점

1) 뇌 기반 교육의 평가

신경 과학자들은 그동안 뇌의 활동과 행동 및 학습의 관련성에 대해 특별한 관심을 가지면서 다음과 같은 중요한 질문에 근거하여 집중적으로 연구해 왔다. 뇌는 어떻게 발달하는가? 뇌의 발달 단계는 존재하는가? 정상적인 뇌 발달에 있어서 발생의 결정적 시기가 있는가? 유아와 청소년과 같이 발달 과정에 있는 신경계와 성인의 신경계는 부호화하는 과정이 다른가? 등에 대한 것이다. 특히 경험이 어떻게 뇌에 영향을 미치는 것인지에 대한 의문은 가장 중요한 연구 과제로 여겨진다(Committee on Developments in the Science of Learning, Committee on Learning Research and Educational Practice, 2000/2007).

이와 같이 심리학자와 교육자들은 최근 성장하고 있는 뇌 연구에 대해 긍정적인 태도를 보이고 있다. 그럼에도 이 분야의 많은 학자들은 여전히 교수(敎授)와 뇌를 관련하여 연구하는 것에 부정적인 견해를 갖고 있다. 한 예로 Bruer(1997)는 신경 교육 열광자들을 반대하면서 단순화되고 근거 없는 '결정적 시기' 개념을 기반으로 신경과학과 교육을 연결하려는 것은 성급한 시도라고 비판하고 있다. 그는 시냅스 형태의 변화로부터 교육적 시사점을 도출할 정도로 우리가 뇌의 작용을 많이 아는 것은 아니라고 하면서, '신경과학이 뉴런과 시냅스에 대해 많은 것을 발견했지만 교육 실제를 안내할 정도는 아니다.'라고 결론지었다. 또한 뇌는 오랫동안 기술적인 이유로 인해 과학적으로 연구하기 가장 힘든 기관이었고(Antonio et al., 2008/2009), 신경과학적 자료가 여전히 가설에 그치는 기초적 수준에 머물러 있기 때문에 현재는 이러한 정보가 유익하지 않다는 주장도 제기되고 있다(James, 2001/2008).

물론 교육이 신경이라는 것에서 유추하고 도출해 낼 수 있는 단순한 것은 아니다. 오히려 교육은 그 이상의 깊은 의미를 갖고 있다. 하지만 신경과학은 '많은 교육적 욕구를 채워 줄' 대안이 될 수 있다. 따라서 교육자는 뇌 이론을 받아들일 필요가 있으며 이를 교육에 적용하고자 할 때에 더욱 적절한 방법을 찾아서 실천하려는 의지를 가져야 한다. 먼저는 유용한 것과 유용하지 않은 것을 구별하기 위해 비판적으로 읽고 분석할 필요가 있으며 이러한 연구 결과가 학급에서 활용될 수 있을 만큼 신뢰할 만한지 아닌지를 검토한 후 학습이나 교육에 적용해야 할 것이다(Committee on Developments in the Science of Learning, Committee on Learning Research and Educational Practice, 2000/2007). 이러한 노력이 수반된다면 뇌 연구 결과를 교육에 적용하는 것은 긍정적 효과를 낳을 것이다.

2) 교육적 시사점

우리의 정보 기술은 인간의 삶에 긍정적 영향을 미쳤다. 그러나 자동차와 엘리베이터로 인해 우리의 다리 근육이 약해진 것처럼 정보 기술의 발전은 우리의 뇌 기능을 약화시킬 수 있다. 이는 우리가 뇌 사용을 줄인 탓일 것이다. 우리의 작업 기억은 전전두피질에서 이루어진다. 그 부위가 암산할 때는 크게 활성화되지만 전자계산기로 계산할 때는 활성화되지 않는다. 최근 신경과학에서는 이런 작업 기억이 암기한 사항을 인출하는 데 중요함을 제시하였다. 작업 기억이 손상되면 아무리 성인 초기(20~30세)라도 망각이 심각해진다. 따라서 고도의 정보기술 시대에 살고 있는 우리는 뇌를 건강하게 유지할 방법을 찾아야 한다. 노인의 치매 예방과 치료를 위해서도 이런 관점은 중요하다(Antonio et al., 2008/2009).

또한 이러한 현대적 발전은 유아의 뇌 발달에도 영향을 미친다. 이미 언급한 바와 같이 자연환경 속에서 실제적인 경험을 하기보다는 차를 타고 다니고 또 집안에서 디지털 전자기기에 많이 노출된 우리 유아의 뇌는 탐색의 기회를 박탈당하기 쉽다. 반면 보다 많이 탐색하는 유아일수록 지적으로 보다 우수하다는 연구 결과(Connell, 2005/2010)가 보고되고 있다. 따라서 부모나 교사들은 유아가 탐색할 기회를 보다 많이 가질 수 있도록 환경을 마련해 주어야 할 것이다.

한편 뇌 발달에 있어서 휴식과 수면의 중요성도 잊지 말아야 할 중요한 사항이다. 수면이 기억 공고화에 미치는 이점이 알려진 지는 오래되었다. 이런 일반의 견해는 지난 몇십 년간 엄격하게 통제된 실험실 연구를 통해 강력한 지지를 받아왔다. 유아의 수면 패턴, 학습 및 뇌 성숙의 관계에 대한 체계적 연구는 아직 없지만 동물 실험 결과를 통해서 유추해 볼 때 유아의 휴식과 수면이 발달 과정에 중요하다는 것을 알 수 있다. 수면은 당일 누적된 기억 흔적을 재조직하고 공고히하기 위해 절대적으로 필요한 과정인 듯하다. 더욱 놀라운 것은 뇌 발달 시기 동안 경험에 의해 뉴런의 구조가 수정될 때에도 이것이 실제로 발현되고 공고화되려면 수면이 필요하다는 증거가 나타나고 있다(Antonio et al., 2008/2009). 유치원이나 특히 어린이집의 일정을 짤 때는 이런 연구 결과를 고려해야 한다. 유아는 휴식 기간이 필요하며, 특히 활동적이면서 강렬한 경험을 한 후에는 수면이 더욱 요구된다. 따라서 유아가 자신의 욕구에 따라 휴식을 취하고 적절한 시간의 낮잠을 잘 수 있도록 유아교육 기관의 일정을 짜야 할 것이다.

제3부

유아기 발달

제7장 신체 · 운동 발달

영아기는 성장 급등기라고 불릴 정도로 신체 성장이 매우 빠른 속도로 진행된다. 신장과 체중의 급격한 성장뿐만 아니라, 근육과 골격 등의 발달도 급속도로 이루어진다. 보통 생후 1년이 될 때 신장은 출생 시의 1.5배, 체중은 3배 정도로 급격히 증가하며, 생후 2년이 되면 신장은 성인의 1/2, 체중은 출생 시의 4배가 된다. 또한 전체 신장 대 머리의 비율이 출생 시에는 4:1, 2세에는 5:1이며, 몸통, 팔다리, 손발의 순서로 발달이 이루어진다. 영아의 골격과 근육은 성인에 비해 매우 연하고 부드러우며 점차적으로 단단해진다. 한편, 영아기에는 뒤집기, 앉기, 기기, 서기, 걷기, 달리기 등 대근육 운동 기능이 점차 발달하며, 잡기 등의 소근육 운동 기능도 발달한다. 이때 운동 기능의 발달 순서는 대부분 영아들의 경우 비슷하게 나타나지만 발달 속도 및 시기는 개인차가 크다.

유아기의 신체 및 운동 발달은 영아기 만큼 빠른 속도는 아니지만 지속적이고 꾸준한 성장을 보인다. 먼저 신체 발달적인 측면에서는 신장과 체중이 증가하고 근육과 골격이 성장하며 전체 신장 대 머리 크기의 비율이 줄어든다. 다음으로 운동 발달적인 측면에서는 대근육과 소근육 운동 기술이 발달한다. 유아의 건강한 신체 및 운동 발달을 위해서는 올바른 식습관과 규칙적인 생활습관을 갖도록 돕는 교육적 지원이 필요하다.

1. 신체 발달

1) 신체 크기와 비율의 변화

유아는 개인차가 있기는 하나 키와 몸무게가 꾸준히 증가한다. 해마다 신장은 5~7cm, 체중은 2~3kg씩 증가하며, 대체로 남아가 여아보다 키와 몸무게의 수치가 높은 편이다(〈표 7-1〉 참조). 또한 신체 비율, 즉 전체 신장 대 머리 크기의 비율이 줄어들고 체지방이 감소해서 보다 날씬한 모습으로 변화한다. 그 이유는 유아의 신체 발달 순서가 중심에서 말초, 즉 머리에서 가슴, 몸통에서 팔과 다리, 그리고 손과 발의 순으로 발달하기 때문이다.

유아의 건강한 신체 발달을 위해서는 적절한 영양을 공급해야 한다. 이를 위해 유아들이 몸에 좋은 음식에 관심을 갖고 음식을 골고루 섭취할 수 있도록 식생활 지도가 요구된다.

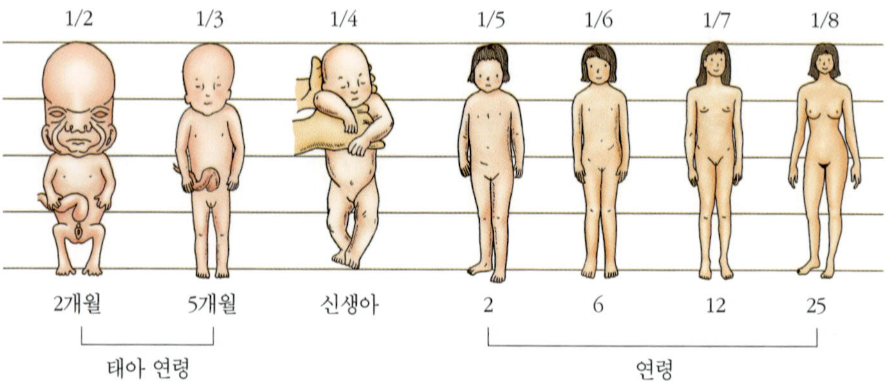

◆그림 7-1◆ 신체 비율의 변화

출처: Santrock (2004).

● 표 7-1 ● 소아 발육 표준치

연령	남아		여아	
	체중(kg)	신장(cm)	체중(kg)	신장(cm)
출생시	3.41	50.12	3.29	49.35
1~2개월	5.68	57.70	5.37	56.65
2~3개월	6.45	60.90	6.08	59.76
3~4개월	7.04	63.47	6.64	62.28
4~5개월	7.54	65.65	7.10	64.42
5~6개월	7.97	67.56	7.51	66.31
6~7개월	8.36	69.27	7.88	68.01
7~8개월	8.71	70.83	8.21	69.56
8~9개월	9.04	72.26	8.52	70.99
9~10개월	9.34	73.60	8.81	72.33
10~11개월	9.63	74.85	9.09	73.58
11~12개월	9.90	76.03	9.35	74.76
12~15개월	10.41	78.22	9.84	76.96
15~18개월	11.10	81.15	10.51	79.91
18~21개월	11.74	83.77	11.13	82.55
21~24개월	12.33	86.15	11.70	84.97
2~2.5세	13.14	89.38	12.50	88.21
2.5~3세	14.04	93.13	13.42	91.93
3~3.5세	14.92	96.70	14.32	95.65
3.5~4세	15.91	100.30	15.28	99.20
4~4.5세	16.97	103.80	16.30	102.73
4.5~5세	18.07	107.20	17.35	106.14
5~5.5세	19.22	110.47	18.44	109.40
5.5~6세	20.39	113.62	19.57	112.5

출처: 질병관리본부(2007), p. 124.

2) 근육과 골격의 변화

유아는 근육보다 지방 조직이 먼저 발달한다. 여아가 남아보다 신체 지방이 더 많으며 학령기 이후에는 그 차이가 더욱 커진다. 근육은 영유아기에 서서히 축적되다가 5~6세에 급격히 증가하고 사춘기 이후에는 빠른 속도로 증가한다. 특히 근육은 지방 조직과는 달리 남아가 여아에 비해 1.5배 더 증가한다. 이러한 성별에 따른 근육과 지방 조직의 발달 차이로 인해 7세 이후부터 서서히 성차가 나타나며 사춘기 이후에는 이러한 성차가 더 부각된다.

골격 발달은 뼈의 길이와 넓이, 조직 등이 계속 변화되는 것으로, 유아는 성인에 비해 골격 조직이 부드럽고 유연하여 같은 충격이 가해졌을 때 회복이 보다 빠른 편이다. 그러나 유아는 뼈와 골격이 계속 성장하는 시기에 있기 때문에 골절로 인해 성장판이 손상될 우려가 있다. 성장판은 신체의 뼈 중 관절과 직접 연결되어 있는 긴 뼈의 끝부분으로, 뼈가 자라는 장소이기에 중요하다. 사춘기가 되어 성호르몬 분비가 시작되면 성장판이 서서히 닫히며, 성장판이 완전히 닫힌 후에는 뼈의 성장이 멈춘다. 유아가 성장판에 손상을 입을 경우 팔다리의 길이가 짧아지거나 휘는 등의 변형이 나타날 수 있고, 심각할 경우 키가 더 자라지 못하게 되므로 사고 예방에 주의해야 한다.

골격 발달은 일반적으로 여아의 골격 발달 속도가 남아보다 더 빠른 편이다.

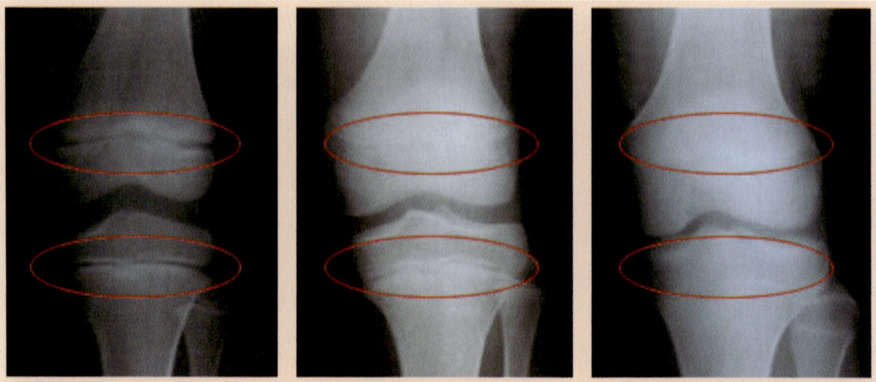

7세 남아의 완전히 열려 있는 성장판

12세 남아(사춘기 이전)의 아직 열려 있는 성장판

16세 남아(사춘기 이후)의 닫힌 성장판 (초경 후 2년이 지난 여아는 이와 유사

성장판의 변화

예를 들어 초등 시기에 여아가 남아보다 키가 빠른 속도로 성장하는 것을 볼 수 있다. 유아의 신체적 성숙도를 측정하는 방법으로 골격 연령을 활용할 수 있는데, 여기서 골격 연령이란 골격의 성장 정도를 기준으로 한 연령으로서 실제 나이와 골격 연령이 반드시 일치하지는 않는다. 골격 연령을 측정한 결과 자신의 연령보다 골격 연령이 낮으면 골격이 더 성장할 가능성, 즉 키가 자랄 가능성이 있음을 의미한다.

2. 운동 발달

1) 대근육 운동 발달

유아기에는 신체의 크기와 비율이 변화되고 근육과 골격이 성장하면서 운동 발달이 급속도로 이루어진다. 무게의 중심이 머리에서 아래로 이동하면서 균형 잡기가 가능해지고, 달리기, 공 던지기, 자전거 타기, 그네 타기 등의 대근육 운동뿐 아니라 구두끈 매기, 색칠하기와 같은 소근육 운동도 발달한다.

Gallahue와 Ozmun(2002)에 따르면 유아기는 인간의 운동 발달 4단계 중 기본적 운동기(2~7세)에 속하며 달리기, 점프하기, 한 발 뛰기 등 기본운동 능력이 시작되어 미숙한 기능들이 점차 향상된다. 7세경이 되면 성인과 비슷하게 동작할 정도로 대근육 운동 기술이 발달한다. 다음의 그림은 Gallahue의 운동 발달 단계를 보여 준다. 0~1세는 반사적 운동기로, 빨기반사, 바빈스키반사, 모로반사, 파악반사 등 반사적 동작이 나타나며, 1~2세는 초보적 운동기로, 앉아서 하는 비이동 동작이나 걷기와 같은 이동 동작, 손을 뻗거나 물건을 잡는 등의 조작적 동작이 나타난다. 2~7세는 기본적 운동기로, 던지기, 받기 등 기본적인 동작을 점차 성숙하게 수행하며, 마지막으로 7세 이상은 전문적 동작기로, 스포츠와 관련

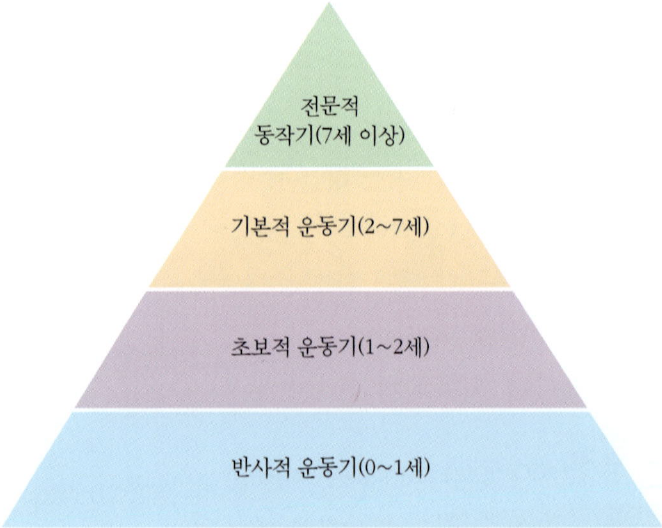

◆그림 7-2◆ 대근육 운동 발달 단계(Gallahue의 운동 발달 단계)

출처: Gallahue & Ozmun (2006).

된 일반적인 동작에서 점차 세부적이고 전문적인 운동기술을 수행할 수 있다.

유아의 연령별로 대근육 운동 발달의 특성을 살펴보면 다음과 같다(강인언 외, 2009: 161-162; 김선웅, 2001; 함정은, 2001; Berk, 2006/2008: 144-146). 18개월에는 넘어지기도 하지만 뛸 수 있고, 24개월에는 걸음걸이가 유연해지면서 율동감이 생기고 계단을 오르나 발을 번갈아 올라가지는 못한다. 30개월에는 점프할 수 있으며, 36개월에는 한 발로 서고 발끝으로 걸으며 발을 바꾸면서 계단을 오를 수 있다. 3세에는 세발자전거를 탈 수 있고 발끝으로 걸으며 몇 초간 한 발로 서고 넓이뛰기를 할 수 있다. 특히 이 시기에는 팔, 다리, 몸통 등에 형성된 대근육이 현저하게 발달되면서 움직임에 안정감을 보이고 자신의 의도대로 속도를 조절할 수 있으며 몸의 균형을 유지할 수 있어서 운동 능력 향상을 위한 기회가 적절히 제공되는 것이 필요하다. 4세에는 능숙하게 한 발로 뛸 수 있고 공을 잡을 수 있다. 5세에는 한 발씩 교대로 깡충 뛰기와 줄넘기를 할 수 있고 스케이트와 수영을 시작할 수 있다. 남아는 5세경에 접어들면서 운동 기능 수행에 있어 협응성, 즉 운동 수행에 관여하는 신체의 부분을 하나의 운동으로 협조 및 조정하는 능력보다는 힘을 요하는 체력 요소(근력, 순발력, 지구력 등)의 관여도가 높아지는 반면, 여아는 아동기까지도 협응성이 오래 지속된다. 이같이 유아기에는 영아기에 습득한 운동 능력을 기초로 점차 활동적인 대근육 운동 발달이 이루어진다.

다음은 만 3세와 만 5세 유아의 계단 오르기 발달 양상에 관한 일화로, 만 3세 유아는 한 칸씩 계단을 오르거나 양쪽 발을 번갈아 가며 계단 오르기를 연습하며, 만 5세 유아는 두 칸씩 계단을 오르는 것을 볼 수 있다.

발달 일화: 유아의 계단 오르기

만 3세: 한 칸씩 계단 오르기, 양쪽 발을 번갈아 가며 계단 오르기 연습하기

어린이집 1층에는 영아반(0~만 2세)이 있었고 2층에는 유아반(만 3~5세)이 있었다. 만 3세가 되어 2층으로 올라온 현우는 등원할 때 계단을 걸어서 2층에 있는 자신의 반으로 올라가야만 했다. 학기 초 현우는 계단을 오를 때 왼발을 먼저 계단에 올려놓고 다음에 오른발을 계단에 올리는 한 칸씩 계단 오르기를 하였다. 그러던 어느 날 자신보다 한 살 많은 만 4세 예성이가 두 발을 번갈아 한 번에 계단을 오르는 모습을 보았다. 예성이의 모습을 유심히 보던 현우는 예성이를 따라서 계단을 한 발로 오르려고 하였으나 여의치 않아 보였다. 하지만 현우는 천천히 한 발로 계단을 오르는 연습을 하였다. 일주일 정도 뒤 등원하는 현우는 여느 때처럼 어린이집 현관에서 직장으로 가려는 엄마에게 "엄마, 들어와 봐!"라고 하며 엄마를 어린이집에 들어오라고 하였다. 아침에 직장에 가야 하는 엄마는 무슨 일이 있는지 걱정도 되고 호기심도 생겨 현우를 따라 들어왔다. 2층으로 올라가는 계단 앞에 선 현우는 뒤에 있는 엄마를 돌아보며 "나 한 발로 계단 올라갈 수 있어."라고 하며 조심스럽게 계단 난간을 잡고 계단을 세 계단 정도 천천히 올라갔다. "나 잘하지?"라며 활짝 웃는 현우의 모습을 보고 현우 어머니는 웃으며 직장에 출근하였다.

출처: 2010. 4. 28. ○○유아교육기관 관찰일지

만 5세: 두 칸씩 계단 오르기(여러 칸씩 계단 오르기)

만 5세인 현우가 학기 초 3월에 교실에 들어와 영호에게 "나 계단 두 칸씩 올라왔어." 라고 하자 영호는 "난 세 칸씩 올라갈 수 있어."라고 하였다. 등원맞이를 하던 담임교사는 현우와 영호의 이야기를 듣고 계단 오르기를 시켜 보았다. 현우는 신이 나서 두 칸씩 계단을 올랐으며, 영호도 두 칸 내지 세 칸씩 계단을 올라갔다. 담임교사는 "현우와 영호가 처음에는 한 발로 계단 올라오는 것도 어려워했는데, 이제는 두 칸씩 계단을 올라갈 수 있구나! 대단한데?"라며 현우와 영호의 신체 운동 능력 발달을 칭찬해 주었다. 그러고는 계단은 꼭 한 칸씩 난간을 잡고 올라가야 한다는 안전 약속에 대해 현우와 영호에게 상기시켜 주고 함께 약속을 지킬 것을 이야기 나누었다.

출처: 2012. 3. 26. ○○유아교육기관 관찰일지

박대근(2001)은 3, 4, 5세 유아의 대근육 운동 발달 경향을 조사하였는데, 그 결과 3세에서 4세에는 대근육 운동 기능이 출현하고, 5세에는 성숙한 수준으로 발달되어 가며, 남아는 앞구르기, 공 던지기, 공 튀겨 잡기, 말 타기 그리고 여아는 한 발 뛰기 및 뛰어내리기에 보다 안정된 운동 행동을 보인다고 하였다. 이영심(2004)도 유아의 기본동작 운동 능력 발달에 관해 연구한 결과, 연령이 증가할수록 기본동작 운동 능력이 발달하며, 여아는 한 발 들고 서기와 윗몸 앞으로 굽히기, 그리고 남아는 이외의 종목(달리기, 제자리멀리뛰기, 공 받기, 공차기 등)에서 평균치가 높다고 하였다. 또한 유아기 이동 운동 발달에 관한 한 연구(서재성, 2006)에서, 5세보다는 6, 7세의 경우 이동 운동 전반에 있어 급격한 발달 경향을 보이며, 전반적으로 볼 때 남아가 여아보다 이동 운동 발달이 뛰어나나 7세가 되면 성차가 거의 없다고 하였다. 이를 통해, 유아기에는 점차 대근육 운동 기능이 발달해 나가며, 남아가 여아보다 대근육 운동 발달 수준이 대체적으로 높은 편이나 기본운동 능력이 마무리되어 가는 시점에서는 성차에 따른 차이가 점차 줄어듦을 알 수 있다.

유아기에 기본운동 능력이 적절히 발달되지 못하면 또래집단과의 신체 활동 시 즐거움과 만족감을 느끼지 못하고 또래와의 놀이나 활동에 참여할 때 제한을 받는다(김선응, 2004). 이같이 유아기의 기본운동 능력 발달은 유아의 신체뿐 아니라 정서와 사회성 발달에도 중요한 영향을 미친다. 이와 관련하여 손원호(2002)는 유아의 신체 발달에 적합한 대도구 활용 방안에 관한 연구에서 뜀틀, 철봉, 평균대 놀이를 단계별로 나눠 실시했을 때 유아가 운동 능력에 대한 자신감과 성취감을 갖게 되고 기술적으로도 발전을 보였으며 또래와의 친근감 및 교사와의 관계가 수용적이며 호의적으로 변화되었다고 하였다. 최근에는 유아의 골프 운동 참여가 신체, 정서(집중, 자신감, 성취욕), 사회성(적응, 협동) 발달에 긍정적인 영향을 미쳤다고 한 연구 결과(신준수, 박형섭, 안을섭, 2009)도 있다. 따라서 유아는 발달에 적합한 신체 활동에 참여할 때 신체 발달뿐 아니라 정서적 즐거움 및 또래와의 사회적 관계가 발달됨을 알 수 있다.

대근육 운동의 유형에는 걷기, 달리기, 뛰기, 던지기, 공 튀기기, 매달리기, 구르기, 굽히기나 펴기, 돌리기, 균형잡기가 있다. 이러한 대근육 운동의 출현 시기는 모든 유아에게 보편적으로 나타나는 현상이므로 유아의 운동 발달 상태를 점검해 보는 하나의 준거가 될 수 있다. 만약 출현 시기가 3~6개월 정도 늦게 나타난다면 주의 깊은 관찰이 요구된다. 〈표 7-2〉는 유아의 연령별 대근육 운동 발달 이정표에 관한 내용이다.

표 7-2 대근육 운동 발달 이정표

연령	대근육 운동 기술
2~3세	더 리드미컬하게 걷는다. 허둥대는 걸음이 달리는 것으로 변한다. 깡충 뛰며, 한 발로 뛰고, 상체를 고정시킨 사이로 던지고 받는다. 발로 타는 장난감을 민다.
3~4세	발을 교대로 사용하여 계단 위로 올라가고 한 발씩 계단을 내려간다. 상체를 구부려서 깡충 뛰고 한 발로 뛴다. 상체를 약간 사용하여 공을 던지고 잡는다. 여전히 공을 가슴으로 막아서 잡는다.

(계속)

	세발자전거의 페달을 밟고 조정한다.
4~5세	발을 교대로 하면서 계단을 내려간다. 더 유연하게 달린다. 한 발로 달리거나 깡충 뛴다. 신체 회전이 향상되고 발에 체중을 옮겨서 공을 던진다. 한 손으로 공을 잡는다. 세발자전거를 빨리 탄다. 유연하게 조정한다.
5~6세	달리는 속도가 초당 3.5m로 증가한다. 더 유연하게 달린다. 정확한 깡충 뛰기(skipping)를 하고 옆으로 걷기를 한다. 온몸을 사용하여 던지고 잡는다. 던지는 속도가 증가한다. 보조바퀴가 달린 자전거를 탄다.

출처: Berk(2006/2008), p. 145.

대근육 운동의 유형별로 각각의 개념과 출현 시기 및 발달 양상을 살펴보면 다음과 같다.

(1) 걷기(walking)

걷기란 한 발로 땅을 버티면서 다른 발을 앞으로 번갈아 옮기는 동작으로, 12~13개월에 출현한다. 2세에는 안정된 걷기 자세를 보이고, 3세에는 한 발을 다른 발 앞에 갖다 대면서 땅에 그려진 직선 위를 일자로 걸을 수 있으며, 4세에는 곡선 위를 걷고 계단을 번갈아 오르내리면서 사다리 오르기 및 정글짐 놀이

직선 위를 걷는 3세 유아

곡선 위를 걷는 4세 유아

도 할 수 있다.

(2) 달리기(running)

달리기란 걷기의 속도가 빨라지다가 땅에서 두 발이 동시에 떨어지는 동작으로, 18개월에 빠르게 걸으면서 달리기가 출현한다. 2세에는 달리기는 하지만 균형이 없고 불안정하며, 3세에는 잘 달리지만 달리면서 방향을 바꾸지 못하고, 5세에는 달리면서 방향을 바꿀 수 있고 갑자기 멈추어도 앞으로 넘어지지 않으며 성인과 비슷하게 무릎을 적절히 들어 올리고 팔을 앞뒤로 흔들며 성숙하게 달릴 수 있다. 6세가 되면 탄력적으로 달리면서 속도 조절이 가능하다.

달리면서 방향을 바꾸지 못하는 3세 유아

달리면서 방향을 바꾸는 5세 유아

(3) 뛰기(jumping)

뛰기는 멀리뛰기와 높이뛰기 및 뛰어내리기를 모두 포함하는 것으로, 2세에 출현한다. 2세 전에는 한쪽 발로 뛰고, 2세에는 두 발로 잠깐 뛰며, 3세에는 두 발로 뛸 수 있고 멀리뛰기를 할 때 팔을 뒤로 흔들기 때문에 착지할 때 뒤로 넘어지며, 5세에는 멀리뛰기를 할 때 팔을 앞으로 흔들어 앞으로 떨어지고 90cm의 멀리뛰기와 30cm의 높이뛰기가 가능하다.

착지할 때 뒤로 넘어지는 3세 유아

착지할 때 앞으로 떨어지는 5세 유아

(4) 말뛰기(galloping)

말뛰기는 한쪽 다리를 앞으로 내밀고 다른 쪽 다리를 앞으로 내민 다리에 끌

말뛰기를 따라서 하는 3세 유아

말뛰기를 능숙하게 하는 5세 유아

어다 붙이는 동작이 반복되는 것으로, 2.5세에 출현한다. 3세에는 말뛰기의 모양을 따라서 하며 5세에는 말뛰기 동작이 능숙해진다.

(5) 한 발 뛰기(hopping)

한 발 뛰기는 말 그대로 한 발로 뛰는 것으로 다른 발은 땅에서 떨어져 있는 상태를 뜻하며, 3세 3개월에 출현한다. 3세에는 2~3회 정도 뛸 수 있고, 4~5세에는 어깨에 힘이 들어가고 뛸 때 어깨와 팔도 올리며 발바닥 전체로 뛴다. 5.5세에는 무릎을 90도 이상 굽혀 뛰고 성숙에 가까운 동작으로 20회 이상 뛸 수 있다.

2~3회 정도 한 발 뛰기를 하는 3세 유아

무릎을 90도로 굽혀 20회 이상 한 발 뛰기를 하는 5세 유아

(6) 스키핑(skipping)

스키핑은 걷기와 한 발 뛰기의 동작이 조합된 동작으로, 4.5~5세에 출현한다. 4세에는 스키핑을 흉내 낼 수 있고 한쪽 발로만 동작하며, 5.5세에는 양 발로 번갈아 가며 다소 능숙하게 스키핑을 할 수 있다.

한쪽 발로만 동작하는 4세 유아

양발을 번갈아 가며 동작하는 5세 유아

(7) 던지기(throwing)

던지기는 손을 사용하는 조작 운동의 하나로, 유아기에는 한 손으로 공을 던질 수 있다. 2~3세에는 목표 방향으로 서서 두 발을 두고 팔꿈치만 굽혀서 던지고, 4~5세에는 몸통을 돌리며 한 발을 앞으로 내딛으며 어깨, 중심, 몸통을 사용하여 유연성 있게 빨리 또 멀리 던지고, 6세 이후에는 팔과 반대쪽 다리를 앞으로 내밀고 허리와 어깨까지 사용하여 던질 수 있다.

두 발을 두고 팔꿈치만 굽혀서 던지는 3세 유아

팔과 반대쪽 다리를 앞으로 내밀고 허리와 어깨까지 사용하여 던지는 5세 유아

(8) 받기(catching)

받기는 던져진 물체를 두 손과 팔을 활용하여 잡는 동작이다. 2세에는 공을 받으려고 할 때 팔을 앞으로 쭉 내밀기만 하기 때문에 공을 잘 받지 못하고, 3세에는 팔꿈치를 구부리고 가슴으로 공을 받되 팔을 벌려 제자리에서만 받고, 4~5세에는 공의 위치에 따라 몸과 팔을 움직여 받으며, 5~6세에는 몸 전체를 사용해서 공을 받을 준비를 하고 손과 손가락을 사용해서 공을 받을 수 있다.

팔을 벌려 제자리에서만 공을 받는 3세 유아

공의 위치에 따라 몸과 팔을 움직여서 공을 받는 5세 유아

유아의 연령별 대근육 운동 유형의 발달 특성은 다음의 〈표 7-3〉과 같다.

• 표 7-3 • 유아의 연령별 대근육 운동 유형의 발달 특성

연령	걷기	달리기	뛰기	말뛰기	한 발 뛰기	스키핑	던지기	받기
2세	안정된 걷기 자세를 보임	달리기는 하지만 불안정함	두 발로 잠깐 뛸 수 있음	2.5세에 출현			두 팔을 두고 팔꿈치만 굽혀서 던짐	공을 잘 받지 못함
3세	땅에 그려진 직선 위를 일자로 걸을 수 있음	잘 달리지만 방향을 바꾸지 못함	• 두 발로 뛸 수 있음 • 멀리뛰기 시 착지할 때 뒤로 넘어짐	말뛰기의 모양을 따라 함	• 3.3세에 출현 • 2~3회 뛸 수 있음			팔을 벌려 제자리에서만 받음
4세	• 곡선 위를 걸을 수 있음 • 사다리 오르기 및 정글짐 놀이 가능				어깨에 힘이 들어가고 어깨와 팔을 올리며 발바닥 전체로 뛰	• 4.5~5세에 출현 • 스키핑을 흉내 낼 수 있음 • 한쪽 발로만 동작	몸통을 돌리며 한 발을 앞으로 내딛으며 어깨, 중심, 몸통을 사용하여 유연하게 던짐	공의 위치에 따라 몸과 팔을 움직여 받음
5세		달리면서 방향을 바꿀 수 있음	멀리뛰기 시 착지할 때 앞으로 떨어짐	말뛰기 동작이 능숙해짐	무릎을 90도 굽혀 20회 이상 뛸 수 있음	양발로 번갈아 가며 능숙하게 동작		몸 전체를 사용해서 받을 준비를 하고 손과 손가락을 사용해서 공을 받음
6세		탄력적으로 달리면서 속도 조절이 가능					팔과 반대쪽 다리를 앞으로 내밀고 허리와 어깨까지 사용해 던짐	

유아의 연령별 대근육 운동 발달 특성에 적합한 활동을 살펴보면 다음과 같다(유덕순, 2006). 3세 유아는 대근육 운동 발달이 활발히 이루어지는 동시에 사회성이 발달하므로 집단 신체 활동을 제공해 주는 것이 적합하며, 4세는 기본적인 신체 운동이 원활하게 이루어지면서 도구를 이용한 놀이가 가능하므로 그네 타기, 철봉 매달리기, 미끄럼 타기, 정글대 빠져나가기, 평균대 건너기, 공 던지기 등의 기능적인 신체 활동을 제공해 주는 것이 좋다. 그리고 5세는 운동 놀이에 대해 매우 의욕적이며 끈기도 있으므로 자전거 타기, 달리기, 철봉 매달리기 등의 운동을 제공해 주는 것이 적합하다.

2) 소근육 운동 발달

소근육 운동이란 눈과 손을 협응하여 손기술을 정확히 구사하는 능력(Williams, 1983)으로, 미세 운동이라고도 한다. 소근육 운동의 유형에는 쓰기, 그림 그리기, 블록 쌓기, 젓가락질하기, 옷 입고 벗기, 단추 사용하기 등이 포함된다. 소근육 운동 기술은 유아기의 놀이나 학습 및 생활에 필요한 기술이다. 대체로 대근육 운동 기술은 남아가 여아보다 우세하지만 소근육 운동 기술은 여아가 남아보다 우세하다.

유아의 연령별로 소근육 운동 발달의 특성을 살펴보면 다음과 같다(강인언 외, 2009: 163; 정옥분, 2002: 354-356). 3세에는 원을 그릴 수 있고 엄지와 검지로 매우 작은 물체를 집을 수 있지만 아직 서투르고, 블록 하나하나를 조심스럽게 놓지만 삐뚤삐뚤하며, 조각 그림 맞추기 시 조각을 억지로 쑤셔 넣으려 한다. 4세에는 소근육 운동 기술이 상당히 발달하여 블록으로 탑을 높이 쌓을 수 있고 구두끈을 매며 선을 따라 가위로 오릴 수 있다. 5세에는 집이나 교회 등을 블록으로 짓고자 하며 종이를 반이나 1/4로 접을 수 있고 글자나 숫자를 베낄 수 있으며 크레용으로 색칠할 수 있다. 특히 양손을 동시에 조작하는 능력인 양측 협응 능

양측성 운동을 하는 유아

력은 3~4세에 발달하며, 좀 더 정교한 양측성 운동 협응 능력은 5~6세에 급속히 발달하고, 7세 이후에는 그 증가율이 줄어든다(Aryes, 1978: 곽노의 외, 2007: 238에서 재인용).

유아의 소근육 운동 기능 발달과 관련하여 한 연구(정세호, 김경철, 2009)에서는, 유아의 흥미와 발달적 욕구를 충족시키고 건강한 몸과 마음을 지닌 유아로 성장하도록 돕기 위해 유아교육 현장에서 창의적인 신체 활동 소도구를 개발하는 것이 필요함을 언급하고 몇 가지 소도구를 활용한 신체 활동의 실제(예: 무지개 터널을 통과하는 활동, 음악을 들으며 팔과 손목을 회전시켜 표현하는 스윙주머니 활동 등)를 소개한 바 있다.

다음의 표는 유아기 소근육 운동 발달의 특성에 관한 내용이다.

표 7-4 유아기의 소근육 운동 발달

시기	미세 운동 발달
3세	• 블록을 8개 이상 쌓는다. • 손과 손가락 협응이 잘된다. • 크레용을 손가락으로 잡는다. • 장난감을 밀고 당긴다. • 도움을 받아 옷을 입는다.
4세	• 그려 놓은 선을 따라서 가위로 자른다. • 큰 구슬을 실에 꿴다. • 네모를 보고 그린다. • 혼자 옷을 입는다.

(계속)

5세	• 사각형과 삼각형을 묘사한다. • 단추를 채운다. • 이름을 쓸 수 있다. • 신발 끈을 맨다. • 가위나 간단한 도구를 사용한다.

출처: 강인언 외(2009), p. 164.

소근육 운동의 유형별로 연령에 따른 발달 특성을 살펴보면 다음과 같다.

(1) 쓰기

2세에는 수직선과 수평선 및 원 모양의 표식을 흉내 내고, 3세에는 수직선과 수평선 및 원을 따라 그리며, 4세에는 십자 모양, X자 모양, 네모, 대각선, 몇몇 글자와 숫자 및 자기 이름을 따라 쓰며, 5~6세에는 세모, 자기 이름, 영어 대소문자를 쓸 수 있다.

세모, 원, 네모 등을 그린 3세 유아의 쓰기 자료

글자를 따라 쓴 4세 유아의 쓰기 자료 (창안적 글자)

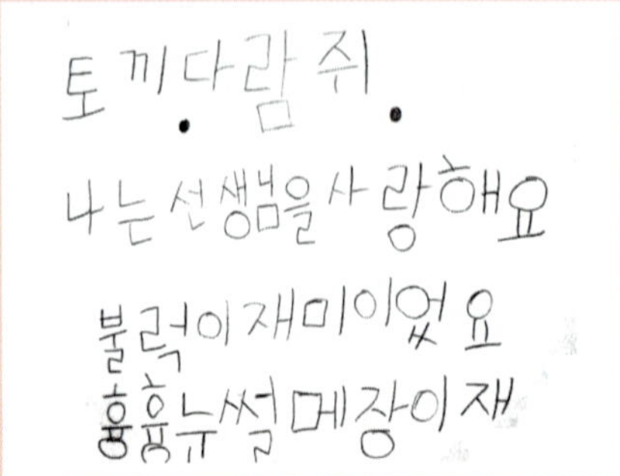

단어, 문장 등을 적은 5세 유아의 쓰기 자료 (표준적 글자)

(2) 그림 그리기

Kellogg(1970)의 그림 발달 단계별로 그림 그리기 특성을 살펴보면 다음과 같다. 영아기 후반에서 2세에 해당되는 1단계에는 긁적거리기를 하고 뚜렷한 형태가 없는 점이나 선을 그린다. 2~3세의 2단계에는 원이나 삼각형 혹은 사각형의 단순한 형태를 그린다. 3~4세의 3단계에는 기본적인 형태를 조합한 무늬를 그리고, 원 속에 직선을 그리거나 사각형 속에 원이나 삼각형을 그린다. 5~7세의 4단계에는 사람, 동물, 자동차, 나무, 집 등 실제 사물을 그리며 보다 세밀하고도 자세히 묘사할 수 있다.

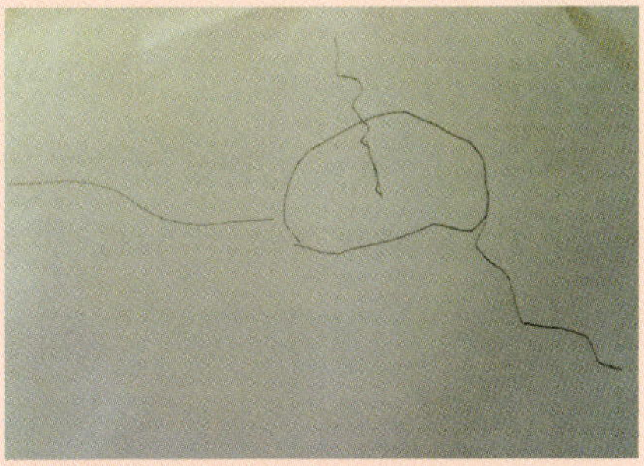

원이나 선 등의 단순한 형태를 그린 2세 유아의 그림

기본적인 형태를 조합하여 사람(두족인)을 표현한 3세 유아의 그림

곤충, 식물, 사람 등 실제 사물을 보다 세밀하게 표현한 5세 유아의 그림

(3) 블록 쌓기

블록 쌓기는 2세경에 시작하여 5~6세까지 점진적으로 발달한다. 연령이 높아질수록 블록을 쌓는 시간이 단축되고 형태가 보다 정확하고 섬세해지는데, 특히 3~4세에 블록 쌓기 기술이 현저하게 발달한다. 5~6세에는 블록 쌓기가 매우 원활하고 능숙해진다(조희숙 외, 1994). 2세부터 6세까지 블록 구성의 발달 과정을 체계화한 Johnson에 의하면, 2세는 실제적인 블록 구성이 시작되는 단계로서, 한 개의 블록 옆에 또 다른 블록을 놓는 '수평적 줄 짓기'나 한 개의 블록 위로 또 다른 블록을 놓는 '수직적 탑 쌓기'의 형태가 나타난다. 3세에는 두 개의 블록을 간격을 두어 놓은 후 그 거리를 다른 한 개의 블록으로 조정하는 '다리 구성하기'가 나타나며, 3~4세에는 4개의 블록으로 4개의 벽면을 구성하는 '울타리 구성하기', 4세에는 대칭, 균형, 장식의 아름다움이 나타나면서 예술적인 블록 구성물을 표현하게 된다. 4~5세에는 실제 구조물을 상징화하여 표현하면서 유아가 자신이 만든 블록 구성물에 이름을 붙이며, 5세 이상이 되면 블록 구성물의 형태가 매우 복잡하고 정교해지면서 유아가 자신의 실제생활이나 경험을 있는 그대로 재구성하게 된다.

만 2세: 수평적 줄 짓기

만 3세: 다리 구성하기

만 3세: 울타리 구성하기

만 4세: 예술적인 블록 구성물 표현하기

만 5세: 복잡하고 정교한 블록 구성물 표현하기

(4) 젓가락질하기

2세에는 혼자 숟가락으로 밥을 먹으나 많이 흘리고, 3세에는 숟가락를 효과적으로 사용하나 젓가락은 막쥐기식으로 사용한다. 6세 이후에는 적절한 방식으로 능숙하게 숟가락과 젓가락을 모두 사용한다. 적어도 5세 이상이 되어야 젓가락 잡는 훈련의 효과가 나타난다(Yamashita, 1941: 곽노의 외, 2007: 242에서 재인용). 젓

막쥐기식으로 젓가락을 사용하는 3세 유아

젓가락을 잘 사용하는 5세 유아

가락 사용은 대체로 남아보다 여아에게서 이른 시기에 나타나는데(현온강 외, 2001), 이는 소근육 운동 기술의 발달에 있어 성차를 볼 수 있는 하나의 증거다.

(5) 옷 입고 벗기

3세 이후가 되어야 옷을 벗을 수 있으며, 4세에는 옷 입는 것이 부분적으로 가능하고, 5~6세에는 혼자서 옷을 벗고 입는 것이 가능하다.

혼자서 자기 옷의 단추를 끼우는 3세 유아

(6) 단추 사용하기

2세에는 단추 사용이 서투르고 잘 하지 못하며, 3~4세에는 자기 옷의 단추를 빼고 끼울 수 있다. 5~6세에는 손이 닿는 곳에 있는 단추를 자유자재로 사용할 수 있다.

(7) 기타

2, 3세에는 양말과 장갑을 벗을 수 있고, 4세에는 세수와 양치질 및 빗질이 가능하며, 5~6세에는 혼자 신발을 신고, 신발 끈도 맬 수 있다.

유아의 연령별 소근육 운동 발달 특성에 적합한 활동의 예로 다음과 같은 것을 들 수 있다(부산일보, 2004. 11. 1.). 3세에는 신문지 구기기, 4~5세에는 실로 매듭 만들기, 6세는 직선을 따라 스케이트를 타는 것처럼 발로 밀고 나가기 등이다.

유아의 운동 발달 관련 요인에는 부모의 양육 태도(김홍만, 손경환, 2001), 부모의 소득 수준과 스포츠 참여 정도(이유찬, 2007), 형제 유무와 출생 순위(김재우, 손경환, 2009) 등이 있다. 즉, 부모의 양육 태도가 애정적인 경우에, 부모의 스포츠 참여기간이 길고, 소득 수준이 높은 경우, 자녀의 출생 순위가 높은 경우, 형제가 있을 경우에 운동 발달이 보다 긍정적이다. 그러나 점차 취업모의 증가와 함께 자녀 수가 감소되고, 유치원 종일반이 확대되고 있는 현 사회에서 유아의

혼자 신발 끈을 매는 5세 유아의 모습

운동 능력 발달을 증진하기 위해서는 유아교육기관에서의 적극적인 노력이 요구된다. 유아기의 체육 활동에 대한 태도는 평생 지속되므로, 체육 교육을 담당하는 유아교육기관의 역할, 특히 교사의 역할이 매우 중요하다(유상석, 2001). 이를 위해 유아의 발달 단계에 적합한 운동 프로그램과 질적인 학습 활동을 창출할 수 있는 효율적 활동, 그리고 신체 활동에 대한 유아의 동기 유발을 촉진할 수 있는 교사의 교수 전문성이 필요하다.

유아의 운동 능력 발달을 위한 노력의 일환으로, 노순주(2003)는 건강, 사회, 표현, 언어, 탐구의 '5개 생활영역과 통합된 운동놀이 프로그램'이 조정력, 유연성, 근지구력, 순발력, 협응성, 민첩성 등 유아의 운동 능력 발달에 도움이 된다고 하였고, 박희숙(2009)은 신체 인식력, 이동 운동 능력, 신체 균형 조절력, 조작 운동 능력 발달의 교육 내용이 포함된 '발달에 적합한 음악, 동작 통합 프로그램'이 유아의 운동 능력에 긍정적인 영향을 미쳤다고 보고하였다. 앞서 언급했듯이 유아의 신체 운동 발달은 사회, 정서, 언어 등 타 영역의 발달과 밀접하게 관련되므로, 생활영역이나 교과와 통합된 활동 프로그램을 구성하여 유아교육 현장에 적용해 보는 것이 유의미하리라 본다.

3. 신체 · 운동 발달에 도움이 필요한 유아

다음은 신체 · 운동 발달 영역에 발달적 도움을 필요로 하는 유아를 위한 지도 방안이다.

1) 식성이 까다롭거나 잘 먹지 않는 유아

어떤 유아는 엄마가 정성껏 마련한 음식을 먹는 것을 거부한다. 혹은 한 가지 음식만을 고집하는 경우도 있다. 단 것만 먹으려는 유아의 경우가 흔한 예다. 이런 유아는 여러 가지 다양한 음식을 먹어 보고 익숙해져 이 음식들이 먹을 만한 음식이라는 인식을 하게 되기까지 오랫동안 까다로운 식성으로 인해 부모를 곤혹스럽게 한다. 이렇게 음식을 거부하거나 까다로운 유아의 부모나 교사는 다음 사항에 유념하여 지도한다.

꼭 먹지 않아도 되니 맛만 보라고 해 보자

절대로 먹기를 강요하거나 재촉해서는 안 된다. 먹으라고 강요하지 말아야 할 이유 중 하나는 유아가 신체적으로 이를 거부하는 것일 수 있기 때문이다. 즉, 몸에서 그 음식을 거부하는 것일 수도 있다.

부모의 음식 태도를 배운다는 것을 유념하자

부모가 다이어트 등을 하며 피하고 가리는 음식이 많아지면 자녀도 그런 음식들이 위험한 어떤 것이라고 배우게 된다. 따라서 부모 자신부터 기피하는 음식은 없는지, 이로 인해 자녀가 이를 본받지 않았는지 점검할 필요가 있다.

보상을 사용하지 말자

먹기 싫은 음식을 먹었다고 해서 이에 대해 보상을 하는 것은 좋지 않다. 유아 음식을 거부할 때마다 부모가 좋아하는 음식을 강화물로 사용한다면 유아가 그 강화물에만 집착하는 등 단편적인 해결책이 될 수 있다.

의료진의 조언을 구하거나 영양제를 먹도록 해 보자

유아가 너무 먹지 않아 말랐거나 자주 아프면 부모는 많은 염려를 하게 된다. 이럴 땐 염려만 하지 말고 아이를 의사에게 데려가 건강검진을 받도록 하는 것이 좋다. 그리고 필요하다면 진단을 받아 영양제를 먹이는 것도 좋다. 이러한 조치는 아이의 건강을 위해서도 좋지만 부모에게도 도움이 된다. 부모로서의 역할을 잘하지 못해 자녀가 건강하지 못하다는 부모의 자책을 완화해 줄 수 있기 때문이다(Porter, 2003).

2) 신체 발달이 늦은 유아

유아들을 관찰해 보면 어떤 유아는 가위질은 잘하지만 달리기는 미숙하고, 어떤 유아는 달리기와 점프를 잘하지만 꼼꼼하게 색칠하는 것이 미숙하며, 대-소근육 발달은 또래와 같으나 혀의 발달이 미숙하여 또래에 비해 아기 발음을 하는 등 유아마다 신체 부위별 발달이 다르게 나타난다. 즉, 대부분의 유아들은 대근육과 소근육 발달에 조금씩 차이를 보인다. 그럼에도 특별한 장애가 없이 또래에 비해 신체 발달이 많이 느린 경우가 있는데, 이런 경우는 신체 각 부분을 사용하고 연습할 기회가 충분히 제공되지 못했기 때문이다.

지나친 보호는 금물

놀이터에서 노는 유아들을 보면, 5세 유아는 그네를 높이 올라가도록 타고, 스스로 타 보려고 노력하는 데, 7세 유아는 성인이 밀어 줘야만 탈 수 있고 혹여나 그네가 높이 올라가면 위험하다며 못 타게 하는 보호자가 있다. 성인의 이러한 모습은 유아의 안전에만 너무 신경을 쓴 나머지 유아에게 자신의 신체를 사용하고 연습해 볼 수 있는 기회를 뺏는 것이 된다. 안전에만 신경 쓰는 경우를 좀 더 예를 들면, 가위가 너무 위험하다고 아예 못 쓰게 하거나 어른이 보는 곳에서만 사용하게 하는 경우가 있는데, 성인에 비해 유아의 수가 너무 많거나 유아가 성인용 가위를 사용하는 경우가 아니면 자유롭게 사용할 수 있도록 해 주어야 한다.

최대한 안전을 고려하고 자유롭게 움직일 수 있도록 하자

운동 기술을 가르칠 때는 가장 먼저 위험한 환경을 정리하고, 예상이 가능한 위험 상황에 대해 먼저 설명해 준다. 안전하게 놀이할 수 있는 방법에 대해 설명한 후에는 유아들이 충분히 자유롭게 놀도록 한다. 그러나 유아에게는 언제나 위험한 상황이 발생할 수 있으므로 유사시 바로 유아에게 갈 수 있도록 성인이 가까이 있고 항상 유아에게서 시선을 떼지 말아야 한다. 예를 들어, 미끄럼틀을 탈 때 위험하게 타는 행동은 무엇인지, 위험하게 행동할 경우에 어떤 일이 발생할 수 있는지를 알려 주고 바르게 타는 방법에 대해 알려 준다. 그 후 유아가 자유롭게 놀 수 있도록 하되 성인은 미끄럼틀 아래에서 유아를 계속 주시해야 한다.

제8장 인지 · 언어 발달

영아는 감각과 운동을 통한 지각 경험을 바탕으로 주변 세상에 대해 알아 간다. 이 시기에 영아는 대상영속성 개념이 발달하며, 새로운 자극과 기존의 자극을 구별하는 등 기억 능력도 발달한다. 영아의 인지 발달을 위해서는 풍부한 다감각적 자극과 언어적 상호작용이 중시된다. 또한 영아는 울음, 표정, 몸짓 등의 비언어적 행동 및 옹알이를 통해 의사소통을 시작하며 주로 생후 1년이 되면 한 단어, 2년이 되면 두 단어를 사용하여 자신의 생각을 표현한다. 이때 영아의 언어 발달을 효율적으로 지원하는 성인의 상호작용이 필요한데, 그 예로 '아기식 말투(motherese)' 가 있다.

유아기의 인지 및 언어 발달은 빠른 속도로 진행된다. 먼저 정신적 표상에 의한 사고가 발달하면서 유아들은 상징놀이, 가장놀이를 즐겨한다. 또한 유아기는 피아제의 인지 발달 단계 중 전조작기의 사고 특성, 즉 자기중심적이고 직관적인 사고를 하는 시기이므로 보존 개념이나 유목 포함 및 서열화에 대한 개념 습득이 어렵다. 한편, 후기 피아제 학파는 유아기의 인지 발달 수준이 피아제가 주장한 것보다 높음을 여러 연구를 통해 증명하고 있다. 다음으로 언어 발달적 측면에서는 의사소통 및 문해 능력이 발달하며, 인지 발달과 관련하여 언어가 상징 표현의 중요한 수단이 된다. 유아는 언어로 자신의 욕구와 생각 및 감정을 타인에게 전달하고, 타인과 정보를 공유하면서 놀이 및 학습을 한다. 따라서 성인은 유아기 인지 및 언어 발달의 중요성 및 발달적 특성을 인식하고 이에 적합한 교육이 이루어지도록 지원해야 한다.

1. 인지 발달

1) 사고 발달

(1) 피아제(Piaget)의 이론: 전조작기(preoperational period)

피아제는 인지 발달 단계를 크게 4단계로 나누어 제시하였다. 즉, 0~2세는 감각운동기, 2~7세는 전조작기, 7~11세는 구체적 조작기, 11~15세는 형식적 조작기라고 명명하였다. 이 중 유아기에 해당되는 전조작기는 자기중심적이고 직관적이며 상징적인 사고를 하는 시기로서, 크게는 2~4세까지의 전개념적 사고기(preconceptual period)와 4~7세까지의 직관적 사고기(intuitive period)로 구분된다. 전개념적 사고기의 특성은 상징적, 자기중심적, 물활론적, 인공론적 사고 및 전환적 추론이며, 직관적 사고기의 특성은 감각적 직관에 의한 사물의 인식 및 판단으로 이 때문에 유아들은 보존 개념, 유목화, 서열화의 개념 습득에 어려움을 느낀다. 최근 연구들에서는 피아제의 연구 방법을 그대로 사용하지 않고 유아의 특성에 맞는 언어 표현과 도구 및 활동을 사용할 때 피아제가 주장한 것보다 유아들이 많은 인지 능력을 갖고 있음을 연구들을 통해 증명한 바 있다.

다음은 전조작기(2~7세) 유아의 인지 발달적 특성에 관한 것으로, 크게 6가지의 특성, 즉 정신적 표상, 자아중심성, 물활론과 인공론, 전환적 추론, 보존 개념과 가역성, 유목화와 서열화로 나눠 살펴보고자 한다.

1 정신적 표상(representation abilities)

감각운동기에서 전조작기로 들어오면서 유아에게서 나타나는 가장 큰 변화는 정신적 표상이다. 즉, 감각운동기 말기에 영아는 자신의 행동이나 감각에 의존한 사고가 아닌, 정신적 표상이 가능해진다. 유아의 정신적 표상은 언어와 그림

동물의 울음소리를 내며 가장놀이를 즐기는 유아

및 놀이를 통해 나타난다. 정신적 표상 발달의 증거로 2세경부터 가장놀이(pretend play)가 시작되며, 이는 유아기에 보다 발달된다. 예를 들어 유아는 강아지 인형을 아기라고 부르면서 우유를 먹여 주거나 잠을 재워 주고 업고 다니면서 자신은 강아지 엄마이고 선생님은 강아지의 외할머니라고 부른다. 이같이 가상적인 사물이나 상황을 실제 사물이나 상황으로 상징화하는 놀이를 가장놀이라고 하며, 위의 예시에서 강아지는 아기를, 자신은 엄마를, 선생님은 외할머니를 상징하는 표상이 된다.

또한 유아들은 점차 가상과 실제를 구분하기 시작하면서 자신 및 타인의 정신적 표상활동에 대해 추론해 보게 된다(Lillard, 1998, 2001; Rakoczy, Tomasello, & Striano, 2004: Berk, 2006/2008: 178에서 재인용). 예를 들어 모형 자동차에 탄 유아가 또래에게 "내가 운전사야. 차가 멈추면 네가 타는 거야. 어디로 갈지 얘기해."와 같이 말한다면 자신 및 또래가 어떻게 환상적인 표상을 해야 할지 이 유아가 사고하고 있음을 알 수 있다.

유아의 정신적 표상 능력은 연령이 증가할수록 발달한다. 전명자(2005)의 연구에서 유아의 정신적 표상 능력은 3, 4세의 경우 가상을 부분적으로 이해하는 불안정한 것이었으나 5세의 경우에는 거의 완벽한 수준이었다고 하였다. 즉, 유아의 연령이 높아질수록 가상에 대한 이해가 분명해지면서 자신 및 타인의 정신적 표상활동에 대한 추론 능력이 발달됨을 알 수 있다.

한편, 유아들은 표상적 사고와 함께 공간개념이 발달한다(이영 외, 2009: 258). 3세 이하의 유아들은 동시에 마음속에 두 개 이상의 정신적 표상을 요구하는 공

자동차운전놀이를 하며 자신 및 타인의 정신적 표상활동에 대해 추론하는 유아

간적 관계를 이해하는 것이 어렵기 때문에 표상적 사고를 잘하지 못한다. 3세 이후에도 대부분의 유아들은 그림, 지도, 모형과 그것이 표상하는 사물이나 공간 간의 관계를 확실하게 이해하지 못한다(DeLoache, Miller, & Pierroutsakos, 1998: 이영 외, 2009: 258에서 재인용). 하지만 좀 더 나이가 든 유아들은 간단한 지도를 이용할 수 있고, 모형에서 얻은 공간적 이해를 지도에 전이할 수 있으며, 그 반대도 이해할 수 있다. 이같이 유아들이 다양한 상징물, 그림책, 사진, 그림, 가장활동, 지도 등에 노출될 경우 한 대상이 다른 대상을 상징할 수 있다고 인식하는 일이 좀 더 쉬워지며(DeLoache, 2002: Berk, 2006/2008: 181에서 재인용), 이러한 정신적 표상 능력 발달을 통해 지식이 보다 풍부해지고 확장될 수 있다.

5세 유아들이 그린 우리 동네 지도의 모습

2 자기 중심성(egocentrism)

전조작기 유아는 모든 사람들의 생각과 감정 등이 자신과 똑같다고 믿는다(Piaget & Inhelder, 1956). 이는 곧 유아가 지닌 자기중심성을 의미하는 것으로, 자기중심성이란 모든 사람들이 유아 자신이 세상을 보고 느끼고 생각하는 것처럼 똑같이 인식하고 있다고 믿는 것이다. 예를 들어 부모의 생일에 자신이 좋아하는 초콜릿 케이크를 고르거나, 숨바꼭질놀이를 할 때 자신의 얼굴을 두 손으로 가리면 내가 보이지 않기 때문에 다른 사람들도 나를 보지 못할 것이라고 생각하는 것 등이 자기중심성의 예다(그림 참조).

숨바꼭질할 때 얼굴만 두 손으로 가리는 유아

자기중심성은 피아제와 인헬더의 세 산 모형 실험(three mountains experiment)을 통해 잘 알려져 있다([그림 8-1] 참조). 즉, 유아에게 색깔, 크기, 모양이 다른

◆ 그림 8-1 ◆ Piaget와 Inhelder의 세 산 모형 실험

출처: Piaget & Inhelder (1956).

세 산을 각기 다른 위치에 배열한 장면을 보여 주고 그 산들의 모습을 그린 그림들 중에서 유아 자신이 보고 있는 모습과 같은 것을 고르게 하면 대부분의 유아들이 잘할 수 있지만, 자신과 다른 위치에 있는 인형에게 보일 모습의 그림을 고르라고 하면 많은 유아들이 자신이 보고 있는 모습과 같은 것을 고른다(Gzesh & Surber, 1985). 이는 유아가 자신의 관점만을 중시하고 다른 사람(인형)의 관점을 고려하지 못하기 때문이다.

이러한 유아의 자기중심성은 자기중심적 언어에서도 잘 나타난다(정옥분, 2002: 361-362). 자기중심적 언어란 자신이 하는 말을 상대가 이해하든 못 하든 상관없이 자신의 생각만을 전달하는 일방적인 의사소통 양식을 의미한다. 다음의 대화를 살펴보면 유아의 자기중심적 사고가 반영된 언어 사용을 확인해 볼 수 있다.

> 유아 1: (자신이 쌓은 블록을 가리키며) 이것 봐. 빌딩이야.
>
> 유아 2: 내 것 블록 못 봤어?
>
> 유아 1: 더 높이 쌓아야지. 63빌딩처럼.
>
> 유아 2: 어디 간 거야? 네가 갖고 갔어?

그러나 다른 연구(Cohen, 1983)에서는 피아제의 세 산 모형 자체가 유아에게 친숙한 대상이 아니기 때문에 그러한 결과가 나왔을 것으로 보고 유아에게 보다 친숙한 순경놀이(경찰관 실험)를 통해 피아제의 실험 결과에 대해 반박하였다. 즉, 인형으로 만든 순경이 소년을 잡으러 가는 게임에서 유아에게 순경이 볼 수 없는 곳에 소년을 숨기라고 하면 유아는 소년을 잘 숨겼으며, 심지어 두 명의 순경이 소년을 잡으러 가는 좀 더 복잡한 게임에서도 소년을 잘 숨겼다고 하였다([그림 8-2] 참조). 이를 통해 유아들은 자신이 직접 경험하지 않은 상황에 대해서는 기본적으로 자기중심성을 보이지만 경험해 본 상황에 대해서는 타인 조망 수용이 가

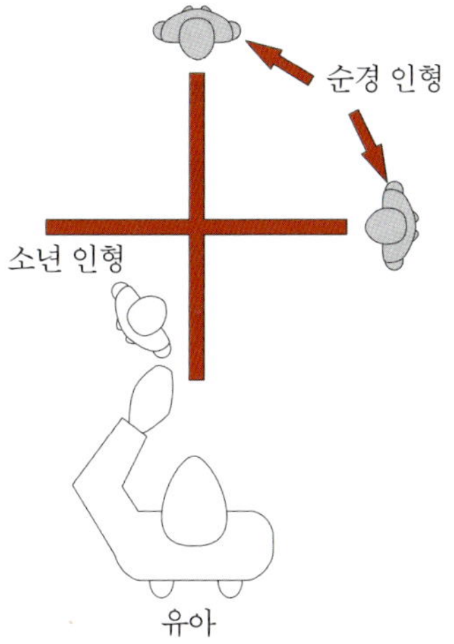

◆그림 8-2◆ Cohen의 순경놀이 실험
출처: Cohen (1983).

능함(Papalia, Gross, & Feldman, 2003: 이영 외, 2009: 266에서 재인용)을 알 수 있다.

이러한 자기중심적 언어 사용 및 타인 조망은 유아가 소속된 반의 유형(혼합 연령반, 단일 연령반)에 따라서도 다르게 나타날 수 있다. 이와 관련하여 김희자(2002)는 혼합 연령반 유아가 단일 연령반 유아에 비해 조망 수용 능력이 높고 자기중심적인 언어를 적게 사용한다고 하였다. 이는 혼합 연령반에 소속된 유아의 경우 단일 연령반에 소속된 유아보다 발달 수준의 다양함으로 인해 타인의 입장을 이해하고 배려해야 할 기회가 더욱 많기 때문인 것으로 본다.

3 물활론(animism)과 인공론(artificialism)

유아들은 실제 생명이 없는 대상까지도 생명이 있다고 생각한다. 이를 물활론적 사고라고 하며 그 발달 단계는 다음과 같다(곽노의 외, 2007: 271). 첫째, 모든 생물이 살아 있다고 생각하는 단계(4~6세), 둘째, 움직이는 것은 살아 있다고 생각하는 단계(6~8세), 셋째, 스스로 움직이는 것만 생명이 있다고 생각하는 단계(8~12세), 마지막으로 생물학적 생명관에 기초하여 식물과 동물에만 생명이 있다고 생각하는 단계다.

유아의 물활론적 사고의 예를 살펴보면 다음과 같다. 유아가 놀잇감을 정리하면서 휴지통을 보고 "얘가 안 비켜 줘요."라고 말하는 것, 그리고 친구가 강아지 인형의 꼬리에 손을 대자 화를 내며 "얘가 그러면 싫어해."라고 얘기하는 것 등에서 무생물을 살아 움직이고 감정을 지닌 존재로 여김을 볼 수 있다. 성인도 이러한 유아의 물활론적 특성을 이해하고 자녀가 돌에 걸려 넘어졌을 때 돌을 때리며 "때찌, 왜 ○○를 아프게 해. 다음에 또 그러면 혼난다."라고 얘기해 주기도 한다.

그러나 최근 관점에서 유아들은 사물의 친숙성에 따라 물활론적 사고에 차이를 보인다고 하였다. 즉, 친숙하지 못한 사물에 대해서는 물활론적 사고를 하지만 친숙한 사물에 대해서는 그렇지 않다고 하였다. 즉, 유아에게 친숙한 로봇, 크레용, 블록, 공 등 친숙한 대상을 가지고 이 사물이 살아 있는지 질문하면 유아는 그들이 살아 있지 않다고 대답하였다(Richards & Siegler, 1986).

또한 인공론은 세상의 모든 만물이 사람의 필요를 충족하기 위해 만들어진 것이라고 믿는 것으로, 유아의 자기중심성이 그 원인이 된다. 예를 들어, 해는 내가 움직이니까 따라오는 것이고, 나무는 내가 더울까 봐 그늘을 만들어 준 것이라고 생각하는 것이다.

인형이 살아 있다고 생각하고 말하는 유아 (물활론적 사고)

해님이 자신을 따라온다고 믿는 유아 (인공론적 사고)

④ 전환적 추론(transductive reasoning)

전조작기 유아는 사태가 전환되어 가는 과정, 즉 변환을 지각하지 못한다. 이로 인해 유아들은 서로 관련이 전혀 없는 두 사건이 근접해서 발생했을 때 두 사건이 서로 관계가 있다고 생각하고 한 사건이 다른 사건의 원인이 된다고 보는 '전환적 추론'을 하게 된다. 예를 들어, 엄마에게 거짓말을 했는데 그날 엄마가 감기에 걸렸다면 '내가 거짓말을 했기 때문에 엄마가 아픈 거야.'라고 생각하는 것이다. 이는 피아제의 딸 루시엔느가 "나는 아직 낮잠을 자지 않았어. 그러니 지금은 오후가 아냐."라고 말하는 것에서도 볼 수 있다. 이같이 유아들은 두 사

근접한 두 사건을 원인과 결과로 믿는 유아 (전환적 추론)

건의 논리적 연관성(인과관계)을 고려하지 않고 전환적 추론을 한다.

그러나 유아들은 납득할 만한 상황이나 친숙한 사건에 대해서는 논리적인 인과관계를 고려할 수 있다(Wellman & Gelman, 1998: 이영 외, 2009: 259-260에서 재인용). 예를 들어, 유아에게 도미노 블록이 연이어서 넘어지는 것을 보여 준 후 중간에 놓여 있던 도미노 블록 몇 개를 치우면 3세 유아도 블록이 빠진 자리 때문에 블록들이 연이어서 계속 넘어지지 않으리라 예측 가능하다.

5 보존개념(conservation)과 가역성(reversibility)

전조작기 유아는 보존개념이 거의 없다. 보존개념이란 물질의 수, 양, 길이, 면적, 부피 등의 외양이 변화하더라도 물질의 속성이 이전과 동일하게 보존된다는 개념이다. 이는 유아가 감각적으로 보이고 느껴지는 것에 초점을 두고 판단하는 자기 중심성 및 직관적 사고, 그리고 비가역성에 기인한다.

가역성이란 논리적 조작의 일부로 역방향으로 되돌아가는 능력을 뜻한다. 그러나 비가역적인 사고를 하는 유아들은 예를 들어, 콘에 있는 아이스크림을 컵에 넣어 먹어도 똑같은 양이 된다는 가역적 사고를 하지 못하고 다시 콘에 올려 달라고 떼쓰기도 한다.

보존개념이 획득되는 연령은 과제의 유형에 따라 차이가 있다. 수는 5~6세, 길이는 6~7세, 무게, 액체, 질량, 면적은 7~8세, 부피는 11~12세에 획득된다(정옥분, 2002: 366-367). 우리나라 유아를 대상으로 수와 양의 보존개념을 살펴본 박종효(1993)의 연구에서, 수 이후에 양 보존개념이 나타났다고 하였다. 홍계옥(2002)의 연구에서도 유아가 수 보존개념을 가장 많이 형성하고 있었고, 전체 보존개념은 4세와 7세, 그리고 5세와 7세 간에 유의한 차이가 있다고 하였다. 즉, 유아들은 수에 대한 보존개념을 가장 먼저 형성하며, 개인차가 있긴 하지만 구체적 조작기가 시작되는 7세를 기준으로 이전 연령과는 다른 보존개념의 차이를 보임을 알 수 있다.

유아의 보존개념은 성인의 비계설정을 통해 발달될 수 있다. 이와 관련하여 송주연(2002)의 연구에서 비계설정 전략은 유아의 보존개념 형성에 긍정적인 효과를 미치며 보존개념 형성을 촉진할 수 있다고 하였다.

⑥ 유목화와 서열화

전조작기 유아들은 상위 유목과 하위 유목과의 관계, 즉 여러 하위 유목들이 하나의 상위 유목에 포함된다는 유목 포함의 원리를 잘 모른다. 예를 들어, 유아는 고양이와 강아지가 동물에 포함되고, 개미와 나비가 곤충에 포함되며, 무궁화와 채송화가 식물에 포함된다는 것을 이해하지 못하는 경우가 있다. 피아제의 유목 포함 과제에서 유아에게 열다섯 송이의 장미꽃(이 중 10송이는 빨간색, 5송이는 노란색)을 보여 주고 "빨간색 꽃과 꽃 중에서 어느 것이 더 많니?" 라고 물으면 유아는 빨간색 꽃이 더 많다고 대답하였다([그림 8-3] 참조). 여기에서 유아들은 빨간 꽃과 노란 꽃이 모두 꽃이라는 상위 유목에 포함된다는 것, 즉 전체와 부분과의 관계를 이해하지 못하고 있음을 알 수 있다.

유아의 유목 포함 수행 능력은 연령이 증가함에 따라 점차 발달된다(이경렬, 1989). 그러나 후기 피아제 학파의 연구에서는 질문 양식을 변형하거나 유목의 수를 줄이거나 유아에게 보다 친숙한 대상을 과제로 사용하면 유아도 유목 포함 조

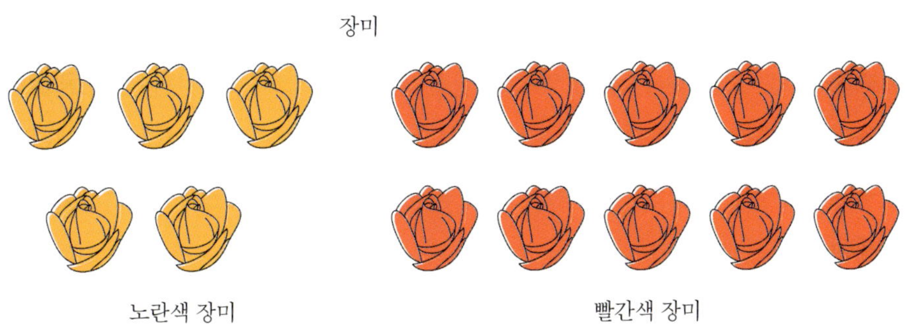

◆그림 8-3◆ 피아제의 유목 포함 실험(꽃)

작이 가능한 것으로 나타났다. 예를 들어, McGarrigle와 Grieve, 그리고 Hughes (1978)의 연구에서 "검은 소가 더 많니? 소가 더 많니?"라는 질문을 "검은 소가 더 많니? 자고 있는 소가 더 많니?"라고 질문 양상을 변형하여 질문했을 경우 2배의 정답이 나왔다고 하였다.

원기둥을 크기와 높이의 순서대로 늘어놓는 유아

전조작기 유아들은 서열화 능력이 부족하다. 서열화는 여러 대상들을 일정 기준에 따라 순서대로 배열할 수 있는 능력이다. 나귀옥(2002)의 연구에서 3세 유아는 5개 이하의 사물은 서열화할 수 있지만 5개 이상의 사물은 서열화하는 것이 쉽지 않다고 하였다. 유지은과 김선혜(2008)의 연구에서는 유아의 연령이 증가할수록, 그리고 남아보다는 여아가 서열화 능력의 발달 수준이 높으며, 비선호 물체보다는 선호 물체인 경우 만 4세를 제외하고 더 높은 수준을 보였다고 하였다. 즉, 서열화 능력은 연령과 밀접한 상관이 있으며, 유아의 선호도 및 성별에 따라 다르게 나타남을 알 수 있다.

유아기의 지능은 영아기의 지능을 기초로 발달된다. 영아기에서 유아기 동안의 지능 안정성을 4년 간 종단 연구한 성현란(2008)은 17개월의 지능이 30개월의 지능과, 그리고 30개월의 지능이 48개월의 지능과 상관관계가 있다고 보고하였다. 따라서 영아기에 인지 발달의 기초가 잘 형성된 유아는 지속적으로 인지 발달이 이루어질 가능성이 높음을 알 수 있다.

유아의 인지 발달을 위해서는 교사와 부모를 비롯한 성인의 역할이 중요하다. 조기교육 및 사교육을 통해 유아의 인지 수준을 억지로 끌어올리는 것은 무모하며, 유아의 발달에 적합한 교육을 통해 인지 발달을 꾀하는 것이 필요하다. 이와 관련하여 백지희(2008)의 연구에서는 교사와 부모가 유아의 발달에 적합한 교육 실제에 관한 신념을 갖고 있을 때 유아의 인지 발달이 긍정적으로 나타난다고 하였다. 또한 우남희, 백혜정, 김현신(2005)의 연구에서도 유치원 원장들은 유아들이 조기 사교육을 받아도 그 분야의 지식이 크게 증가하지 않고 또래보다 뛰어난 특기나 재능을 보이지 않는다고 하였다. 다음의 관련 기사도 영유아 사교육의 현 실태 및 문제점에 대해 밝히고 있다. 이외 유아교육기관의 질적 수준도 유아의 인지 발달과 연관된다. 이기숙, 김영옥, 박경자(2005)의 연구에서 질적으로 우수한 어린이집의 유아는 주당 어린이집에 다니는 시간이 길수록 지능지수가 높았다고 하였다.

따라서 유아의 인지 발달을 위해서는 영아기부터 기초를 다지는 것이 중요하며, 교사와 부모가 발달에 적합한 교육에 대한 신념을 갖고 질적으로 높은 수준의 교육 환경을 제공해 주는 것이 필요하다.

영유아 사교육의 그늘

영유아 사교육은 부유한 가정의 특별교육이 아니라, 모든 영유아들에게 필수교육으로 인식되기까지 한다. 한국교육개발원이 발표한 '유아 사교육 실태 및 영향분석' 보고서에 따르면 지난해 만 3세 이상 취학 전 유아가 있는 전국 2천 527가구를 조사한 결과 유아의 99.8%가 사교육을 받고 있는 것으로 나타났다. 유아 1인당 사교육비는 약 16만 4천원으로 전체 교육비의 40.5%를 차지하고, 조사에 참여한 부모의 95.8%가 유아 사교육비가 저출산의 주범이라고 응답했으며, 42.7%가 교육비 때문에 둘째나 셋째 출산을 포기했다고 응답했다.

너무 어릴 때부터 학습에 치중하면 그 시기에 반드시 길러야 하는 인성발달과 가치교육을 놓치기 쉽다. 영유아기는 전인발달의 초석을 다지는 시기이자, 발달심리학적 관점에서 볼 때 비싼 교재교구나 학습자료 없이도 아이 스스로 능동적으로 학습할 수 있는 시기다. 영유아기 최고의 교육은 영유아의 삶에 의미 있는 사람들, 부모나 선생님, 또래들과 함께 뛰어놀고 대화하고 교감하는 과정에서 발현된다. 또한 강제학습이 아니라 발달기에 따른 놀이과정을 통해 진정한 배움이 이뤄질 수 있다. 지금 부모의 욕심으로 아이들이 병들어 가고 있지 않은지 깊은 성찰이 필요하다.

출처: 경인일보(2011. 10. 30.). '영유아 사교육의 그늘, 13면'에서 부분 발췌.

2) 기억 발달

기억이란 이전의 인상이나 경험을 의식 속에 간직하거나 다시 생각해 내는 것을 뜻하며, 심리학적인 측면에서는 사물이나 사상에 대한 정보를 마음속에 받아들이고 저장하고 인출하는 정신 기능을 의미한다(Croisile, 2004/2012).

유아기의 기억 특성을 살펴보면, 유아는 초등학생에 비해 기억을 잘하지는 못하지만 본인의 관심사에 해당되거나 직접적인 체험 및 실물과 연관된 기억은 잘하는 편이다. 주리분(1997)의 연구에서 만 3, 4, 5세 유아들은 실제 놀잇감을 갖고 놀았던 것에 대해서는 기억력이 정확하나, 모형 놀잇감을 사용한 경우에는 많은

여러 신발 중에서 자신이 잃어버린 신발을 찾아내는 유아 (재인)

기억의 오류를 보였다고 하였다. 또한 유아들은 자기중심적이고 직관적인 사고 특성을 지녔기에 어떤 일의 세부적인 내용에 집중하고 다른 내용들은 쉽게 잊어버리기도 한다. 그리고 유아들은 회상보다는 재인, 즉 본인이 기억한 것에서 정보를 재생산하는 것(회상)보다는 전에 접했던 대상을 찾는 것(재인)을 더 잘한다. 한 예로, 유아들은 내가 잃어버린 신발이 어떻게 생겼는지 회상하는 것보다 여러 신발 중에서 자신이 잃어버린 신발을 찾아내는 재인을 더 잘한다는 것이다.

유아의 기억은 다음의 세 가지 유형, 즉 일반 기억, 삽화 기억, 자서전적 기억으로 구분된다(Nelson, 1993).

첫째, 일반 기억은 행동을 이끌기 위한 익숙한 절차의 대본을 만드는 기억으로, 2세경에 시작된다. 예를 들어, 유아가 식사 전후에 해야 할 일에 대한 각본(예: 먹기 전에는 손을 씻고, 먹고 난 후에는 양치를 해야지.)을 갖거나 유치원 버스를 타기 위한 각본(예: 유치원 버스를 타려면 8시 반까지 아파트 앞 정류소에 나가야지.)을 갖는 것이다.

둘째, 삽화 기억은 특정 시간과 장소에서 발생한 특정 사건에 대한 경험을 기억하는 것으로, 유아들은 자신에게 유일하거나 새로운 사건을 더 잘 기억한다. 예를 들어, 3세 유아가 오래전에 처음 경험했던 돌고래 쇼를 기억하는 것이다.

셋째, 자서전적 기억은 어떤 사람의 인생 역사를 형성하는 기억, 즉 유아에게 특별하고 개인적인 의미를 가진 기억을 의미하며 이는 분명하고도 오래 지속된다. 예를 들어, 유아가 옆집에 놀러갔다가 아주머니가 직접 들려준 『아낌없이 주는 나무』 동화를 듣고 나무의 희생적인 삶에 감동을 받은 후 아동, 청소년이 되어도 나무를 볼 때마다 그때의 감동을 기억하는 것이다. 자서전적 기억은 보통 4세경에 시작되며 5세 이후에 서서히 증가한다. 여기에서 볼 수 있듯이 유아의 기억 발달에는 사건의 특이성이나 직접적인 경험 유무 등이 영향을 미친다. 이 외에도 유아의 개인적 특성, 경험에 대한 성인과 유아의 대화 방식 등이 기억 발달에 영향을 미친다.

(1) 기억 용량의 증가

기억 용량(memory capacity)의 증가란 정보 저장 공간의 증가를 뜻하는 것으로, 감각기억, 단기기억, 장기기억의 세 기억 공간 중에서도 단기기억 용량의 증가를 의미한다(Bjorklund, 1995). 여기에서 감각기억은 이전의 감각적 경험(예: 들은 말이나 본 것 등)이 이후에 생생하게 들려오거나 보이거나 하는 것으로, 일종의 환각이라고도 한다. 그리고 단기기억이 경험한 것을 잠시 동안 의식 속에 저장해 두는 것이라면, 장기기억은 경험한 것을 수개월 혹은 평생 동안 의식 속에 저장해 두는 것을 뜻한다. 예를 들어, 유아가 엄마와 함께 장을 볼 때 엄마가 불러 준 쇼핑목록을 기억하여 엄마에게 알려준 후 쇼핑이 끝난 후에는 그 목록을 잊어버리는 것이 단기기억이라면, 장기기억은 엄마와 함께 쇼핑을 갈 때마다 자신이 마음에 들었던 장난감의 위치를 기억하고 그 장난감을 사달라고 계속 엄마에게 조르는 것이다.

단기기억은 기억폭(memory span) 검사, 즉 유아에게 몇 개의 숫자를 불러 준 후 불러 준 숫자의 순서대로 숫자를 말하게 하는 검사를 통해 측정 가능하다. 보통 2세 유아는 2개, 5세 유아는 4.5개 정도를 회상한다(Dempster, 1981). 이같이 유아기에는 연령에 따라 기억 용량이 크게 증가한다.

기억 용량의 증가는 Case(1985)의 조작 효율성 가설, 즉 연령이 증가하면서 정보를 처리하는 속도가 빨라지고 그 효율성이 늘기 때문에 정보의 조작 공간보다는 저장 공간이 증가한다는 가설에 근거한다. 한 예로, 동물들의 이름을 많이 기억하고 있는 유아는 동물에 관한 책을 볼 때 내용 이해가 보다 쉬울 수 있다.

(2) 기억 전략의 발달

기억 전략(memory strategy)이란 장기기억 속에 정보를 저장하고 필요 시 정보를 인출하는 것을 용이하게 해 주는 의도적 활동이다. 기억 전략은 2세경에 처음 나타나며, 유아가 성장함에 따라 점차 효율적인 전략을 사용할 수 있다. 기억 전략의 유형에는 시연, 조직화, 정교화, 인출이 있으며, 그 내용은 다음과 같다.

첫째, 시연(rehearsal)은 기억할 정보를 반복해서 연습하는 것으로, 예를 들어 유아가 반 친구들의 이름을 외우고자 반복해서 암송하는 것이다. 시연은 매우 간단하면서도 효과적인 기억 전략으로, 시연한 유아가 시연하지 않은 유아보다 기억을 더 잘한다(Keeney, Canizzo, & Flavell, 1967). 이와 관련하여 김효선(2008)과 김원경(2003)은 그림책을 반복하여 읽어 주면서 상호작용하는 활동이 단순히 한 번 읽어 주거나 반복하여 읽어 주는 것보다 그림책을 기억하고 이해하는 데에 더욱 효과적이었다고 하였다. 즉, 유아들은 그대로 똑같이 반복하기보다는 상호작용하며 반복할 때 보다 효과적으로 기억한다.

둘째, 조직화(organization)는 기억할 정보를 관련성 있는 것끼리 묶어 범주화 및 유목화하는 것이다. 예를 들어, '사과, 햄버거, 오이, 배, 호박, 치킨, 콜라, 포도, 마늘, 수박, 파'와 같은 단어들을 기억해야 할 때 과일과 채소 및 인스턴트식품으로 각각 단어들을 나눠 기억하는 것이다. 조직화는 전체와 부분과의 관계에 대한 개념 이해에 근거한 것이므로 시연보다 늦게 나타난다. 그러나 조직화의 초보 형태는 유아기에도 나타나며(DeLoache & Todd, 1988), 연령이 높아질수록 정보를 소수의 범주로 조직화함으로써 보다 효율적으로 기억할 수 있다.

단어 카드를 비슷한 것끼리 분류하는 유아 (조직화)

셋째, 정교화(elaboration)는 기억할 정보에 다른 것을 연결하여 정보가 갖는 의미와 깊이 및 폭을 확장하는 것으로, 관련성이 없는 정보 간에 관계를 설정해 주는 것을 뜻한다. 예를 들어, '나무' '책가방'이라는 단어가 있다면 '나뭇가지에 걸려 있는 책가방'을 상상하는 것이다. 또 다른 예로, '자동차, 바다'라는 단어가 있다면 '지난 여름방학에 가족과 함께 자동차를 타고 바다에 놀러갔었던 장면'을 상상하는 것이다. 11세 이전에는 정교화 전략을 사용하지 못하는데, 그 이유는 양자 간에 관계를 설정해야 하고 기억해야 할 대상을 이미지로 전환하는 것이 쉽지 않기 때문이다.

넷째, 인출(retrieval)은 저장된 정보 중에서 필요한 정보를 인출하기 위해 도움이 되는 단서를 사용하는 것이다. 적절한 인출 전략은 정보 저장 시 사용했던 전략을 그대로 사용하는 것이다. 6세 유아는 스스로 인출 전략을 이용하지 못하므로 성인의 지시가 필요하다(Pressley & Levin, 1980). 오선영(1991)의 연구에서는

단어 카드에 적힌 단어를 보고 이미지를 연상하는 11세 이상의 아동 (정교화)

5세 유아도 초보적인 인출 단서 활용 능력이 있는 것으로 나타났다고 하였다. 따라서 유아기에는 기억 전략의 초보적인 형태들이 나타나며 초등학교 이후가 되어서야 위와 같은 기억 전략들을 보다 효과적으로 활용하게 된다.

(3) 상위기억의 발달

상위기억(metamemory)이란 기억과 기억 과정에 관한 지식으로, 예를 들어 자신의 기억 능력의 한계를 알고 짧은 내용이 긴 내용보다 더 기억하기 쉬움을 알며, 여러 기억 전략 중에 어떤 것이 보다 효과적인지 아는 것을 의미한다(곽노의 외, 2007: 275).

상위기억의 유형은 다음의 세 가지, 즉 과제에 대한 지식(중요한 것만 기억하는 것이 좋을까?), 전략에 대한 지식(무엇인가 기억하는 데 어떤 전략이 유용할까?), 사람에 대한 지식(아이가 어른보다 기억을 더 잘할까?)으로 나눠 볼 수 있다(강인언 외, 2009: 203).

유아기에는 상위기억에 대한 초보적인 지식이 발달한다. 상위 기억의 증거는 약 2세경에 나타나는데, 이 시기의 유아에게 엄마가 어디에 숨는지 잘 보라고 하면 숨는 과정을 유심히 살펴본다. 이는 잘 지켜봐야 기억할 수 있다는 것을 유아가 이해하는 것이다. 3~4세 유아도 긴 내용이 짧은 내용보다 기억하는 데 많은 노력이 필요하다는 것을 안다(Yussen & Bird, 1979; Kreutzer, Leonard, & Flavell, 1975).

한편, 유아들은 자신의 기억 능력을 과대평가하는 경향이 있다. 11세 아동은 자신이 기억할 수 있는 그림의 수를 제대로 예측하나, 4세 유아는 그렇지 못하고 과대평가하여 예측한다(Flavell, Friedrichs, & Hoyt, 1970). 이같이 연령이 증가할수록 상위기억력, 즉 자신의 기억 능력과 한계를 보다 정확하게 파악할 수 있는 능력을 가진다.

유아와 아동이 기억하는 정보의 차이(유아와 아동이 기억하는 나라 이름)

(4) 지식 기반의 확대

유아는 주제 관련 지식과 경험이 많으면 많을수록, 즉 지식 기반(knowledge base)이 확대될수록 그 주제에 대해 기억하기가 훨씬 쉽다. 유아의 연령이 높아질수록 지식 기반이 확대되고 정보 처리 능력 및 기억 전략이 발달되므로 훨씬 더 많은 정보들을 기억할 수 있다.

2. 언어 발달

유아의 언어 능력은 연령이 증가하면서 발달되나, 성별에 따른 차이는 별로 없다(장보경, 이연규, 2009). 성별보다는 연령, 특히 같은 연령이라도 유아의 언어 경험 및 환경 등의 차이로 인해 언어 발달에 개인차가 생긴다.

한편, 유아는 현실보다는 가상적인 맥락에서 보다 높은 수준의 언어를 사용하며, 가상놀이의 역할에 따라 언어 형태의 발달 수준이 다르게 나타난다(이영자, 신은수, 이종숙, 2003). 즉, 유아들은 가상적인 상황에서 어떤 역할을 맡느냐에 따라 언어 사용 수준이 달라진다는 것이다. 예를 들어, 엄마 역할을 맡은 유아는 평소 엄마가 사용하던 언어를 모방하여 성인 수준의 언어를 사용해 보게 되며, 아기 역할을 맡은 유아는 동생(아기)이 사용하던 언어를 기억하여 자신의 언어 사용 능력보다 낮은 수준의 언어를 사용해 보게 된다. 따라서 성인은 유아가 가상놀이 맥락에서 다양한 역할을 경험해 보도록 격려함으로써 유아의 언어 발달을 지원할 필요가 있다.

유아의 언어 능력은 구어와 문어의 통합, 의미 중심 활동과 음운 중심 활동의 통합, 개인과 사회적 측면의 통합, 모든 교과의 통합을 통해 발달해야 한다(이금구, 동풀잎, 2010). 교과와의 통합 중에서 대표적인 것으로 문학을 통한 접근이 있다. 2005년에서 2009년까지 유아 언어 교육 관련 학위논문 경향을 분석한 김영선(2010)도 언어 교육에 있어 문학 활동이 전체의 48.8%를 차지하여 가장 활발히 이루어졌다고 한 바 있다. 한 예로 남혜정(2009)은 산책을 통한 문학 활동, 즉 산책 장소에 모여 앉아 선정된 동화책을 듣고 난 후 산책 활동을 진행하면서 직접 경험과 함께 동화책에 포함된 어휘와 표현들을 자연스럽게 익히는 활동을 통해 유아의 어휘력과 언어 이해 및 표현력이 발달되었다고 하였다.

또한 과학과 언어의 통합 활동을 통해 유아의 언어 발달을 살펴본 연구도 있는데, 예를 들어 박은주와 조형숙(2007)은 과학 탐구 중심 문해 활동, 즉 탐구 중심의 과학 활동을 한 후 이에 대해 토의 및 구술하고 구술된 글을 다시 읽어 보는 등 과학 탐구 경험과 문해 활동이 연결되어 진행되는 활동을 통해 유아들의 문해 능력이 발달되었다고 하였다.

최근에는 멀티미디어를 활용한 언어 교육의 효과를 보는 연구들도 나오고 있다. 한 예로 권성민(2010)은 멀티미디어를 활용하여 동화를 들려주는 방법이 동화를 출력하여 교사의 육성으로 들려주는 방법보다 언어 및 사고 능력 발달에 효과가 있었다고 하였다. 이같이 문학, 과학, 멀티미디어 등의 교수매체 등을 활용함으로써 유아의 언어 발달을 증진할 수 있는 의미 있는 언어교육 프로그램이 지속적으로 개발될 필요가 있다.

유아의 언어 발달의 특성을 음성언어와 문자언어로 나눠 살펴보면 다음과 같다.

1) 음성언어 발달

(1) 단어 수와 의미의 발달

유아기에는 유아가 사용하는 단어의 수가 매우 빠른 속도로 증가한다. 단어란 분리하여 자립적으로 쓸 수 있는 말을 뜻하며, 어휘란 어떤 일정한 범위 안에서 쓰이는 단어들을 의미한다. 예를 들어, '사과'는 단어이고, '사과, 복숭아, 포도, 딸기' 등은 과일 관련 어휘들이다. 연령별로 볼 때, 2세는 200단어, 3세는 900단어, 4세는 1,600단어, 5세는 2,500단어를 사용하는 등 단어 사용 능력이 급격히 발달한다. 특히 이해어휘는 표현어휘보다 빨리 발달하며 표현어휘의 2배를 사용하므로(강인언 외, 2009), 5세경이 되면 대략 5,000 단어를 이해할 수 있게 된다. 이러한 유아의 급격한 어휘 성장은 '빠른 도식화' 가설, 즉 유아들은 문맥을 통해 단어의 의미를 빠르게 추측하고 기억 내에 저장하므로 대화에서 한두 번 들은 새로운 단어라 할지라도 그 뜻을 매우 빠르게 흡수하는 것으로 설명 가능하다(Hall & Graham, 1999: 이영 외, 2009: 279에서 재인용).

단어 이해 및 표현 능력뿐 아니라 유아가 사용하는 단어의 유형에는 개인차가 있다. 단어의 유형은 크게 참조적 양식과 표현적 양식으로 구분된다. 참조적 양식은 대상을 지칭하는 단어 유형으로 예를 들어, '엄마, 선생님, 친구' 등이 있고, 표현적 양식은 사회적 관계 내에서 사용하는 단어 유형으로 예를 들어, '고마워, 미안해' 등이 있다. 대체로 우리나라를 포함한 아시아권의 유아들은 서구의 유아들에 비해 표현적 양식의 단어 유형을 보다 빨리 습득하는(Choi & Gopnik,

1995) 경향이 있다. 그 이유로 우리나라 및 아시아권의 문화는 개인주의적인 서구에 비해 관계 중심의 공동체적인 문화를 중시하기 때문인 것으로 본다.

유아들은 단어 사용에 있어 과잉 확대나 과잉 축소의 특성을 보인다. 과잉 확대는 유아가 단어의 의미를 확장해서 사용하는 것으로 예를 들어, 유아가 '호박'이라는 단어를 호박뿐 아니라 '오이, 가지' 등 여러 채소들을 지칭할 때도 사용하는 것이다(그림 참조). 반면, 과잉 축소는 유아가 단어의 의미를 축소해서 사용하는 것으로, 예를 들어 고슴도치라는 단어를 '자신의 집에서 키우는 고슴도치'에만 적용하는 것이다(그림 참조).

과잉 확대의 예(가지, 오이, 호박을 모두 호박이라고 말하는 유아)

과잉 축소의 예(집에서 키우는 고슴도치만 '고슴도치'라고 부르는 유아)

한편, 유아는 단어 사용에 있어 새로운 용어, 즉 신어를 창조하기도 하는데, 이는 유아와 매우 친밀한 관계에 있는 사람만이 그 뜻을 이해할 수 있는 용어다. 예를 들어, 유아가 인형을 보고 '인형'이 아닌 '친친'이라고 일컫는 것이다.

유아의 어휘력 발달에 관련하여, 한은혜(2001)는 교사가 이야기책을 반복하여 읽어 줄 때 유아가 새로운 단어에 해당되는 그림을 보고 그 단어를 명명하게 하는 labeling 전략을 사용할 경우 어휘력이 발달될 수 있다고 하였다. 또한 비교적 적은 어휘력을 지닌 유아는 일대일로 labeling 전략을 사용하여 이야기책을 읽어 주는 것이 필요하다고 하였다. 즉, 교사가 유아의 어휘 수준에 맞춰 개별 혹은 그룹으로 이야기책을 읽어 주면서 labeling 전략을 사용할 때 유아의 어휘력 발달을 도울 수 있다는 것이다.

(2) 문장과 문법의 발달

문장이란 생각이나 감정을 말이나 글로 표현할 때 완결된 내용을 나타내는 최소의 단위를 뜻하며, 문법은 단어가 서로 관계를 맺어서 문장을 이루는 법칙을 의미한다. 2세경의 유아는 두 단어로 문장을 만들어 사용하며, 전보식 언어의 특성

전보식 언어 사용의 예 (아빠, 바둑: "아빠가 바둑하고 있어요.")

을 보인다. 전보식 언어란 조사나 접미사, 접속사 등을 생략하고 핵심적인 단어만 나열하여 문장을 만들어 전달하는 것으로, 예를 들어 "아빠, 바둑"은 "아빠가 바둑을 두고 있어요."라는 의미를 나타낸다. 3세에는 2~4개 단어, 4세에는 3~7개의 단어, 5세에는 6~12개의 단어를 사용하여 문장을 만든다(유안진, 1999). 이처럼 유아들은 사용하는 단어의 수가 확장되면서 점차 문장 구사력이 발달한다.

부정문의 사용은 2세부터 나타나며, "안 기뻐." "안 사랑해." 등 단어 앞에 '안'을 사용하여 부정의 뜻을 표현한다. 3세에는 주로 "싫어. 아니." 등의 부정문을 사용한다. 의문문의 사용은 2세경에 "이게 뭐야?"라는 질문을 자주 하고, 문장 끝의 억양을 올려서 질문하기도 한다. 4세경에는 육하원칙에 해당되는 '무엇, 어디, 누구, 왜, 어떻게, 언제'와 같은 의문사를 사용한다. 동사의 시제 사용은 2세 이후에 '했어. 할 거야.'와 같은 시제 관련 어휘가 나타나며, 점차적으로 '어제 했어. 내일 할 거야.'와 같이 시제를 일치하여 사용한다.

2~3세에는 문법적 형태소가 활발하게 나타난다. '엄마야'와 같은 호칭 어미와 '내 거야'와 같은 문장 어미가 가장 먼저 나타나며, 그다음으로 '같이, 랑, 하고, 도'와 같은 공존격을 나타내는 형태소 및 장소격을 나타내는 형태소가 출현

문법 규칙에 있어 과잉 일반화의 예 (선생님이가, 인형이가 등)

한다. 주격조사인 '가'와 '는'은 그 이후에 나타나며, 그다음으로 시제 형태소와 수동 형태가 사용된다(조명한, 1982). 이 시기 문법 사용의 특성 중 대표적인 것으로 '과잉 일반화'를 들 수 있다. 과잉 일반화란, 예를 들어 유아가 주격조사 '가'를 '선생님이가' '인형이가' 등으로 말을 만들어 사용하는 것으로(조명한, 1989), 특정한 문법 규칙을 모든 경우에 똑같이 적용하는 것을 뜻한다. 5~6세에는 대부분의 기본적인 문법 규칙을 터득하며, 5~10세에는 성인이 사용하는 문법에 근접한다.

위와 같이 유아들은 부정문, 의문문, 시제 관련 어휘, 문법적 형태소들을 사용하면서 점차 자신의 생각과 감정을 상대에게 보다 정확하고 구체적으로 표현할 수 있다.

(3) 의사소통 능력의 발달

의사소통은 화자와 청자가 서로의 생각이나 감정 등을 음성언어로 공유하는 것이다. 자기중심적인 사고의 특성을 지닌 유아들은 반복, 독백, 집단적 독백 등 자아중심적인 언어를 사용하며, 점차 사회화된 언어를 사용하게 된다(정옥분, 2002).

유아는 의사소통 능력이 발달되면서 의사소통을 하는 상대나 장소 및 시간 등 사회적 맥락에 보다 적합한 언어를 사용한다(Newcombe, 1996). 이는 유아가 대상에 따라 같은 내용이라도 다른 언어로 표현하는 것을 보면 알 수 있다. 만 4세 유아가 강낭콩에 꼬투리가 생긴 것을 보고 선생님에게 이야기할 때에는 "선생님, 강낭콩에 꼬투리가 달려 있어요. 꼬투리 안에 뭐가 있는 것 같아요."라고 하고, 자신보다 어린 유아에게 이야기할 때에는 "(강낭콩 꼬투리를 가리키며) 이게 꼬투리야. 보이지? 이 안에 뭐 들어 있다."라고 하며, 선생님에게 이야기할 때보다 더 짧고 이해하기 쉬운 용어를 사용해서 표현하는 것이 그 예다.

또한 성인에게 존칭을 사용할 때 유아는 부모나 가족 등 편안한 상대보다는

대상에 따라 다르게 말을 하는 유아

선생님이나 낯선 성인에게 보다 더 공손한 존칭을 사용하여 이야기한다(곽노의 외, 2007: 263). 예를 들어, 유아가 선생님에게 이야기할 때에는 "선생님, 도와주세요."라고 이야기하고, 엄마에게 이야기할 때에는 "엄마, 도와줘." 혹은 "엄마, 도와줘요."라고 이야기하는 경우다.

그러나 유아들의 의사소통 능력은 한계가 있다(Hetherington & Parke, 1993). 즉, 두 사람 이상과 의사소통할 때 자신이 언제 이야기를 해야 할지 판단하는 데에 어려움이 있으며, 또한 화자의 말을 듣고 잘 이해되지 않는 부분을 물어봄으로써 보다 분명하게 상대의 말을 이해하는 능력이 부족하다. 이는 유아교육기관에서 이야기 나누기 활동 시 유아들이 서로 자신이 말하는 데에만 급급하고 상대의 말을 듣고 반응하는 데에는 교사의 도움이 필요한 경우가 많은 것에서 확인할 수 있다. 특히 듣기는 지도하지 않아도 자연스럽게 발달한다는 교사들의 잘못된 인식으로 인해 유아교육기관 현장에서 이에 대한 지도가 매우 소홀하므로, 교사들은 다양하고 적절한 듣기 자료들을 끊임없이 선정하고 개발하여 유아들이 다양한 종류의 듣기를 가능한 한 많이 경험하도록 지도할 필요가 있다(이차숙, 2000). 또한 교사는 유아의 의사소통 능력 발달을 위해 유아가 이야기한 내용 중에서 모호한 부분에 대해 질문함으로써 청자로서의 모델링을 보여 줄 수 있다.

유아의 음성언어 발달과 관련하여 윤진주(2007)는 음성언어 중심의 언어 교육 프로그램을 통해 유아의 표현 및 이해 언어 능력이 향상되었고, 듣기와 말하기의 기술 향상뿐 아니라 이를 즐기는 긍정적인 성향을 형성하게 되었으며, 교대로 듣고 말하는 태도와 상대방을 배려하는 태도가 형성되었다고 하였다. 또한 최정아(2010)는 '이야기 나누기 활동에 기초한 자기 마음 이해하기, 자기 마음 표현하기, 경청, 공감, 나 전달법'의 다섯 가지 요소로 이루어진 의사소통 증진 프로그램이 유아의 언어 표현력 및 언어 이해력 발달에 효과적이었다고 하였다. 이같이 유아들의 의사소통 능력의 발달을 위한 보다 체계적인 음성언어 교육 프로그램을 계속해서 개발 및 적용해 나가는 노력이 필요하다.

유아 연령별로 음성언어 발달 과정을 표로 정리하면 다음과 같다.

● 표 8-1 ● 유아 연령별 음성언어 발달 과정

	단어	문장	부정문	의문문	문법
2세	200단어 사용	• 두 단어로 문장 만들어 사용 • 전보식 언어 사용	• 부정문 사용하기 시작 • 단어 앞에 '안'을 사용해 부정의 뜻 표현	• '이게 뭐야?'라는 질문을 자주 사용함 • 문장 끝의 억양을 올려서 질문함	• '엄마야'와 같은 호칭 어미 나타남 • '내 거야'와 같은 문장 어미 나타남 • '같이, 랑, 하고, 도'와 같은 공존격 형태소 출현 • 장소격 형태소 출현 〈이후〉
3세	900단어 사용	• 2~4개의 단어로 문장 만들어 사용	• '싫어' '아니' 등의 부정문 사용		

(계속)

4세	1,600단어 사용	• 3~7개 단어로 문장 만들어 사용		• '누구, 왜, 어떻게, 언제'와 같은 의문사 사용	• 주격조사 '가'와 '는' 나타남 • 시제 형태소와 수동 형태 사용 • 문법 사용에 과잉 일반화 나타남
5세	2,500단어 사용	• 6~12개 단어로 문장 만들어 사용			• 대부분의 문법 규칙 터득

2) 문자언어 발달

(1) 읽기의 발달

읽기란 단순히 글을 음독하는 것이 아니라 글에 담긴 의미를 이해하는 것이며, 이것이 곧 진정한 의미의 읽기다(Robinson, 1982).

유아의 읽기 발달 과정을 살펴보면 다음과 같다. 먼저 이기숙, 김영실, 현은자(1993)가 제시한 유아의 연령별 읽기 행동 특성이다. 2~3세에는 주위의 글자에 관심을 갖고, 책의 글자가 읽는 것임을 안다. 3~4세에는 책을 볼 때 그림이 아니라 글자를 읽는 것임을 알고, 읽기의 목적을 '책을 읽기 위해서, 학교에 가려고, 공부를 잘하려고' 등으로 언급한다. 4~5세에는 책을 읽는 방법과 방향, 페이지 제목 등을 인식하고, 소리와 글자 간의 일대일대응을 할 수 있으며, 주위에서 아는 글자를 읽어 보려고 하고, 친구들의 이름에 있는 글자를 인식한다. 5~6세에는 아는 글자가 다른 상황에서 제시되어도 읽을 수 있으며, 주변에서 자주 볼 수 있는 글자를 읽고, 가족과 친구들의 이름을 읽는다.

또한 Kontos(1986)는 3세에는 읽기가 시작되고, 4세에는 상황적 문자를 읽으며, 5세에는 상황이 제시되지 않아도 몇 개의 단어를 읽기 시작한다고 하였다. 이는 주영희(2001)의 유아의 읽기 발달 단계와 유사하다. 즉, 읽기 이전 단계(3세)

맥락적 단서를 사용하여 글을 읽는 유아

의 유아들은 주변 글자 및 책에 관심을 갖고 나름대로 글자에 의미를 부여하며, 과도적 단계(4세)의 유아들은 맥락을 중심으로 글자를 읽으며(그림 참조), 혼자 읽기 단계(5세)의 유아들은 아는 글자 및 단어를 중심으로 탈맥락적 읽기를 한다고 하였다. 그리고 Cooper와 Kiger(2001)는 3~5세의 초기 발생적 문해 단계의 유아들은 인쇄 글자로부터 많은 개념을 획득하고, 의미 구성을 시작하며, 다양한 읽기 장르에 친숙해지며, 문학과 언어를 즐긴다고 하였고, 5~7세의 발생적 문해 단계의 유아들은 인쇄 글자의 개념을 대부분 획득하며, 의미를 구성할 수 있고, 단어 인지 기술을 획득하며, 일상생활에서 인쇄 글자를 사용할 수 있다고 하였다.

이상에서 볼 수 있듯이 유아들은 연령이 높아질수록 읽기 능력이 발달한다. 즉, 유아 초기에는 글자에 관심을 보이고, 점차 맥락을 참고하여 글을 읽다가 이후에는 맥락에 의존하지 않고 읽는 읽기의 발달적 경향성이 있다.

유아는 음소보다 단어 수준의 문자를 먼저 인식하므로, 읽기 지도 시 음소보다 단어 수준의 글자로부터 시작하는 것이 바람직하다(황지선, 황민아, 2008). 이를 통해 유아의 초기 읽기 지도는 음소와 낱자 중심의 발음 중심 접근보다는 의미와 단어 중심의 총체적인 언어 접근이 유의미함을 알 수 있다. 총체적 언어 접근과 관련하여 이야기책 읽어 주기는 유아에게 지식과 정보를 전해 주며, 주변 환경의 기호와 상징에 대한 이해를 발달시키고, 이야기책을 다루는 기술을 획득하게 해 주며, 어휘 이해 등 읽기 발달에 긍정적인 영향을 준다(김현지, 신은미, 1999). 그러나 발음 중심 접근에 기초한 음운 감수성 훈련(음소 지각, 음절 탈락, 음소 탈락, 음소 변별, 읽기와 철자법 지도)도 유아의 읽기 능력 발달에 도움을 준다(조준수, 2004). 따라서 교사는 통합적인 문식성 활동의 맥락에서 음소 인식 교수 전략을 사용함으로써(조문현, 2002), 유아가 유의미한 상황에서 글을 읽고 그 의미를 이해해 나가는 '진정한 읽기'를 경험하도록 돕는 것이 필요하다. 그럴 때 유아가 읽기에 대해 보다 긍정적이고 적극적인 태도를 가질 것이다.

발달 일화: 유아의 읽기 행동

만 3세: 그림책의 그림 보며 이야기 꾸며 읽기

만 3세 현선이는 매일 담임교사에게, '오늘은 어떤 책 읽어 주실 거예요?' 라며 그림책에 많은 흥미를 보였다. 학부모 면담 시에도 현선이 어머니는 그림책에 관심이 많은 현선이와 도서관에 자주 놀러간다고 하였다. 그래서인지 다른 아이들은 자유놀이 시간에 놀잇감을 주로 가지고 노는 반면, 현선이는 교사가 방금 읽어 주었던 그림책을 갖고 노는 모습이 자주 관찰되었다.

2학기가 시작되어 가을이 깊어 가는 어느 날, 자유놀이 시간이 시작되자 현선이는 이번에도 카펫 위에 앉아 그림책을 보고 있었다. 그러자 친한 친구 영주가 다가와 앉았다. 현선이는 영주에게 그림책을 읽어 주겠다며 자신의 다리 위에 있는 그림책을 보며 신나게 이야기를 하기 시작하였다. "~ 했어요. ~ 했어요." 라는 서술어를 반복하며 교사가 읽어 주는 음색과 톤을 흉내 내고 있었다. 글자를 모르는 현선이가 그림을 보며 자신이 이야기를 꾸며 영주에게 그림책을 읽어 주고 있었다.

출처: 2011. 10. 7. ○○유아교육기관 관찰일지

만 4세: 그림책 속에서 아는 글자 찾아서 읽기

만 4세가 된 한철이는 글자에 관심을 보이며 글자를 읽기 시작하였다. 만 3세 때 그림 위주로 동화를 창의적으로 읽던 한철이가 만 4세가 되자 자신이 좋아하는 동화에서 아는 글자를 찾았다. 자신이 읽은 글자가 맞는지 궁금한 한철이는 동화를 읽다가도 몇 번씩 교사에게 다가와 손가락으로 글자를 가리키며 "이게 '자, 동, 차' 맞죠?"라며 자신이 읽은 글자에 대해 맞는지 물어보았다.

출처: 2010. 4. 7. ○○유아교육기관 관찰일지

만 4세 유아의 읽기 특성(말과 글의 관계 인식, 아는 글자 찾아 읽기, 맥락에 기초한 읽기)

만 4세가 된 유아들은 길거리의 간판이나 동화책에 있는 글이 말로 읽혀지고 또 말로 하는 이야기가 글로 쓰인 것에 대해 알고 관심이 증가한다. 자신이 좋아하는 과자나 장난감에 있는 글자를 읽고 싶어 하는 유아들은 자신이 아는 글자나 단어를 읽거나 쓰기도 한다. 이때, 교실 안에 글자벽을 만들어 유아들이 좋아하는 과자봉지의 이름이나 좋아하는 장난감 상자의 이름을 오려와 글자벽에 붙여 본다. 유아들은 주변에서 쉽게 볼 수 있는 글자와 단어를 보며 또래끼리 읽어 주거나 알려 주기도 한다. 이러한 과정을 통해 친구가 아는 글자를 배우기도 하고 자신이 아는 글자를 친구에게 가르쳐 주며 읽고 쓰기에 대한 욕구를 표현한다.

출처: 2010. 4. 7. ○○유아교육기관 교사저널

(2) 쓰기의 발달

쓰기란 단순히 글을 베껴 쓰는 것을 의미하는 것이 아니라, 자신의 생각이나 감정 혹은 경험 등을 글을 통해 표현하는 과정을 뜻한다. 따라서 진정한 의미의 쓰기는 자신의 목적을 위해 새로운 의미를 만들어 내는 역동적인 과정이다(박상

희, 1997).

유아들은 아주 어릴 때부터 긁적거리기 등 다양한 형태의 쓰기를 시도하며, 창안적(발명적) 글자를 사용하다가 점차 표준화된 쓰기로 발달해 나간다. 창안적 글자 쓰기는 유아들이 표준적 글자 쓰기를 습득하기 이전에 아동 나름의 음운규칙을 구성해 내고 이에 따라 음소와 글자소를 대응시켜 만들어 낸 글자 쓰기로, 유아의 읽기 성취도를 예측할 수 있는 중요한 변인이 된다(정상임, 2005). 따라서 유아의 여러 쓰기 유형과 발달 단계를 이해하는 것이 필요하다. 유아의 쓰기 발달 과정을 살펴보면 다음과 같다.

먼저 이기숙, 김영실, 현은자(1993)가 제시한 유아의 연령별 쓰기 행동 특성이다. 2~3세에는 쓴 것과 그린 것을 구별하고, 연필, 볼펜, 사인펜 등의 필기도구를 사용해 본다. 3~4세에는 쓰라고 요청하면 쓰지만 아직 긁적거릴 때가 많고, 자기가 쓴 것을 성인에게 열심히 보여 주며, 자기 이름에 있는 글자를 배우고, 간혹 어떤 글자를 써 달라고 요구한다. 4~5세에는 여러 가지 글자놀이를 즐기고, 자기 이름을 쓸 줄 알며, 성인이 자기가 한 말을 받아 쓸 때 평소의 구어가 아닌 문어로 이야기한다. 또한 다양한 목적에 맞게 쓰거나 다른 사람이 쓰도록 불러 주며, 다양한 목적을 가진 쓰기 행위를 구별하고 자발적으로 쓰려고 하며 모르는 글자를 묻는다. 5~6세에는 여러 가지 상황에 맞는 글이 있음을 알고, 간단한 단어를 쓸 수 있으며, 여러 가지 쓰기 도구를 사용하여 쓰고, 간단한 글을 써 보려고 한다.

다음으로 Schickedanz(1990)의 유아 연령별 쓰기 발달의 경향성이다. 3세 반에서 4세 반에는 여러 글자 형태가 나타나면서 후기에는 실제 단어를 사용하고, 5세 반에서 6세에는 소리 나는 대로 글자를 쓰며, 6세에서 6세 반에는 글자를 바르게 쓸 수 없기 때문에 쓰기 싫어하는 현상이 나타나고, 6세 반에 표준적인 글자가 나타난다. 이와 관련해 우리나라 유아의 창안적 글자의 발달 과정을 살펴본 조선하(2003)는 4~5세에 창안적 글자 쓰기가 많이 나타났다고 하였다. 따라서 성인들은 이 시기 유아들의 창안적 글자를 자연스러운 쓰기 발달 과정으로 인식하고 존중해 줌으로써 유아들이 쓰기에 즐거움과 자신감을 갖도록 돕는 것이 필요하다.

창안적 글자 쓰기의 예(만 4세)

만 4세 유아의 이름 쓰기 자료에는 창안적 글자가 표준적 글자와 함께 표현된다.

표준적 글자 쓰기의 예(만 5세)

Goodman(1989: 이영 외, 2009: 281에서 재인용)은 유아의 문해 능력을 발달을 위한 다섯 가지 기초를 제시하였다. 첫째, 풍부한 상황적 맥락에서 인쇄물에 접하도록 하여 유아가 맥락적 단서를 사용하여 글의 의미를 분석하게 하는 것이다. 한 예로, 땅콩(nuts)이라는 글자를 문자 자체로 알려 주기보다는 땅콩을 보고 그릇에 적힌 두 글자를 땅콩(nuts)이라고 추측해 보게 하는 것이다. 둘째, 책이 무엇이며 그 안에 어떤 의미가 있는지 알고 책을 적절히 다루는 '책에 대한 인식'의 발달을 돕는 것이다. 셋째, 문해 능력의 기초라고 할 수 있는 쓰기 발달을 적극 지원하는 것이다. 넷째, 음성언어와 문자언어와의 관계를 이해하도록 돕는 것이다. 마지막으로 문어에 대한 상위 인지와 상위 언어의 인식(예: 상황에 적절한 단어를 선택하여 사용하는 능력)을 통해 문해 발달을 지원하는 것이다.

발달 일화: 유아의 쓰기 행동

만 3세: 글자(자신의 이름)에 관심 보이기 및 쓰기 시도하기

만 3세에 유아교육기관에 처음 온 한철이는 신발장이나 사물함에 자신의 이름이 쓰여 있는 것을 보고 많은 관심을 보였다. 한철이는 자주 담임교사에게 "선생님! 이게 제 이름이지요?"라고 묻곤 했다.

미술시간에 교사가 도화지 뒤에 자신의 이름을 쓰고 그림을 그리자고 하였다. 자기 이름을 쓰기 어려운 친구는 교사가 도와주겠다고 하자 한철이는 "내 이름 쓸 수 있어요"라며 교실에 있는 자신의 서랍장 앞에 가서 앉았다. 서랍장에 있는 자신의 이름을 보고 열심히 이름을 쓴 한철이는 교사에게 자신의 이름을 보여 주며 "선생님! '이한철' 이게 내 이름이지요?"라며 만족스러워했다. 이름을 쓴 것을 보니 모음이 변형된 창안적 글자가 보였다.

출처: 2009. 3. 26. ○○유아교육기관 관찰일지

만 4세: 단어(자신의 이름) 쓰기

이제 한철이는 서랍장의 자신의 이름을 보거나 교사의 도움 없이 이름을 쓴다. 하지만 아직까지 받침과 자음 등을 고려하여 균형 잡힌 글자를 쓰진 못한다. 한철이는 활동

지나 미술 작품에 종종 이한철이라는 자신의 이름에 'ㅏ'를 'ㅓ'로 쓴다거나 'ㅊ'을 'ㅈ'으로 쓰는 경우도 있다.

출처: 2010. 4. 15. ○○유아교육기관 관찰일지

만 5세: 문장 쓰기, 표준화된 쓰기(글을 정확히 적었는지 확인하고 다시 고쳐 쓰기)

만 5세가 된 한철이는 친구 래영이에게 생일카드를 쓰고 있었다. 한철이는 생일카드에 정성스럽게 케이크와 촛불 그림을 그리고 자신의 생각을 썼다. 생일카드를 다 완성한 한철이가 교사에게 다가와 "선생님 맞아요?"라고 물었다. 생일카드에는 '래영아 생일축아해! 사랑해! 사이조게 지내자…'라고 쓰여 있었다. 담임교사는 생일카드를 완성한 한철이를 칭찬해 주고 한철이 손바닥에 '축하해!'와 '좋게'라는 글자를 써주었다. 그러자 한철이가 "선생님! 간지러워요"라고 웃음을 터뜨리며 자리로 돌아가 '조'라는 글자 밑에 'ㅎ'을 넣고 'ㅇ' 글자 위에는 'ㅗ'을 덧붙였다.

출처: 2011. 5. 6. ○○유아교육기관 관찰일지

만 5세 유아를 위한 교사의 교수 전략
(감각/체험식 교수: 유아의 손바닥에 글 써주기)

만 5세가 된 유아들은 자신의 생각이나 지식을 문장으로 표현하고자 한다. 이때 어려운 받침이나 단어에 대해 교사에게 문의한다. 아이의 문의에 교사는 보드판이나 종이에 글자나 단어를 적어 줄 수도 있지만, 아이 손바닥에 검지손가락으로 써 주기도 한다. 그러면 아이는 문자를 손바닥의 감각과 연관시켜 쉽고 오래 기억할 수 있다. 또한 교사와의 관심과 상호작용을 원하는 아이는 더 많은 문의를 하고 더 정교하게 문자를 활용할 수 있게 된다.

탈무드에서는 아이에게 문자를 처음 가르칠 때 꿀로 문자를 쓰고 아이가 그 문자를 손가락으로 따라 쓰면서 꿀을 먹도록 한다. 이것은 문자를 익히는 것보다 문자를 익히는 것이 즐거운 경험이 되게 하기 위한 유대인의 지혜다.

출처: 2011. 5. 6. ○○유아교육기관 교사저널

유아 연령별로 문자언어 발달 과정을 표로 정리하면 다음과 같다.

표 8-2 유아 연령별 문자언어 발달 과정

	읽기	쓰기
2세	• 주위 글자에 관심 갖기 • 책의 글자는 읽는 것임을 앎	• 쓴 것과 그린 것을 구별함 • 연필, 볼펜, 사인펜 등의 필기도구를 사용해 봄
3세	• 책을 볼 때 그림이 아니라 글자를 읽는 것임을 앎 • 읽기의 목적을 '책을 읽기 위해서, 학교에 가려고, 공부 잘하려고 등'으로 언급함 • 책에 관심을 갖고 나름대로 글자에 의미를 부여함	• 긁적거리기를 많이 함 • 자기가 쓴 것을 성인에게 열심히 보여 줌 • 자기 이름에 있는 글자를 배움 • 어떤 글자를 써 달라고 요구하기도 함 • 여러 가지 글자 형태가 나타남
4세	• 책을 읽는 방법과 방향, 페이지 제목 등을 인식함 • 소리와 글자 간의 일대일대응을 할 수 있음 • 주위에서 아는 글자를 읽어 보려고 함 • 친구의 이름에 있는 글자를 인식함 • 상황적 문자를 읽음(맥락을 기초로 읽음)	• 여러 가지 글자놀이를 즐김 • 자기 이름을 쓸 줄 알게 됨 • 다양한 목적에 맞게 쓰거나 다른 사람이 쓰도록 문어체로 불러 줌 • 다양한 목적을 가진 쓰기 행위를 구별함 • 자발적으로 쓰려고 함 • 모르는 글자를 물어봄 • 창안적 글자 쓰기가 많이 나타남
5세	• 아는 글자가 다른 상황에서 제시되어도 읽을 수 있음 • 주변에서 자주 볼 수 있는 글자를 읽음 • 가족과 친구들의 이름을 읽음 • 상황이 제시되지 않아도 몇 개의 단어를 읽음(탈맥락적 읽기가 가능함)	• 여러 상황에 맞는 글이 있음을 알게 됨 • 간단한 단어를 쓸 수 있고, 간단한 글을 써 보려고 함 • 여러 가지 쓰기 도구를 사용하여 씀 • 소리나는 대로 글자를 씀

3. 인지 · 언어 발달에 도움이 필요한 유아

다음은 인지 · 언어 발달 영역에 발달적 도움을 필요로 하는 유아를 위한 지도 방안이다.

1) 우물쭈물 말을 못하는 유아

유아 중에는 자신의 생각을 물어봐도 잘 대답하지 못하고, 작게 말하면서 끝을 얼버무리는 유아가 있다. 유아들이 자신의 감정과 생각을 자유롭게 표현하지 못하는 데는 여러 가지 이유가 있는데, 부모가 유아의 말을 건성으로 듣는 경우, 빈번히 잔소리나 핀잔을 주는 경우, 친구들 사이에서 크게 창피를 당한 경우 등이 있으므로 원인을 파악해야 한다.

어른과 이야기할 기회를 많이 주자

친구끼리만 대화를 나누는 유아들은 비속어를 많이 쓰는 반면 어른과 의사소통이 원활한 유아들은 바르고 정확한 표현을 한다. 또한 유아가 아무리 귀찮은 이야기를 해도 진심으로 귀기울여 주고, 성심성의껏 대답해 주면 유아들은 말을 잘하게 된다.

적절한 생각과 감정 표현 방법을 알려 주자

유아는 때로 자신의 생각과 감정을 잘 모르고 표현 방법도 몰라 말을 못하는 경우가 있다. 따라서 말을 이끌어 주고 확장시켜 줄 필요가 있다. 예를 들어, 막대기를 보며 "이건 뭐 같아?"라고 물었을 때 지팡이, 화살, 전화기, 과자 등 여러 가지 의견이 나올 수 있지만 표현할 수 없는 유아들은 "몰라요."라고 답할 수 있다. 이런 경우 먼저 교사가 "선생님은 이걸 보니 막대사탕이 떠올랐어."라며 연상이 쉬운 것을 먼저 예로 들어 쉽게 표현할 수 있도록 이끈다. 하지만 이야기하도록 강요해서는 안 된다.

단답형으로 대답할 때는 사지선다형을 제시하자

표현이 서투른 유아는 "네." "아니요." "그냥." "몰라."라고 단답형으로 대답하는 경우가 있는데 이럴 때는 교사가 사지선다형으로 생각이나 감정을 제시해 주고 그중에서 골라 말해 보도록 하는 것이 좋다. 예를 들어, "친구가 나를 놀렸을 때 어떻게 해야 할까?"라고 물었는데, "몰라요."라고 대답한다면 '1번 화낸다, 2번 참는다, 3번 하지 말라고 말한다, 4번 선생님한테 이른다.'를 말해 주고 이 중에서 고른 답을 말해 보도록 한다.

2) 말을 더듬는 유아

유아들은 말을 배워 가는 과정에 있기 때문에 말을 더듬는 것이 자연스러운 일이다. 일시적으로 말을 더듬고, 부모-자녀 관계가 좋으며, 유아에게 스트레스 상황이 없다면 걱정할 필요가 없다. 하지만 말을 잘하다가 갑자기 말을 더듬는다든가 부모-자녀 관계가 좋지 않고, 스트레스 상황이 생겼다면 유아와 유아의 주변 상황을 유심히 관찰해야 한다. 말더듬 횟수가 늘어나면서 만성적으로 말을 더듬는다면 스트레스로 인한 이상 징후다. 따라서 관찰을 통해 원인을 파악하고 해결해 주어야 한다.

말 못한다고 지적하지 말자

유아를 돕기 위해 "천천히 말해라." "따라서 말해 봐."라며 일일이 지적하는 것은 말 더듬는 증상을 더 악화시킬 수 있다. 지적을 들을 때마다 유아는 자신이 말을 더듬는다는 것을 의식하게 되어 말을 하는 데 자신감이 없어지거나 더 심하게 말을 더듬게 될 수도 있다. 좋은 방법은 유아가 일단 말을 시작하면 더듬더라도 중간에 끼어들지 말고 끝까지 들어 주어 하고 싶은 말을 마치도록 해 주는 것이다. 유아의 말을 끝까지 경청한 다음에 유아의 말에 천천히 정확하게 대답해 주는 것이 좋다.

심리적 안정을 느끼게 해 주자

유아는 불안할 때 말을 더듬는다. 유아가 말을 더듬으며 힘들어할 경우에 "누구나 말이 쉽게 나오지 않을 때가 있어." 하고 격려하면서 부드러운 표정으로 안심시킨다. 부모와 주변 사람들에게 유아 스스로 자기가 힘들어하는 점을 이야기할 수 있도록 편안한 양육 환경을 만들어 준다.

3) 발표력이 없는 유아

유아 중에는 이야기 나누기 시간 동안 거의 말을 하지 않거나 발표하려는 의지를 안 보이는 유아도 있다. 교사가 부르면 일어나기는 하는데 고개를 숙이고 몸을 비비 꼬며 기어들어 가는 목소리로 겨우 말하는 유아를 보면 도움을 주고 싶어진다. 이런 유아들은 대부분 수줍음이 많고 새로운 상황에 적응하는 속도가 느리며 자기 표현력이 약한 경우 또는 친한 사람들과는 수다를 잘 떨면서도 낯선 사람들 앞에서는 말을 못하고 소극적인 경우가 대부분이다. 이런 모습을 보이는 가장 큰 이유는 자신감이 부족하기 때문이므로 자신감을 키워 주는 것이 필요하다.

자신감을 키워 주자

유아의 자신감을 키워 주는 방법은 유아의 모든 말과 행동에 적극적인 호응과

응원의 메시지를 보내는 것이다. 또 유아의 능력과 관련된 칭찬을 해 주는 것이 필요한데, 유아에 대한 기대를 조금만 낮추고 일부러 칭찬할 만한 것을 찾아본다면 칭찬거리가 무궁무진하다.

논리력과 설득력을 키우는 질문을 하자

유아가 설득력 있게 말할 수 있도록 대화를 이끌어 준다. "왜 그럴까?" "그렇게 하면 어떻게 될까?" "어떻게 하면 좋을까?" 등 생각을 유도하는 질문을 하면 유아 스스로 논리를 세우고 나아가 해결책을 제시하게 된다. 또 대화를 할 때 정해진 답을 유도하지 말고 스스로 논리를 세울 때까지 기다려 주고 기대하는 만큼 말을 잘하지 못해도 실망하는 기색을 보이지 말고 "좋은 생각이구나."라는 등 긍정적인 반응을 보여 준다.

4) 주변에 관심이 없고 책만 좋아하는 유아

책을 너무 좋아해 아침에 일어나자마자, 밥 먹을 때, 심지어 유치원에서조차 친구들과 노는 것보다는 책만 좋아하는 유아들이 있다. 이런 유아들은 사회성이 결여되어 사람보다 책을 더 좋아하는 경우가 많다. 심지어 엄마와의 애착이 정상적으로 형성되지 못한 경우에도 그 부족함을 책에서 대신 얻으려고 할 수도 있다. 또한 부모가 아이를 너무 재미없게 키울 경우, 돌도 되기 전부터 아이를 끼고 앉아 책만 읽어 주고 다른 자극을 주지 않을 경우에도 책만 좋아하는 유아가 될 수 있다. 책을 좋아하는 유아는 또래에 비해 해박한 지식을 가져 부모를 기분 좋게 만들거나 교사를 깜짝 놀라게도 하지만 사회성이 결여된 채 책만 좋아하는 것은 바람직하지 못하므로 변화가 필요하다.

책 읽기를 줄이고 다른 놀이를 하게 하자

책만 좋아하는 유아에게는 다른 재미가 있다는 것을 알려 줄 필요가 있다. 부모와 유아가 함께 놀이하는 시간을 가지거나 가족여행을 떠나 세상에 책 말고도 재미있는 것이 많다는 것을 알려 줄 필요가 있다. 책 읽는 시간을 갑자기 확 줄이기보다는 서서히 줄여 가는 것이 스트레스를 유발하지 않으면서 유아의 관심을 책에서 다른 것으로 전환하는 방법이다. 또 책장에 책이 가득하면 더욱 책에 몰입하므로 눈에 띄는 곳에 있는 책의 양을 줄여야 한다.

제9장 사회 · 정서 발달

영아기의 사회적 발달에서 가장 중요한 것은 애착이다. 애착은 영아가 양육자와 갖게 되는 정서적 유대감(친밀감)으로, 안정된 애착을 형성한 영아는 이후에도 인지, 정서, 사회성 발달이 긍정적으로 이루어진다. 애착은 생후 7~8개월 전후로 형성되며 0~2세가 애착의 결정적 시기에 해당된다. 영아는 기쁨과 슬픔 등 덜 분화된 기본 정서를 갖고 태어나지만, 점차 행복, 기쁨, 만족, 분노, 공포, 슬픔 등 분화된 정서를 갖게 된다. 또한 연령이 증가하면서 타인의 정서를 이해하고 자신의 정서를 표현 및 규제하는 능력이 발달한다.

유아기는 영아기에 비해 대인관계의 폭이 점차 넓어지면서 자아 인식, 또래관계, 마음 이론, 사회적 행동, 성역할, 도덕성 등을 포함한 사회적 발달이 이루어진다. 또한 유아는 자신과 타인의 감정에 대해 이해하고, 자신의 감정을 표현하며, 대상 및 상황에 맞게 자신의 감정을 조절하는 등의 정서 발달이 이루어진다. 유아의 사회성 및 정서 발달에는 부모를 비롯한 성인 및 또래와의 관계가 중요한 영향을 미친다. 따라서 교사는 유아가 놀이를 통해 사회적 기술과 역할 등을 자연스럽게 습득해 나가고 정서 이해 및 표현력을 길러 나가도록 도움을 줄 필요가 있다.

1. 사회성 발달

1) 자아 발달

(1) 자아개념

자아개념(self-concept)은 자신의 특성, 능력, 태도, 흥미, 가치관 등에 대한 총체적 지각이다. 유아에게 자신을 소개해 보라고 한다면 "내 이름은 이유진이에요. 네 살이에요. ○○유치원 ○○반에 다녀요. 나는 키가 커요. 그림을 잘 그려요."와 같이 매우 구체적인 외적 특성들을 중심으로 자신에 대해 언급하는 것을 볼 수 있다. 이같이 유아는 연령, 성별, 신체 특징, 능력, 일상행동 등에 초점을 맞추어 자신을 대략 한 범주에 놓음으로써 자신을 정의하는데, 이를 Lewis와 Brooks-Gunn(1981)은 범주적 자아라고 명명했다(곽노의 외, 2007: 286에서 재인용). 범주적 자아, 곧 자아개념은 각 개인의 행동 전반에 영향을 미치며 성격 형성과 발달에 중요한 결정 요인이 된다.

유아의 자아개념 관련 요인에는 유아 개인적 특성(사회성, 창의성 등) 및 환경적 특성(교사, 부모, 또래 등)이 있다. 유아의 개인적 특성에 관련하여, 또래 간 인기도가 높을수록(이선경, 성정숙, 1998), 그리고 창의성이 높을수록 자아개념이 높다(정소윤, 2008). 또한 유아의 자아개념은 부모를 비롯한 사회적 상호작용 관계에 의해서도 영향을 받는다. 취학 전 유아들은 대부분 성취한 것에 대해 긍정적인 자기평가를 하지만, 어린 유아들은 양육자의 부정적이거나 잘못된 판단에 자기평가가 쉽게 좌우될 수 있다(Bornstein & Lamb, 2005/2009). 따라서 부모를 비롯한 성인들은 유아의 실수나 잘못에 초점을 두고 유아를 평가하기보다는 잠재적인 변화 가능성을 바라보고 유아를 긍정적으로 격려하고 지원해 주는 것이 필요하다.

유아의 자아개념은 성장함에 따라 좀 더 세분화되고 복잡해지며 지속적으로 발달된다. 2세가 되면 자아 인식이 형성되기 시작하면서 자신의 능력(예: 할 수 있어. 난 못해.)에 대해 언급한다. 3~4세가 되면 내 가방, 내 옷, 우리 선생님 등 소유개념이 나타나고, 4~5세에는 자기의 생각(예: 난 친구들과 잘 지내.)에 관해 진술하기 시작하며, 초보적인 자아 인지 통제 능력(예: 자신의 생각이나 감정을 감추거나 위장하는 것)도 보인다(Allport, 1961; Bretherton, 1986: 곽노의 외, 2007: 287에서 재인용). 6~8세가 되면 내적 특성을 중심으로 자신을 표현하고(예: 난 수줍음이 많아.) 사회적 비교를 시작하나 대체로 현실성이 없거나 과대평가하는 경향(예: 난 다른 친구들보다 똑똑하니까, 전교 1등을 할 거야.)을 보인다.

유아교육 현장에서 자아개념을 증진하기 위한 교육 활동으로, 정영희와 김윤미(2011)는 만 4세 유아를 대상으로 한 자연친화 교육 활동 프로그램, 즉 오감으로 자연을 느끼고 흥미롭게 자연 속에서 놀이하며 자연과 감동을 나누는 생활주제 중심의 자연친화 교육 활동들을 통해 유아의 행복감과 자아개념이 증진되었다고 하였다. 그리고 정유정과 김규수(2009)는 만 5세 유아를 대상으로 한 셀프리더십 프로그램, 즉 계획하기, 선택하기, 협력하기, 또래 가르치기, 평가하기, 또래와 피드백 주고받기, 질문 및 언어적 의사소통하기 등의 교수 방법들을 통해 유아의 자아개념과 조망수용능력이 증진되었다고 하였다. 또한 정재은(2008)은 만 5세 유아를 대상으로 한 생각 모으기 활동, 즉 생활주제(환경 보호, 교통기관, 교통 안전, 운동 경기)와 연관된 주제(예: 썩지 않는 쓰레기를 많이 버리면 지구가 어떻게 될까요?)에 대한 생각 모으기(원인을 생각하고 결과를 예측하며 문제를 해결하고 평가하는 과정)를 통해 유아의 자아개념 및 언어 능력이 증진되었다고 하였다. 이같이 유아들의 자아개념 발달에 있어 '자연과의 교류, 유아 주도적인 참여, 문제 해결을 위한 사고의 기회' 등을 유아에게 제공해 주는 것이 유의미함을 알 수 있다. 따라서 유아교사는 유아의 자아개념을 증진하기 위한 의미 있는 활동들을 현장에서 지속적으로 적용 및 실천해 봄으로써 유아가 긍정적인 자아개념을 형성 및 발달해 나가도록 지원하는 것이 필요하다.

(2) 자아존중감

자아존중감(self-esteem)이란 자아 발달에 있어 가장 중요한 측면으로, 자신을 유능하고 중요하며 가치 있다고 생각하는 것이다. Marion은 자아존중감을 가치, 유능감, 통제감의 세 가지 차원의 개념으로 설명하였는데, 즉 가치는 자신을 스스로 가치 있게 여기며 좋아하거나 다른 사람들이 자신을 가치 있게 여기며 좋아한다고 생각하는 것이고, 유능감은 목표를 성취할 수 있다는 신념이며, 통제감은 자신이 세상에서 일어나는 일들과 사건에 영향을 미칠 수 있다고 느끼는 정도를 뜻한다(Marion, 2006: 김성숙, 2011에서 재인용). 유아의 자아존중감은 유치원 적응 능력과 상관되며(박희숙, 이승은, 2007; 정미라, 박희숙, 2010), 유아기에 형성되는 자아존중감은 일생에 걸쳐 영향을 미칠 뿐 아니라 각 개인의 내면에 지니고 있는 강력한 힘이 되기에 중요하다(김기현, 허정무, 2001). 즉, 유아의 자아존중감은 기관에의 적응 능력 및 유능감 발달의 기초가 되므로, 유아교육기관에서도 유아의 자아존중감 발달을 위한 교육이 적극적으로 이루어져야 한다.

유아의 자아존중감 발달에 중요한 요인은 자아개념과 마찬가지로 부모의 평가 및 또래와의 비교다. 건전한 자아개념은 아동이 부모나 양육자로부터 수용과 존중 및 사랑을 받을 때 형성된다(강인언 외, 2009: 331). 즉, 유아에 대한 부모의 평가 및 또래와의 비교 결과가 긍정적일 때 유아의 자아존중감은 발달하는 것이다. 이와 관련하여 윤선영과 정혜숙(2010)은 유아의 긍정적 자아존중감에 영향을 미치는 부모의 양육 행동은 칭찬과 격려 및 존중의 말과 행동이며, 모델링 없는 일방적인 지시와 명령 및 거친 말과 행동은 유아의 부정적 자아존중감에 영향을 미친다고 하였다. 부모뿐 아니라 교사의 언어 유형도 유아의 자아존중감에 영향을 미칠 수 있다. 김기현과 허정무(2001)는 교사가 제한적 언어보다는 반응적 언어를 사용할 때 유아의 자아존중감이 높다고 하였다. 따라서 부모와 교사

유아가 자신이 생각했던 기대치와 실제 수행 정도의 차이로 실망할 때 격려하는 부모

는 유아를 인격적으로 존중하는 언어를 사용함으로써 유아가 자신을 소중하고도 유능한 존재로 여길 수 있도록 도와야 한다.

유아의 자아존중감 발달을 연령별로 살펴보면 다음과 같다. 2세가 되면 대소변 가리기 등의 자조 기술 발달 과업들을 성공적으로 수행하면서 유아가 자신의 능력에 대한 신뢰감을 갖게 된다. 3~4세에는 스스로 문제를 해결해 나가면서 자신에 대한 성취감을 갖는다. 이러한 유아 자신에 대한 신뢰감, 성취감 등이 곧 자아존중감 발달로 연계되어 나타난다. 취학 전 아동은 자신이 기대하는 능력과 자신의 실제 능력을 구분하는 데 혼돈이 있으므로 타인으로부터 어떤 일을 얼마나 잘할 수 있느냐는 질문을 받으면 자신의 능력을 매우 높게 평가하고, 과제의 난이도를 과소평가하는(Berk, 2006/2008) 경향이 있다. 따라서 부모를 포함한 성인은 유아기의 자아존중감 발달이 중요함을 인식하고, 유아 자신이 생각했던 기대치와 수행 정도에 차이가 있을 때 긍정적인 자세로 격려해 주며 유아가 보다 현실적인 기대치를 가질 수 있도록 상호작용하는 것이 필요하다.

유아의 자아존중감을 증진하기 위한 교육 활동으로, 양진희와 박윤(2009)은 만 5세의 비인기 유아들을 대상으로 또래관계 관련 그림책(예: 『외톨이 사자는 친구가 없대요』)을 활용한 문학적 활동, 즉 동화를 듣고 내용에 관해 이야기를 나눈 후, 동화 재구성 활동 및 편지나 일기 쓰기를 하고, 후속 활동으로 토의 및 역할놀이를 하는 활동을 실시한 결과 유아의 자아존중감과 사회적 적응 행동이 증진되었다고 하였다. 또한 류혜숙과 김명화(2009)는 만 5세 유아를 대상으로 위인동화를 활용한 역사교육 활동, 즉 역사와 관련된 동화책(예: 『김홍도』)을 선정하여 연관 활동을 실시한 결과 유아의 역사적 사고력과 자아존중감이 증진되었다고 하였다. 이같이 또래 및 역사적 인물 등이 담긴 문학을 매체로 연관 활동이 의미있게 전개된다면 유아의 자아존중감 발달에 도움이 될 수 있다.

2) 마음이론 발달

(1) 마음이론

마음이론(theory of mind)이란 자신 및 타인의 정신작용을 이해하는 인지 능력을 말한다. 유아는 타인의 생각과 의도 및 정서를 이해 및 추론해 보는 것을 기초로 점차 타인의 행동을 예측해 보게 된다. 유아의 마음이론은 어휘력 및 이야기 이해 능력 등의 언어 발달(김은정, 오진희, 2010; 이영자, 이지현, 2006), 또래와의 우정, 사회적 선호도, 주도성 등의 사회성 발달(이옥형, 유은정, 2004; 신유림, 2004; 정덕희, 2009) 등과 관련된다. 이같이 마음이론의 발달은 유아의 인지, 언어, 사회성 등의 발달에 긍정적인 영향을 미치므로 중요하다.

마음 이론의 발달 과정을 유아 연령별로 살펴보면 다음과 같다.

2~3세 유아들은 타인이 무엇을 원하는지, 그리고 타인의 감정이 좋은지 나쁜지 구별할 수 있다. 예를 들어, 어린이집 교실에서 교사가 엉덩방아를 찧어 바닥에 넘어졌을 때 2세 유아가 교사에게 다가가 "아팠어? 아팠어?"라고 물어볼 경우, 그 유아는 교사의 생각이나 감정을 유추하여 언어적으로 질문하였음을 알 수 있다.

3세 유아는 다른 사람들이 자신의 욕구(desire)에 따라 행동한다는 것을 이해할 수 있으나, 생각(신념, 믿음 등)이 행동에 영향을 준다는 것을 이해하지 못한다. 따라서 3세 유아는 잘못된 믿음을 이해하는 것, 즉 자신의 믿음이 잘못될 수 있다는 것을 이해하는 데 어려움을 느낀다(Falvell et al., 1995: 이영 외, 2009: 268에서 재인용). 예를 들어, 3세 유아에게 필통을 보여 주고 이 안에 무엇이 들어 있는지 물어보면 연필이나 지우개 등 필기도구 중의 하나를 이야기한다. 그러나 유아가 필통을 열면 필기도구가 아니라 수저가 들어있음을 발견한다. 연구자가 "필통을 아직 열지 않은 아이라면 이 안에 무엇이 들어 있다고 생각할까?" 라고 질문하면 유아는 "수저" 라고 대답하면서 자신이 원래 필통 안에 수저가 들어 있다고 생각했다고 말한다. 이처럼 이 시기의 유아는 사람들이 항상 자신의 욕구와 일치된 방식으로 행동한다고 생각하며, 믿음이 행동에 영향을 미친다는 것을 이해하지 못한다(Bartsch & Wellman, 1995: Berk, 2006/2008에서 재인용). 또한 3세 유아는 외양과 실제를 혼동하는 경향이 있다. Falvell과 Green, 그리고 Flavell (1986)의 실험에서 유아는 우유를 초록색으로 보이게 하는 선글라스를 썼을 때 흰 우유를 금방 봤더라도 우유는 초록색이라고 말했다고 한다(이영 외, 2009: 270에서 재인용). 이는 유아가 보이는 것에 초점을 두고 사물을 판단하는 직관적 사고를 하기 때문이다. 이같이 3세 유아는 잘못된 믿음에 대한 이해가 어렵고 외양과 실제를 혼동하는 경향이 있다. 특히 3세의 경우 가상적 맥락에서 마음이론의 발달 수준이 높게 나타나는데(이영자, 신은수, 이종숙, 2003), 이는 3세 유아의 마음이론 발달을 위해서는 가장놀이를 격려하는 것이 필요함을 시사한다.

유아가 4~5세가 되면 잘못된 신념에 대한 사고 능력이 나타난다. 즉, 사람이 생각한 내용이 실제로 보고 말하고 만지며 아는 것과 다를 수 있다는 것을 이해하게 된다(Wellman et al., 2001). 다시 말해, 대부분의 5세 유아들은 사람의 마음속에 여러 가지 생각이 있을 수 있고, 직접 보지 못하고도 생각할 수 있으며, 사람이 사실과는 다른 잘못된 신념을 가지고 행동할 수 있음을 이해한다. 위의 사례를 예로 든다면, 4~5세 유아들은 필통 안에 수저가 들어 있는 것을 보고서도 "필통을 열지 않은 아이라면 그 안에 필기도구가 들어 있을 것이라고 생각한다."고 답변할 수 있다. 즉, 이 시기의 유아들은 보이는 것에 의존하는 것이 아니라, 믿음이 행위를 결정할 수 있음을 알고 믿음과 행위 간의 관련성을 이해하게 된다(Gopnik & Wellman, 1994; Ziv & Frye, 2003: Berk, 2006/2008에서 재인용).

또한 유아기에는 점차 상상(가상, 환상)과 현실을 구분하는 능력이 발달되며, 거짓말과 실수를 구분하게 된다. 유아들은 대체로 모든 잘못된 행동을 거짓말로 여기지만, 자신에게 친숙한 이야기를 들었을 때에는 많은 유아들이 실수와 거짓말을 구분할 수 있다.

최근 연구에서는 2~5세 유아들이 자신과 타인의 정신작용에 대한 지식이 폭발적으로 증가한다는 것을 발견했다(Wellman, Cross, & Watson, 2001: 이영 외, 2009: 268에서 재인용). 국내 연구(김영심, 이종희, 2003)에서도 개인에 따라 2세 무렵에도 마음이론 과제를 잘 수행할 수 있으며, 특히 숨바꼭질 놀이에서 상대방의 관점을 고려하여 자신을 잘 숨기는 영유아는 가상과 실제의 구분도 잘하였다고 하였다. 즉, 마음이론 과제에 대한 수행력은 2세부터 나타나며, 연령이 높아질수록 마음이론이 발달함을 알 수 있다. 최근 연구들(신은수, 2005; 이영자, 이종숙, 신은수, 2002; 이옥형, 유은정, 2004)에서는 4세가 마음이론 발달의 결정적 시기라고 본다. 따라서 성인들은 유아기의 마음이론 발달 과정을 인식하고, 타인의 생각과 감정을 이해 및 추론해 볼 기회를 유아에게 적절히 제공해 줌으로써 마음이론 발달, 즉 사회성 발달의 기초를 지원해 주는 것이 의미 있을 것이다.

마음이론 발달을 위한 교육 활동으로, 이영자와 오진희(2006)는 4~5세 유아들을 대상으로 소집단 그림책 읽기 활동, 즉 5~6명의 유아들과 면접자가 함께 책을 읽고 책에 관련하여 이야기를 나누는 활동(생활동화의 경우 유아들이 책 내용에 관련된 자신의 경험을 기억하여 이야기해 보게 하고, 환상동화의 경우 유아들이 후속 이야기 짓기나 주인공 바꾸어 이야기 꾸미기 등 가상적 이야기를 만들어 보게 함)을 실시한 결과 유아들의 마음이론 수준이 향상되었다고 하였다. 그리고 지성애 등

(2009)은 만 5세 유아들을 대상으로 그림책을 활용하여 극화놀이를 한 실험 집단 유아들의 마음이론 발달 점수가 그림책을 보고 듣고 토의를 하였던 비교 집단의 유아들보다 유의하게 높았다고 하였다. 따라서 유아의 마음이론 발달을 위해서는 그림책을 읽고 토의하는 것뿐만 아니라 극화놀이를 통해 경험을 재구성 및 표상해 볼 기회를 유아에게 제공해 주는 것이 의미있다고 할 수 있다.

유아의 마음이론 이해 수준을 파악하기 위해서는 내용교체 과제, 위치 이동 과제, 이차 틀린 믿음 과제를 사용한다. 각 과제 내용은 다음과 같다(신은수, 2005).

첫째, 내용교체 과제다. 겉의 포장과 실제 속의 내용물이 다른 것(예: 크리넥스 속에 리본)을 유아에게 보여 준다. 그 후 크리넥스를 친구(인형)에게 보여 주면 그 친구(인형)는 그 안에 무엇이 들어 있다고 생각할 것인지 질문한다. 크리넥스 통 안에 '리본'이 아닌 '휴지'가 있다고 말하는 유아가 마음이론이 발달된 유아다.

둘째, 위치 이동 과제다. 모양은 동일하고 색은 다른 두 개의 상자(노랑과 파랑 상자)를 유아에게 보여 준다. 공을 노란색 상자에 넣은 것을 보여 준 후 친구(인형)가 다시 돌아오기 전까지 공을 파란색 상자로 몰래 이동시킨 후 유아에게 그 친구(인형)는 어느 상자에 공이 들어 있다고 생각할 것인지 질문한다. 이때 공을 옮기기 전의 상자, 즉 '파란색 상자'가 아닌 '노란색 상자'에 공이 있을 것이라고 이야기하는 유아가 마음이론이 발달된 유아다.

셋째, 이차 틀린 믿음 과제다. 인형 1이 공을 1차 위치인 바구니에 넣는다. 인형 2가 공을 2차 위치인 상자에 넣은 사실을 이후에 인형 1이 확인한다. 그 후 인형 2가 인형 1의 마음을 알고 있는지 질문한다. 이 경우 인형 2는 인형 1이 공이 '바구니'에 있을 것이라고 생각한다고 이야기하는 유아가 마음이론이 발달된 유아다.

유아가 각 질문에 대한 정답과 그 이유를 정확히 이야기할수록 마음이론의 이해 수준이 높음을 뜻한다. 마음이론이 발달한 유아일수록 타인에 대한 감정이입과 배려 및 공감 능력이 발달할 가능성을 지닌다.

3) 또래관계 발달

또래란 단순히 동일한 연령의 유아만을 의미하는 것이 아니라, 행동의 복합성이 유사한 수준에서 상호작용하는 유아를 의미한다.

또래관계는 사회적 발달 측면에서 여러 교육적 가치가 있다(이영 외, 2009; 강인언 외, 2009). 첫째, 타인조망, 공평함, 상호성, 협력이라는 개념을 학습하는 주요 맥락이 된다. 둘째, 문화적 규범과 가치의 학습을 돕는다. 셋째, 또래를 통해 효율적 상호작용 기술을 배우면서 사회적 유능감이 발달할 수 있다. 넷째, 이후의 학업 성취 및 집단 생활 적응을 돕는다. 따라서 부모 및 교사는 유아가 또래관계를 잘 형성하고 지속해 나갈 수 있도록 유아가 또래와 함께 놀이하며 상호작용할 기회를 제공해야 한다.

(1) 우정

우정은 친구들 간의 애정을 뜻한다. 다시 말해 우정이란 친밀한 정서적 유대관계, 즉 서로의 생각과 감정을 공유 및 이해하고 위로하며 돌보는 상호 관계를 의미한다.

유아기에는 초보적인 형태의 우정, 즉 놀이하면서 쉽게 친구가 되고 놀이가 끝나면서 친구관계도 쉽게 마무리되는 일시적이고 표면적인 우정을 경험한다. 함께 놀고 물건을 나누어 갖는 구체적인 행동이 곧 우정이라고 생각하기 때문에 함께 놀이하는 모든 유아가 친구가 된다. 유아는 지역적인 친밀성, 즉 같은 동네 혹은 같은 유치원에 다니는지에 따라 우정의 지속 여부가 결정된다. 즉, 이 시기 유아들이 생각하는 친구란 가까이 살고, 좋은 장난감을 가지고 있으며, 놀이 활동에 대한 기대를 공유하는 또래다(Bigelow & LaGaipa, 1980: Bornstein & Lamb, 2005/2009: 666에서 재인용). 그러나 아동기가 되면 지역적인 가까움보다는 정서적 가까움이나 신뢰와 같은 심리적 이유에 의해 우정이 지속되며, 유아기에 비해 보다 추상적이고, 안정적이며, 상호 이타주의적인 특성을 보인다.

Selman(1980)도 유아기의 우정은 대부분 일시적인 놀이 친구로서 일방적인 도움관계에 해당된다고 하였다. 즉, 유아들은 지역적 근접성, 소유물, 장난감에 가치를 두고 친구관계를 맺으며, 친구란 자기가 원하는 것을 들어 주는 상대로 본다. 다시 말해 유아들은 친구를 자신과 가까이에 있고 장난감을 같이 사용하며 내 요구에 긍정적으로 반응하는 사람으로 인식한다.

유아기의 우정은 자신과 타인에 대해 깊이 이해할 기회를 제공하며, 일상의 스트레스를 해결해 주기도 하고, 집단 생활에서의 적응을 돕는 데에도 그 가치가 있다(장휘숙, 2006). 다음 기사에서는 유아들이 생각하는 우정의 개념과 우정이 갖는

"유아들의 우정 무시 마세요!" … 품 안의 아이로 묶어두지 마라

유아원, 유치원 아이들 간의 우정은 어느 정도 수준일까. 유아들의 우정은 '놀이' 중심이지만, 친구의 관점 등 남에 대한 이해력을 높이는 데 유용하다.

신유림 가톨릭대 아동학전공 교수는 유아들에게 '사회적 상상놀이'를 하는 기회를 주라고 권고했다. 즉, 각 유아가 사회관계에서 각각의 역할을 맡는 '사회적 상상놀이'를 하면 유아들이 보다 높은 수준의 상호작용을 하고 의사소통전략을 사용하게 되므로, 정서 이해와 표현에 도움을 줄 것이라고 하였다.

신 교수가 소개한 한 유아원의 만 네 살짜리 '파랑반' 아이들은 친구에 대해, 시간이 지나면 잊고 마는 존재가 아니라 어른들의 생각하는 이상으로 나름의 '깊이'를 표현했다. "친구랑 있으면 심심하지 않다."(강지성), "친구는 같이 놀고 싶은 사람이다."(김해민), "친구는 같이 노는 좋은 사람"(김혜림, 박우진, 김보윤, 채승현) 등의 코멘트를 보면 '놀이'가 유아 간 우정의 동기가 되고 있음을 알 수 있다. 또한 "사이좋게 지내는 마음이 많아야 한다."(김다현), "양보하면서 지내는 사람"(김규련)의 말에서는 양적인 놀이 시간의 길이를 넘어 질적인 정서 교감까지 하고 있음을 알 수 있다. "친구는 좋은 사람"(김성은), "재미있게 사이좋게 놀아야 한다."(서준혁)의 말에서는 우정이란 놀이로 맺어진

것으로 그 품질이 담보되어야 함을 얘기한다.

정계숙 부산대 유아교육과 교수는 "유아기의 우정 형성 요인은 공통된 관심, 유사한 놀이 형식으로 유사성 요인이 중요하게 작용한다."고 밝혔다. 또한 "친구관계는 아동의 심리적 발달과 적응에 미치는 부정적인 영향을 해결하는 데 도움이 되는 주요 관계적 자원으로, 어릴 때는 사회화 지원자로서 기능한다."고 하면서 "소 자녀 부모가 자녀에 대한 관리감독을 확대하려는 경향이 있는데, 그 보다는 좋은 친구관계를 갖도록 장려할 필요가 있다."고 권고했다.

출처: 헤럴드경제(2011. 9. 9.). '유아들의 우정 무시 마세요'에서 부분 발췌.

교육적 가치, 그리고 유아들의 또래관계 발달을 위한 사회적 상상놀이에 대해 언급하고 있다. 앞서 언급했던 것처럼 유아기에는 놀이를 중심으로 우정이 형성되며, 우정을 통해 또래에 대한 이해심을 발달시킬 수 있고, 사회적 상상놀이는 사회적 상호작용뿐 아니라 정서 이해와 표현력 발달에도 도움을 줄 수 있다. 또한 우정은 친사회적 행동과 대인 문제 해결 능력 등 사회성 발달에도 중요한 의미를 지닌다. 이와 관련하여 최근의 연구(김영옥, 홍지명, 이규림, 2010)에서는 신뢰감 형성, 협동, 친사회적 태도 및 행동, 호의와 친절, 배려와 존중의 우정 관련 요소가 반영된 우정 증진 활동(신뢰감 형성에 관련된 활동의 예: '서로 믿고 의지해요, 마음을 열어요, 등끼리 친구되기')을 구성하여 만 5세 유아에게 적용한 결과, 유아의 친구관계 개념과 자기 조절 능력이 유의미하게 향상되었다고 하였다.

'유아가 생각하는 가장 좋은 친구'에 대한 인터뷰 내용

[만 1세 유아가 생각하는 좋은 친구]

선생님: 좋은 친구는 어떤 친구라고 생각하니?

선재(만 1세 남아): …….

선생님: 선재는 어떤 친구가 좋아?

선재(만 1세): 재우요…….

선생님: 재우가 어떻게 좋아?

선재(만 1세): 나랑 놀아요…….

선생님: 그래, 선재랑 놀아 주는 재우가 좋은 친구니?

선재(만 1세): 예.

→ 자신과 놀아 주는 친구를 좋은 친구라고 인식함

[만 2세 유아가 생각하는 좋은 친구]

선생님: 좋은 친구는 어떤 친구라고 생각하니?

지은(만 2세 여아): …….

선생님: 지은이는 어떤 친구가 좋아?

지은: 재은이요.

선생님: 재은이가 어떻게 좋아?

지은: 장난감 양보해 줘요.

→ 놀이 시 자신에게 장난감을 양보하는 친구를 좋은 친구라고 인식함

[만 3세 유아가 생각하는 좋은 친구]

선생님: 좋은 친구는 어떤 친구라고 생각하니?

윤서(만 3세 남아): …….

선생님: 윤서는 어떤 친구가 좋아?

윤서(만 3세 남아): 형진이요.

선생님: 형진이가 어떻게 좋아?

윤서(만 3세 남아): …나랑 놀아주고, 비행기 접어줘요.

→ 자신과 놀아 주고, 자신에게 도움이나 선물을 주는 친구를 좋은 친구라고 인식함

[만 4세 유아가 생각하는 좋은 친구]

선생님: 좋은 친구는 어떤 친구라고 생각하니?

예진(만 4세 여아): …….

선생님: 예진이는 어떤 친구가 좋아?

예진: 진아요.

선생님: 진아가 어떻게 좋아?

예진: 나한테 잘해 줘요. 나를 좋아해요. 산타할아버지 왔을 때 도와줬어요.

→ 자신에게 잘해 주고, 자신을 좋아하며, 구체적인 도움을 주는 친구를 좋은 친구라고 인식함

[만 5세 유아가 생각하는 좋은 친구]

선생님: 좋은 친구는 어떤 친구라고 생각하니?

진훈(만 5세 남아): … (교사의 질문 의도에 대해 생각하는 침묵)

선생님: 진훈이는 좋은 친구는 어떤 친구라고 생각하니?

진훈: 혁이요.

선생님: 혁이가 어떻게 좋아?

진훈: 편지도 써 주고, 제 생일에 카드 선물 줬어요, 좋은 친구는 착한 친구예요. 배려하는 친구가 좋은 친구예요.

→ 자신에게 편지 및 선물을 전해 주는 친구뿐 아니라, 착하고 남을 배려하는 친구가 일반적으로 생각하는 좋은 친구의 개념이라고 인식함. 즉, 객관적인 입장에서의 좋은 친구의 개념을 인식할 수 있음.

출처: ○○유아교육기관 교사-유아 면담 자료(2011. 11. 23.~11. 25.).

좋은 친구에 대한 유아들의 인터뷰에서 볼 수 있듯이, 유아는 연령이 어릴수록 자신과 함께 놀아 주고 자신에게 양보하거나 도움을 주는 친구를 좋은 친구라고 인식하고, 연령이 높아질수록 놀이뿐 아니라 일상생활에서도 자신에게 도움을 주고, 착하고 남을 배려하는 친구가 좋은 친구라고 인식하였다. 즉, 유아의 좋은 친구에 대한 개념은 주관적인 것에서 객관적인 것으로 발달해 나가며, 좋은 친구의 상황 범위가 놀이에서 일상으로 확대됨을 알 수 있다.

(2) 대인 문제 해결

대인 문제 해결 능력이란 대인 관계에서 발생한 문제를 해결하고자 목표를 세우고 목표 달성을 위한 수단 및 방법을 고안해 내는 능력을 의미한다. 유아들은 종종 사회적인 갈등 상황, 즉 또래 간에 서로 상반되는 요구와 욕구 상태에 직면한다. 이러한 사회적 갈등 상황을 경험하면서 유아는 자신에게 유익하면서도 상대가 결과를 받아들이도록 효율적인 문제 해결 전략을 고민하고 적용해 보게 되는데, 이 과정을 통해 유아의 대인 문제 해결 능력이 발달된다.

대인 문제 해결 능력은 또래관계가 영향을 미친다. 즉, 또래와 잘 어울리는 유아는 또래관계를 향상시키기 위한 목표를 만들어 내며(예: 또래에게 도움되기 등), 효과적인 문제 해결 전략의 기술을 사용하지만, 또래관계에 문제가 있는 유아는 종종 편파적이고 자기 중심적인 사회적 기대를 갖는다. 따라서 그들은 타인의 행동을 잘못 해석하고(예: 의도적이지 않은 부딪힘을 적대감으로 해석함) 결국 또래관계를 손상시키는 목표와 전략(예: 충동 만족시키기, 또래를 뒤쫓거나 피하기 등)을 사용한다(Erdly & Asher, 1999; Youngstrom et al., 2000: Berk, 2006/2008에서 재인용). 여기에서 볼 때, 또래관계와 대인 문제 해결 능력은 연관되어 상호 영향을 주고받음을 알 수 있다.

유아는 연령이 높아질수록 갈등 상황 시 타인의 욕구를 고려하여 자신의 욕구를 주장함으로써, 결국 서로의 욕구를 모두 충족하는 방향으로 문제 해결을 도모한다. 5~7세 아동은 우호적인 설득과 타협 혹은 대안적 전략을 생각하고, 성인의 개입 없이 스스로 불일치를 해결하고자 한다(Chen et al., 2001; Mayeiux & Cilessen, 2003: Berk, 2006/2008에서 재인용). 따라서 기관에서는 또래 간 갈등 상황 시, 유아들에게 갈등 대상 및 상황에 따라 어떤 전략이 보다 효율적인지 사고 및 반성해 보는 기회를 제공해 주는 것이 유아의 대인 문제 해결 능력 발달에 도움이 되리라 본다. 이와 관련하여 김동례(1998)는 규칙에 대한 도덕적 갈등 상황들을 그림과 이야기로 제시하여 유아들이 문제 해결 과정에 관해 토의해 보게 한 결과, 유아의 대인 문제 해결 사고가 발달되었다고 하였다.

4) 사회적 행동 발달

(1) 친사회적 행동

친사회적 행동(prosocial behavior)은 이타성이 표출된 행동으로, 이타성이란 타인의 행복을 위해 자신을 희생하고 배려하는 마음을 뜻한다. 이에 따라 친사회적 행동은 타인의 행복에 관심을 갖고 행복의 증진을 위해 자발적으로 도움을 주고 배려하는 것을 의미한다. 이와 유사하게, Walsh(1980)는 친사회적 행동이란 타인을 배려하는 긍정적이고 건설적인 사회적 행동이라고 하였고, Barton(1986)은 타인에게 이익을 주는 개인의 사회적인 반응으로, 반사회적인 행동과 반대되는 개념이라고 하였다. 따라서 친사회적 행동이란 다른 사람에게 이익이나 도움을 주려는 자발적 행동이나 긍정적인 태도다.

친사회적인 행동 요소에는 관심 갖기, 감정이입하기, 나누기, 돕기, 위로하기, 보살피기, 협조하기 등이 있다. 요소별로 각 개념을 살펴보면, 관심은 상대에게 자신의 생각과 마음을 집중하는 것이고, 감정이입은 상대의 생각과 감정에 공감하면서 반응을 보이는 것이며, 나누기는 상대의 필요와 요구를 알고 자신이 가진 것을 주는 것이고, 돕기는 상대에게 필요한 도움을 알고 자신의 능력을 활용해 도와주는 것이며, 위로하기는 상대의 어렵고 힘든 상황을 이해하고 격려해 주는 것이고, 보살피기는 상대의 필요를 알고 정성을 다해 상대를 돌보아 주는 것이며, 마지막으로 협조하기는 어떤 목표를 위해 서로 마음과 힘을 하나로 모으는 것을 뜻한다.

발달 일화: 유아의 친사회적 행동 중 돕기와 나누기

만 3세: 담임교사에게 관심 갖고 돕기

만 3세 여아, 지민이는 남자 담임교사를 좋아하였다. 2학기가 지나며 지민이는 남자 교사에 대한 표현과 행동이 더 두드러졌다. 심지어는 남자교사가 자기 아빠보다 훨씬 더 멋지다며 지민이 아버지가 서운할 만큼 담임교사를 좋아했다. 어느 날 남자 담임교사가 감기몸살이 심해 얼굴이 붉어지고 목소리도 잘 나오지 않았다. 남자교사는 아이들에게 선생님이 아프니 잘 도와달라고 당부하며 하루를 시작하였다. 연신 기침을 하고 코를 훌쩍이는 남자교사에게 지민이가 다가와 이마에 손을 얹으며, "많이 아파요?"라고 물었다. 그날 지민이는 하루 종일 떠드는 아이들이나 장난치는 아이들을 볼 때마다 큰 소리로 '선생님 아픈데 그러면 어떡해?' 라며 교사 대신 아이들을 훈계해 주었다. 이날 담임교사는 지민이 같은 딸이 있었으면 좋겠다는 생각과 만 3세 아이에게 직접 도움을 요청하지 않더라도 3세 아이들이 자발적으로 다른 사람을 도우려는 의지가 있음을 발견하였다고 하였다.

출처: 2011. 10. 18. ○○유아교육기관 관찰 일지

만 4세 1학기: 놀잇감 공유하기를 어려워함

현주는 만 3세부터 유아교육기관에 다니기 시작하였다. 외동딸인 현주는 집에서 할머니와 함께 있으며 혼자 모든 장난감을 독차지할 수 있었다. 그러던 현주가 유아교육기관에 오면서 문제가 생겼다. 교실에 있는 장난감 중에 갖고 싶은 것이 있으면 무조건 자신의 것이라고 하였다. 심지어는 친구가 놀고 있던 장난감도 자신이 놀고 싶으면 "내 거야." 하며 뺏는 일도 자주 있었다. 그럴 때마다 담임교사는 현주에게 "같이 놀자."라고 하며 놀잇감을 공유하는 방법을 알려 주었다. 현주는 놀잇감을 공유해서 쓰는 것에 대해 이해하기 어려워했으며, 친구와 놀잇감으로 인한 다툼이 있을 때마다 울음을 터뜨렸다. 하지만 현주는 차츰 친구들과 장난감을 나누어 쓰는 방법을 익히며 적응하였다.

출처: 2009. 3. 15. ○○유아교육기관 관찰 일지

만 4세 2학기: 여전히 놀잇감 공유하기를 어려워하고, 친구가 놀잇감을 갖고 갈 때 화내며 말함

2학기가 된 어느 날 현주는 역할놀이 영역에서 종이 블록으로 집을 만들어 놓고 인형놀이를 하고 있었다. 그런데 옆에서 종이 블록으로 방을 만들던 현우가 블록이 부족하자 현주와 예원이가 놀고 있는 블록을 가져갔다. 그러자 화가 난 현주가 큰 목소리로 "친구 거 빼앗아 가면 어떻게 해? 친구 거 빼앗으면 친구들이 너랑 안 놀아 줘! 그럼 넌 혼자 놀아야 해!"라며 현우에게 말했다.

출처: 2009. 10. 14. ○○유아교육기관 관찰 일지

만 5세: 친한 친구가 빌려 달라고 할 때 놀잇감을 양보함

현주가 만 5세가 되었다. 현주와 예영이는 단짝 친구다. 둘은 인형놀이를 즐겨했는데 현주가 먼저 등원하여 혼자 인형놀이를 하고 있었다. 예영이가 오자 현주는 같이 인형놀이를 하자고 하였다. 현주가 놀고 있던 엄마 인형을 보고 예영이가 "현주야! 그럼 나 엄마 인형 해도 돼?"라고 하자 현주는 조금 망설이다가 "그럼, 오늘은 네가 엄마 인형 해! 내일은 내가 엄마 인형 할 거야!"라며 예영이에게 엄마 인형을 양보하였다. 그러고는 "난 애기 인형 해야지!"라며 예영이와 인형놀이를 시작하였다.

출처: 2010. 6. 25. ○○유아교육기관 관찰 일지

2세 이전의 영아들은 타인에게 공감적 반응을 보이며, 2세 이후에는 위로하고 도와주려는 행동이 나타난다. 예를 들어, 엄마가 울 때 2세 이전의 영아들은 같이 우는 반응을 보이며, 2세 이후에는 엄마의 눈물을 손으로 닦아 주거나 손수건을 갖다 주는 행동을 보인다. 한국 유아들의 친사회적 행동에 관한 연구에서 친사회적 행동이 연령에 따라 증가한다고 했던 조은진(1997)의 연구 결과를 고려해 볼 때, 기관 및 가정에서는 어릴 때부터 유아의 연령에 따른 친사회적 행동 발달을 이해하고 이를 격려 및 지원하는 것이 바람직하다.

유아의 친사회적 행동 요인에 관한 연구로, 서소정(2006)은 만 5세 유아들과

유아의 친사회적 행동: 3세 유아에게 동화책을 읽어 주는 5세 유아

유아의 친사회적 행동: 정리 정돈을 돕는 유아

그들의 어머니들을 대상으로 설문조사를 실시한 결과, 어머니가 자녀의 친사회성을 돕기 위한 전략들(외적 보상, 모델링, 내적 보상) 중 내적 보상 전략 즉, 기대되는 행동에 대한 구체적인 이유를 설명하고 다른 사람의 관점에서 생각해 보게 하는 것이 유아의 친사회적 행동을 가장 영향력 있게 예측한다고 하였다. 이은정(2008)은 구성주의 교육 신념을 갖고 이를 실천하는 구성주의 교사의 유아들이 비구성주의 교사의 유아들보다 친사회적 행동 수준이 높게 나타났다고 하였다. 이같이 유아의 친사회적 행동 발달에 교사의 교육 신념 및 부모의 상호작용 방법 등이 영향력이 있음을 알 수 있다.

유아의 친사회적 행동 증진을 위한 활동으로, 박성혜 등(2009)은 만 4세 유아들을 대상으로 생태 그림책을 활용한 자연 친화 교육 프로그램, 즉 생태 그림책을 읽고 토의하며 이와 관련된 자연 친화 활동에 참여했을 때 유아들의 친사회적 행동이 증진되었다고 하였다. 이정화와 이수련(2008)은 유아 주도적 협동 게임, 즉 '집단 내의 팀 구성원들이 집단의 공동 목표 성취를 위해 서로 돕고 즐거움을 느낄 수 있도록 유아들이 주도적으로 게임의 방법과 규칙 및 역할과 순서 등을 토의하고 계획한 후 적극적으로 참여하는 그룹 게임' 에 유아들이 참여했을 때, 일반적인 그룹 게임에 비해 유아의 친사회적 행동이 유의미하게 증진되었다고 하였다. 따라서 유아의 친사회적 행동 증진을 위해서는 관계 지향적 인성 요소들이 담긴 생태 그림책을 활용하여 연관 활동을 진행하거나, 그룹 게임의 전 과정에 유아들이 또래와 함께 의견을 조율하며 주도적으로 참여해 보는 활동이 유의미함을 알 수 있다.

(2) 공격성

공격성(aggression)이란 상대에게 언어적이거나 정신적 혹은 신체적으로 상해를 입히는 등 적대적이면서도 반사회적인 성향 중 하나다. 공격성은 크게 두 가지, 즉 도구적 공격성과 적대적 공격성으로 나뉘며 연령이 높아질수록 도구적 공격성보다는 적대적 공격성이 더 많이 나타난다.

여기에서 도구적 공격성이란 어떤 목적을 달성하고자 공격성을 하나의 수단으로 사용하는 것으로, 예를 들어 유아가 자신이 원하는 블록을 갖고자 친구가 만든 블록을 부수는 것이다. 이같이 도구적 공격성에는 상대를 해칠 의도가 포함되어 있지 않지만, 적대적 공격성은 신체적이거나 언어적으로 타인에게 해를 입히기 위한 목적에서 발생한다.

연령별로 공격성의 발달 특성을 살펴보면 다음과 같다. 1세 반에서 3세경에 공격적 특성이 처음 나타나는데 2~3세에는 때리고 밀치고 던지는 등 물리적 공격성을 주로 보이고, 3~6세에는 놀리고 흉보고 욕하며 상대방을 언어적으로 모욕하고 공격적인 행동을 보인다(Hartup, 1974: 박지현, 2010에서 재인용). 즉, 유아의 공격적 특성은 물리적 공격성에서 언어적 공격성으로 발달한다. 이와 관련하여 Maccoby도 2세 반부터 5세경의 유아는 사회적인 놀이 시 장난감이나 자리를 차지하고자 도구적 공격성을 많이 보이는데, 언어 능력의 발달과 함께 자신의 정서를 언어로 표현할 수 있으면, 점차 행동보다는 언어로 공격성을 표출한다고 하였다(Maccoby, 1980: 이영 외, 2009: 300에서 재인용). 6~7세가 되면 유아의 자기중심성이 줄어들고 타인의 입장에서 사고해 보는 능력이 증가하면서 공격성도 점차 감소한다.

공격성 관련 요인에는 성별, 애착, 기질, 부모의 양육 태도, 공격적 장면의 모델링 등이 있다. 대체로 남아가 여아보다 신체적인 공격 행동을 더 많이 하며, 어머니와 교사에게 불안정 애착된 유아가 안정 애착된 유아보다 공격성의 정도가 높다(손혜숙, 2001). 유아의 기질 및 양육 태도와 공격성 간에는 정적인 상관관계가 있다(최지영, 김미애, 2010). 최근에 자녀 수의 감소로 인해 자녀에 대한 어머니의 애정 집착 현상이 대두되고 있는데, 이 또한 자녀에게 불안과 위축 및 공격성을 야기할 수 있다(오선영, 채영문, 2006). 이외에도 반두라의 사회학습이론에 근거할 때 공격적 장면을 많이 접한 유아일수록 공격적인 행동이 나타날 가능성이 많다. 이같이 유아의 공격성은 폭력적 장면에의 노출뿐 아니라, 의사소통의 어려움, 타인에 대한 공감 능력 및 충동 조절 능력의 부족 등도 그 원인이 될 수 있다.

한편, 유아의 공격성이 높을수록 스트레스 행동이 많이 나타나며 남아가 여아보다 스트레스 행동을 더 많이 보이므로 남아의 거친 행동에 대해 좀 더 부드럽고 자상한 배려가 요구된다(김미경, 2001). 유아에게서 공격적인 성향 및 행동이 나타날 때, 성인은 그 원인이 무엇인지를 먼저 파악하여 유아가 자신의 부정적인 감정을 사회가 수용하는 긍정적 방향으로 표출하고 해소하도록 돕는 노력이 필요하다. 특히 유아기에 형성된 공격성 행동은 학령기에도 지속적으로 나타날 수 있으므로(이경혜, 2009), 유아기부터 공격성 행동 감소를 위한 적극적인 지도 방안이 필요하다. 유아의 공격성을 경감시키기 위한 노력으로, 박지현과 송하나(2011)는 자기 조절 능력 증진 프로그램을 통해 공격성이 높은 유아의 신체적, 언어적 공격성이 감소되었다고 한 바 있다.

공격적인 우리 아이, 어떻게 바꿀까

아이가 공격성을 보이는 경우 대부분의 부모는 몹시 당황한다. 우선 주변 사람들에게 미안한 마음이 들고, 혹시 커서도 이러면 어떻게 하나 하는 걱정에 휩싸인다.

유아가 보이는 공격성의 가장 흔한 이유는 첫째, 적절한 표현 방법을 찾지 못한 데 있다. 즉, 다른 사람과의 관계에서 자기 의사를 관철시킬 수 있는 방법을 모르는 것이다. 마음은 급한데 전달하거나 표현할 수단이 없는 아이들은 몸을 이용해 표현하는데 흔히 공격적인 모습을 띠기 쉽다. 특히 아이의 언어 발달이 늦어지는 경우 공격적인 행동은 아주 흔하게 관찰된다. 둘째, 아이가 타인에 대한 공감 능력이 약한 경우에도 공격적인 행동을 보일 수 있다. 어떤 아이들은 다른 사람을 그 사람만의 관심과 욕구가 있는 타인으로 인식하지 못하고 마치 물건처럼 인식하는 경우가 있다. 이런 아이들은 자신의 욕구에 따라 상대방에게 좀 더 쉽게 공격적인 행동을 할 수 있다. 셋째, 아이가 충동 조절에 약점이 있는 경우다. 자신의 행동이 문제라는 것을 어렴풋이 느끼고는 있지만 욕구를 느끼는 상황 속에서는 억제가 안 되는 것이다. 마지막으로 가정 내에서 폭력적 장면이 자주 나타나는 경우다. 아이의 형이 아이를 자주 때리거나, 부모가 아이를 때리는 일이 많은 경우 아이는 폭력을 자기 목적을 이루기 위한 수단으로 학습한다.

따라서 언어적인 발달이 느린 경우 언어 발달을 촉진하도록 하고, 타인과의 공감이 안 되는 경우 우선 부모와의 깊은 애착 관계를 형성하도록 노력하는 것이 중요하다. 충동 조절에 약점을 보이는 경우 단시간에 변화를 가져오기는 어렵지만 긍정적인 행동을 보일 때 강화를 하는 방법을 꾸준히 사용하여 조금씩 자제력을 길러 줄 수 있다. 폭력적인 환경에 노출되었을 경우 환경의 조정이 가장 중요하다.

반드시 피해야 할 부분은 공격성을 보이는 아이의 버릇을 잡는다고 아이에게 폭력적인 훈육을 가하는 경우다. 시간을 두고 조금씩 원인을 찾아 해결해 간다면 이 문제는 해결될 수 있다.

출처: 한겨레(2010. 6. 14.). '공격적인 우리 아이, 어떻게 바꿀까, 27면' 에서 부분 발췌.

5) 성역할 발달

(1) 성 개념

성 개념(concept about sex), 즉 성에 대한 유아의 인식과 이해를 단계별로 살펴보면 다음과 같다(Kohlberg, 1966; Slaby & Frey, 1975). 첫째, 2~3세경의 성정체감 혹은 성동일화(성명명) 단계다. 이 시기에 유아는 자신이 남자인지 여자인지를 알고 이야기한다. 둘째, 4세경의 성 안정성 단계다. 이 시기의 유아는 성은 변할 수 없다는 것, 즉 시간이 지나도 성은 안정된 것임을 부분적으로 이해한다. 즉, 여아는 자신이 커서 엄마, 할머니가 될 것이고, 남아는 아빠, 할아버지가 될 것임을 아는 것이다. 셋째, 6~7세경의 성일관성 혹은 성지속성 단계다. 이 시기의 유아는 시간과 상황이 변할지라도 성은 절대 바뀔 수 없음을 이해한다. 즉, 남자가 치마를 입거나 파마를 하고 화장을 했을지라도 여전히 남자임을 아는 것이다. 이같이 유아의 연령이 증가할수록 성항상성에 대한 이해가 발달하는데, 이는 보존 개념의 획득 및 가역적 사고와도 관련된다. 즉, 대상의 외형이 변화되어도 본 속성은 그대로 유지됨을 알고, 대상을 원래의 상태로 돌이켜 사고할 수 있는 능력이 발달하기 때문에 성항상성 개념을 갖게 된다.

성 개념 발달 단계와 유사하게 박선영(2001)의 유아의 성 인식에 관한 문화기술적 연구에서도 4세 유아들이 성정체성과 성안정성을 모두 안정적으로 획득하고 있었으며, 성항상성(성일관성)에 있어서는 아직 발달 단계에 머물러 있었다고 하였다. 5세부터 성항상성 수준이 현저히 발달하기 시작해서 9세경에는 성항상성이 완전히 획득된다(김지희, 이순형, 1994). 이같이 유아는 연령이 증가함에 따라 성 개념이 발달한다.

다음은 유아들이 궁금해하는 성에 대한 질문들이다. 만약 유아로부터 이 질문을 받게 된다면 어떻게 답변할 것인가? 아래의 답변들을 참고하되, 유아의 발달 수준에 맞춰 반응해 보면 좋을 것이다.

유아들이 궁금해하는 성에 관한 질문

만약 유아로부터 다음과 같은 성에 관한 질문을 받게 된다면 어떻게 답변할 것인가? 아래의 내용을 참고하되, 유아의 발달수준에 맞춰 반응하는 것이 필요하다.

▷ 유아의 질문: (그림책에 나와 있는 음경을 가리키며) 엄마, 이게 뭐야?

→ '잠지, 고추, 찌찌' 등의 유아적인 용어들은 오히려 유아들이 성을 장난스럽게 보고 가치 있게 생각하지 못하게 할 수 있으므로, 예를 들어, "우리 몸에는 이름이 다 있지? 이건 음경이라는 이름을 가지고 있어. 그리고 이 속에 있는 게 고환이란 주머니거든. 여기서 바로 아기씨가 만들어지기 때문에 아주 중요하지. 너무 많이 만지거나 더러운 손으

로 만지면 아기씨가 상하게 된단다. 아주 소중하게 다루어야 해."라고 답변해 줄 수 있다.

▷ 유아의 질문: 왜 나는 고추가 없어? 왜 나는 앉아서 오줌을 누고 오빠는 서서 눠?

→ 남성과 여성의 생식기의 차이를 알려 주고, 서로 가지고 있지 않은 것에 대해 가치롭게 설명해 주는 것이 필요하다. 성의 긍정적인 면에 대해 이야기하는 것은 이후 아동의 정신건강에 매우 중요하기 때문이다.

▷ 유아의 질문: 아기가 어떻게 태어나요?

→ 이에 대한 모호하거나 부정확한 설명은 오히려 억측과 왜곡을 낳으므로, 보다 명확하게 설명해 주는 것이 좋다. 예를 들어 "엄마와 아빠가 사랑하여 엄마 몸속에 있는 아기주머니에서 아기가 크고 이제 엄마 배 속에서 크기 어려울 만큼 크게 되면 엄마 배에서 나오겠다고 배를 차고 나오게 된단다."라고 설명해 줄 수 있다.

출처: 윤화영(2006), p. 29-37.

(2) 성역할 고정관념

성역할은 남성과 여성에 대한 사회문화적 인습과 관련된 태도 및 행동, 즉 한 사회에서 남성과 여성에게 적합하다고 생각되는 특성과 행동을 말한다. 성역할 고정관념(gender-role stereotypes)이란 특정 행위나 활동이 남성 또는 여성에게 배타적으로 적용되어 판단하는 사고로(송명자, 2001), 성에 따라 결정된 외모, 행동 양식, 말씨, 감정을 표현하는 방식 등에 대한 구체적인 개념을 뜻한다(Hurlock, 1981).

성역할 고정관념은 유아가 자신의 생물학적인 성을 인식하면서 남자인지 여자인지를 구분할 때부터 발달된다. 즉, 성역할 고정관념은 앞서 언급했던 2~3세 경의 성정체감 혹은 성동일화(성명명) 단계에서부터 나타난다. 2세 유아는 성별에 따라 옷이나 장신구, 소품 등을 구분하고, 3세 유아는 성별에 따라 장난감을 구분하며, 4세 유아는 성별에 따라 색을 분류(예: 남자색은 청색과 갈색으로, 여자색은 분홍색으로 분류)할 수 있다(Picariello, Greenberg, & Pliemer, 1990). 우리나라 유아들을 대상으로 한 연구(유미숙, 1986)에서는 3~4세경에 직업에 대한 성역할 고정관념이 나타났고, 5~6세에는 고정관념이 급격히 높아졌으나, 7~8세에는 고정관념이 다소 감소하는 경향을 나타냈다고 하였다. 박선영(2001)의 연구에서도 4세 유아들에게서 직업에 대한 성역할 고정관념(예: 남아는 경찰이나 의사, 여아는 간호사나 선생님을 선호)이 나타났고, 남아는 멋있고 힘이 세며 여아는 예쁘고 힘이 약하다는 인식, 여자색은 분홍, 남자색은 파랑이라는 편견, 그리고 남아는 블록 놀이방, 여아는 역할 놀이방을 선호하는 등 성역할 고정관념의 양상이 다양하게 나타났다고 하였다. 이같이 유아들은 물건이나 놀잇감, 색, 직업, 성격 특성 등에서 성역할 고정관념을 형성해 나간다.

성역할 고정관념은 유아기에 형성되며, 앞서 언급했듯이 장난감, 직업, 성격, 부모 역할, 놀이 등에서 고정관념이 나타난다. 하지만 지나친 성역할 고정관념은 성역할 발달에 도움이 되지 않으므로, 성역할 고정관념의 감소를 위한 교육적 접근이 요구된다. 이와 관련하여 강혜원(2009)은 역할놀이를 통한 양성평등 교육이 만 4세 유아의 성역할 고정관념 감소에 효과가 있었으며, 특히 여아보다 남아에게 더 큰 효과가 있었다고 하였다.

병원놀이에서 의사를 맡은 여아

역할놀이 영역에서 요리(설거지)를 하는 남아

한편, 유아를 위한 그림책이나 그림동화를 바탕으로 성역할을 분석한 연구들을 살펴보면 아직까지 성역할 고정관념이 많이 잔재되어 있음을 볼 수 있다. 조한숙(2002)은 유아용 그림동화에 나타난 성역할 분석을 통해, 남성은 문제 해결력과 창의력, 여성은 자연 및 동물 사랑이 강조되고, 남성은 다양한 직업 분야에서 종사하는 반면, 여성은 한정된 직종으로 보조적이며 단순한 노무직이 주를 이루고 대부분 주부로 등장하며, 남아는 동적 활동, 여아는 정적 활동을 많이 하고, 남성이 여성보다 실외에서 활동하는 경우가 많다고 하였다. 이와 유사하게 김아름(2011)도 유치원 교육과정 동화에 나타난 성역할 고정관념 분석을 통해, 남성은 모험심과 용기 및 자연 사랑, 여성은 가족 사랑이 많고, 남성이 여성보다 다양한 종류의 직업에 종사하며 여성은 가사 노동을 하는 모습으로 많이 묘사되었다고 하였다. 따라서 교사 및 부모는 유아를 위한 그림책을 선정할 때에는 성역할 고정관념이 반영되어 있는지 확인하고, 되도록이면 최근의 성역할 개념인 '양성성'의 개념이 나타난 책들을 제공해 주는 것이 필요하다고 본다.

아래의 읽을거리는 유아를 위한 애니메이션에 담긴 전형적인 남녀 캐릭터의 모습에 관한 것으로, 이는 유아에게 성역할 고정관념을 심어 줄 우려가 있다는 내용이다. 그러므로 교사를 포함한 성인은 유아가 접하는 그림책을 포함한 인쇄매체, 그리고 애니메이션을 포함한 전자매체들의 내용을 성역할의 측면에서 분석해 보고 이에 관해 유아들과 함께 토의해 보는 경험이 의미 있을 것이다.

'뽀롱뽀롱 뽀로로'에서 루피의 역할은?
애니메이션 속 전형적인 남녀캐릭터 설정 아쉬워

뽀로로, 에디, 포비, 크롱은 남성캐릭터다. 루피와 패티는 여성캐릭터다. 남성캐릭터들은 모험가, 과학자, 화가를 꿈꾸며 노력하는 모습을 보인다. 타고 난 재능도 가지고 있다. 그러나 여성캐릭터인 루피와 패티는 앞치마를 두르고 맛있는 쿠키를 구워서 친구들에게 대접하는 꿈을 꾼다.

21세기의 여자아이들은 더 이상 부엌에서 요리하고, 다소곳이 앉아 바느질하는 것을 강요받는 사회에서 자라지 않는다. 남자아이와 동등한 자격으로 공부하고, 자신의 뜻을 펼칠 수 있다고 교육받는다. 그러나 사회에서 요구하는 현실은 여전히 만화 속에 등장하는 전형적인 여성캐릭터인 것일까? 이런 애니메이션을 보고 자란 남자아이들은 당연히 여성이 요리를 해줄 거라고 기대할 것이고, 여자아이들은 그 모습에 자신의 모습을 비추어 보며 살게 될 수도 있을 것이다. 특히 만화 속 패티와 루피는 서로에게 질투를 느끼거나 오해를 해서 감정싸움을 만들기도 한다. 물론 실제로 아이들이 그런 감정에 빠질 수도 있다. 그러나 어린이들이 보는 프로에서 꼭 여성캐릭터 간의 감정싸움을 부각시켜 보여 주면서 어릴 때부터 성별에 관한 편견을 가지게 할 필요는 없다.

미취학 아동들은 그나마 사회시스템 속에서 길들여지는 고정관념으로부터 비교적 자유로운 시기다. 그런데 만화에서 뽀로로는 항상 용감하게 도전하고, 에디는 우주선을 만들고 외계인을 만날 때, 루피는 예쁜 머리핀을 자랑하고 싶어 하고, 백설공주와 같이 되길 꿈꾸며 사과를 먹어야 할까?

출처: 여성주의 저널 일다(2011. 6. 29.). '뽀롱뽀롱 뽀로로에서 루피의 역할은? 애니메이션 속 전형적인 남녀캐릭터 설정 아쉬워' 에서 부분 발췌.

6) 도덕성 발달

도덕성(morality)이란 옳고 그른 것에 대한 사회적 규범을 자신의 것으로 받아들여 그에 따라 행동하게 하는 기준이자 준거다. 유아(3~5세)는 연령이 증가할수록 도덕성이 발달하며, 여아가 남아보다 높은 경향을 보인다. 출생순위에 있어 첫째가 막내나 외동보다 발달 수준이 높고, 어머니의 학력이 높고 직업을 지닌 경우에 유아의 도덕성 발달 수준이 높다(유경훈, 1996).

피아제는 5~13세까지의 아동을 대상으로 도덕적 이해력(의도성)에 관해 연구한 결과를 바탕으로 아동의 도덕성 발달 단계를 크게 타율적 도덕성 단계와 자율적 도덕성 단계로 구분하여 제시하였다. 연구에 사용된 이야기와 질문 및 발달 단계의 특성은 다음과 같다.

존이라는 아이가 방에 있다. 어머니께서 저녁을 먹으라고 부르신다. 존은 식당으로 간다. 그런데 문 뒤에 의자가 있고, 의자 뒤에 접시 15개가 놓여 있었다. 존은 문 뒤에 이런 것들이 놓여 있는 것을 알 수가 없었다. 존은 문을 열고 들어가는데, 문이 쾅하고 접시에 부딪히면서 접시 15개가 모두 깨져 버렸다.

옛날에 헨리라는 아이가 있었다. 어느 날 어머니가 외출하고 없는 사이에 헨리는 찬장에 있는 잼을 엄마 몰래 꺼내려고 하였다. 헨리는 의자를 놓고 올라가 손을 뻗어 보았지만, 잼이 너무 높은 칸에 놓여 있어서 꺼낼 수가 없었다. 헨리는 잼을 꺼내려고 애를 쓰다가 컵 1개를 넘어뜨렸다. 컵은 바닥에 떨어져서 깨지고 말았다.

질문: 존은 저녁을 먹으러 가다가 컵 15개를 깨뜨렸다. 또 헨리가 잼을 엄마 몰래 꺼내려다 컵 1개를 깨뜨렸다. 이 경우, 어느 소년이 더 잘못했다고 생각하는가? 그 이유는 무엇인가?

1. 타율적 도덕성 단계: 5~10세

이 단계에 있는 유아들은 존이 컵을 15개나 깨뜨렸기 때문에 더 잘못했다고 이야기한다. 이들은 규칙이란 절대적인 권위, 예를 들어 신이나 부모 혹은 교사에 의해 좌우되기에 영구적이고 불변하며 엄격한 복종이 요구된다고 본다.

2. 자율적 도덕성 단계: 10세 이후

이 단계에 있는 아동들은 헨리가 비록 컵을 1개 깨뜨렸지만 그 의도가 나빴기 때문에 더 잘못했다고 이야기한다. 이들은 규칙이란 사람들이 만든 것으로 바꿀 수 있는 것, 즉 변화의 융통성을 가진 합의된 규칙으로 보며, 결과보다는 의도를 고려한다.

또한 콜버그(Kohlberg)는 피아제의 인지 발달 단계를 도덕성 발달에 적용하였다. 그의 도덕성 발달 단계는 총 6단계로 구분된다. 1단계는 벌을 받지 않으려고 규칙을 지키는 것, 2단계는 상을 받기 위해 규칙을 지키는 것, 3단계는 다른 사람들에게 착하게 보이려고 규칙을 지키는 것, 4단계는 잘못된 행위에 대한 양심의 가책을 느끼는 것, 5단계는 서로 모순되는 가치가 있다는 것을 이해하는 것, 6단계는 보편적인 도덕적 원칙의 정당성을 인식하는 것이다. 대부분의 경우 도덕성 발달의 보통 이하 수준인 1, 2 단계는 9세까지 완성되며, 20세 이후가 되어야 후기 관례화 수준에 해당되는 5, 6 단계에 도달할 수 있다(이철수 외, 2009). 따라서 유아기에는 내부적인 동기보다는 벌을 받지 않기 위해서나 보상을 받기 위한 외부적인 기준에 의해 도덕성이 좌우되며, 이는 피아제의 타율적인 도덕성 단계의 특성과 유사하다.

따라서 유아교육기관의 교사들은 유아의 도덕적 발달 단계와 그 특성을 이해하고, 유아들이 행위나 결과 등 외부적 기준에만 초점을 두고 도덕적 판단을 내릴 경우에 행위의 의도가 무엇이었는지, 어떤 맥락에서 주인공이 이 행동을 하게 되었는지에 관해 이야기 나누는 경험을 제공하는 것이 필요하다. 예를 들어, 유아교육기관에서 바깥놀이를 할 때 미끄럼틀 위에 올라간 친구를 일부러 밀었는데 친구가 넘어질 뻔하다가 다치지 않았을 경우와, 미끄럼틀을 거꾸로 올라가는 친구를 보고 내려오는 친구와 부딪힐까 봐 안 된다고 옷을 잡아당기다가 친구가 미끄럼틀에서 떨어져 다쳤을 경우에 어떤 유아가 더 잘못했다고 생각하는지 이야기 나눠 볼 수 있다. 이 경우에 타율적 도덕성 단계의 유아들은 결과에 초점을 두므로 친구를 다치게 한 유아가 더 잘못했다고 이야기할 수 있고, 자율적 도덕성 단계의 유아들은 결과보다는 의도에 초점을 두므로 일부러 친구를 밀었던 유아가 더 잘못했다고 말할 수 있다. 도덕성 발달을 위해 교사는 유아들이 행위의 결과적 측면에만 초점을 두지 말고 주인공의 의도와 사건이 발생한 상황 등을 고려하여 판단할 수 있도록 상호작용하는 것이 필요할 것이다.

한편, 유아의 도덕적 추론 능력의 발달은 도덕성 대 사회적 관습의 구별, 그리고 분배 공정성의 발달 과정을 통해 살펴볼 수 있다(Berk, 2006/2008).

먼저, 도덕성 대 사회적 관습의 구별이다. 3~4세 유아는 사회적 관습(예: 손으로 아이스크림 먹기)보다 도덕적 위반(예: 사과 도둑질하기)이 더 나쁘다고 판단한다. 타율적 도덕성 단계에 있는 유아들은 도덕적으로 건전한 이유가 있다 할지라도 도둑질과 거짓말을 항상 나쁘다고 이야기하는 경향이 있다(Lourenco, 2003: Berk, 2006/2008에서 재인용). 그러나 유아의 도덕적 이해력이 점차 발달함에 따라 규칙의 목적과 인간의 의도, 지식, 신념, 그리고 인간 행동의 맥락이 포함된 다양하게 증가된 변인들을 고려할 수 있게 된다.

다음으로, 분배 공정성이다. 4세 유아는 공유의 중요성을 인식하지만 자기 자신을 위해 공유한다. 즉, '내가 나눠 주지 않으면 친구가 나와 놀아 주지 않기 때문에 나누는 것'이다. 5~6세에는 엄정한 동등을 강조하는데, 즉 돈이나 게임의 순서 혹은 맛있는 것과 같은 자원들을 각 사람이 똑같이 나눠 가져야 한다는 것이다. 6~7세에는 이득의 원리로, 즉 남은 것은 일을 열심히 했거나 혹은 비범한 방법으로 일을 수행한 사람이 가져야 한다는 것이다. 8세경에는 동등과 자선의 원리로, 즉 특별한 배려나 해택을 받지 못한 사람에게 남은 양을 주어야 한다는 것이다.

유아의 도덕성 발달을 위한 교육 활동 유형으로 유아교육 현장에서 문학작품에 대한 토의와 역할극 등이 활용되고 있다. 이와 관련하여 차숙경(2009)은 지식 주입 방식이 아니라 사회의 규범 및 덕목을 마음으로부터 동의하고 이를 지키려고 애쓰는 과정에서 이루어지는 '토의'가 유아의 도덕성 발달에 가장 중요한 수단이 될 수 있다고 하면서, 한국 전래동화를 활용한 토의 활동(동화 내용에 관련된 갈등 상황의 해결 방안 및 그 이유에 대해 토의해 보는 활동)을 통해 유아의 도덕적 판단력이 향상되었다고 하였다. 문학작품에 대한 토의뿐 아니라, 황애선(2004)의 연구에서는, 유아교사들이 극놀이로 동화 내용을 재현해 보는 것이 유아기 도덕성 발달에 가장 효과적이라고 인식한다고 하였다. 따라서 교사들은 유아의 수준에서 이해할 만한 도덕적 갈등 상황이 담긴 문학작품을 선정하여 들려준 후, 딜레마를 효과적으로 해결하는 방안에 대해 함께 토의해 보며, 역할극으로 상황을 재연해 보는 경험을 유아에게 지속적으로 제공해 줌으로써 유아의 도덕성 발달을 지원해 줄 수 있을 것이다.

2. 정서 발달

유아기 정서의 특징은 다음과 같다(곽노의 외, 2007: 296). 첫째, 어떤 특정한 정서 상태의 지속 시간이 짧고 자주 바뀐다. 예를 들어, 유아는 친구와 다투어 울다가도 교사가 동화를 들려 주면 바로 웃음을 보이기도 한다. 둘째, 정서 상태의 기복이 심하다. 성인이 생각하기에는 사소한 것에도 유아는 매우 민감하게 정서 반응을 보인다. 예를 들어, 초콜릿 하나를 주어도 "와!" 하며 기쁘게 받는 반면, 친구가 초콜릿을 갖고 가면 땅을 치며 "엉엉" 울기도 한다. 셋째, 자신의 감정을 즉각적으로 자주 표현한다. 예를 들어, 엄마가 밥을 먹지 않으면 놀 수 없다고 하자 유아는 "엄마, 미워! 싫어!"라고 이야기한다.

연령이 증가하면서 유아들은 외적인 정서 표현들이 점차 줄어들고, 내적인 정서 표현들이 증가한다. 또한 유아들은 자신과 타인의 정서를 언어로 표현하면서 정서에 대한 이해력 및 표현력, 조절력이 보다 발달한다.

유아의 긍정적인 정서 발달은 부모 및 또래 등과 원만하고 친숙한 관계를 형성 및 지속하는 데에 영향을 미치기에 중요하다. 따라서 성인들은 유아가 정서를 인식하고 적절하게 표현하며 조절해 나갈 수 있도록 적극 지원해야 한다.

1) 정서 이해 능력의 발달

정서 이해(emotional comprehension)란 자신 및 타인의 감정을 있는 그대로 인식함으로써 진정한 감정을 읽고 이해하는 능력을 말한다. 정서 이해에는 자신 및 타인의 정서를 정확하게 인식하는 것뿐 아니라, 작품 속에 담긴 작가(화가)나 등장인물(주인공)의 정서를 인식하고 표현하는 것도 포함된다. 예를 들어, 『소피가 화나면, 정말 정말 화나면』 문학작품을 들려주고 난 후 "소피가 어떤 기분이었는지, 왜 화가 났는지, 그래서 어떻게 했는지, 이후에 소피는 어떤 기분이 들었는지" 등에 대해 이야기 나눌 때 유아의 정서 이해 능력이 발달할 수 있다.

유아기에는 인지 및 언어 발달과 함께 정서 이해 능력이 급속도로 발달한다. 유아들의 정서 이해 능력 발달의 특징은 다음과 같다. 첫째, 유아들은 긍정적 정서를 부정적 정서보다 쉽게 이해한다(Fabes et al., 1994). 예를 들어, 3~4세 유아의 과반수 이상이 '좋다.'라는 긍정적 정서 어휘를 사용하는 반면, 소수만이 '슬프다.'라는 부정적 정서 어휘를 사용한다. 둘째, 유아들은 연령이 높아지면서 보다 복잡한 정서 개념(예: 질투하는, 쓸쓸한, 허전한 등)도 이해할 수 있게 된다. 셋째, 유아들은 연령이 높아지면서 기쁨, 슬픔, 분노, 놀람 등의 단순정서와 이 정서의 원인에 대한 이해가 증가한다. 넷째, 상황에 따라 타인이 어떤 정서적 경험을 할지 예측할 수 있다. 예를 들어, 부모에게 꾸중을 듣거나 게임에서 졌을 때, 원치 않는 선물을 받았을 때 이야기 속의 주인공이 어떤 정서적 경험을 하게 될지 예측해 볼 수 있다(Stein & Trabasso, 1989). 다섯째, 학령 전 유아는 특정 정서를 표현하는 타인이 다음에 어떤 행동을 할지 예측할 수 있다. 예를 들어, 화가 난 아이는 누군가를 때릴 것이고, 기쁜 아이는 뭔가를 나누려고 할 것임을 안다(Russell, 1990: 이영 외, 2009: 302에서 재인용). 여기에서 볼 때 유아들은 점차 맥락과 정서, 정서와 행동 간의 관련성을 인식해 나감을 알 수 있다. 여섯째, 유아는 타인의 내재적 정서와 외재적 정서를 구별하기 어려워한다. 예를 들어, 기쁜 일이 있는데 슬픈 표정을 짓고 울거나, 슬픈 일이 있는데 기쁜 표정을 지으면 매우 혼란감을 느낀다(Friend & Davis, 1993: 이영 외, 2009: 302에서 재인용). 마지막으로, 유아들은 타인의 부정적 정서를 완화하고자 효과적인 방법을 생각해 낼 수 있다(Fabes et al., 1988: Berk, 2006/2008에서 재인용). 예를 들어, 엄마가 울고 있을 때 유아가 열심히 숙제하는 모습을 보이는 등 엄마의 말에 보다 잘 순종하는 것이다.

정서 이해 능력이 잘 발달된 유아일수록 타인과 잘 어울리며 또래에게 인기가 많다. 성인들은 유아의 정서 이해 능력 발달을 위해 유아의 정서적 반응을 수용, 인정해 주며, 상황에 따른 사람들의 다양한 정서에 관해 이야기 나누는 것이 필요하다. 특히 4~5세의 유아는 조망수용과 마음이론 및 정서 지능에 대한 이해와 발달이 급격히 이루어지는 시기이므로(정덕희, 2009), 이 시기에 유아들이 자신과 타인의 정서를 이해하고 조망해 볼 수 있는 기회를 갖도록 하는 것이 매우 중요하다.

한편, 이순이(2000)는 유아의 연령이 높아질수록 인지와 정서의 관련성에 대한 이해 능력이 발달했다고 하면서, 가정 및 교육기관에서 정서 이해 교육을 전개할 때 연령이 높아질수록 정서 교육을 인지적인 활동과 연계하여 진행할 필요가 있다고 하였다. 예를 들어, 같은 반 친구가 이사를 가서 다시 볼 수 없는 경우에 '어떤 기분이 드는지, 그 친구가 왜 이사를 갔는지, 친구와 계속 연락을 주고받을 수 있는 방법에는 뭐가 있을지' 등에 대해 유아들과 이야기 나눠 볼 수 있다.

2) 정서 표현 능력의 발달

정서 표현이란 자신의 감정에 관련된 욕구를 정확하게 표현할 수 있는 능력을 뜻한다(Salovey et al., 2004). 정서 표현 능력 발달에 있어 중요한 것은 사회적으로 수용되는 표현 방식을 습득하는 것으로, 이는 사회화의 중요한 목표이기도 하다. 유아가 갖게 된 타인의 정서 상태에 대한 지식을 통해 유아는 타인의 행동을 예측하고 자신의 정서 표현 방식을 결정한다. 유아는 상황에 따라 적절한 정서 표현이 어떤 것인지 알고 표현해 보면서 점차 정서 표현 능력이 발달한다. 4세가 되면 타인의 감정을 보호하기 위한 정서적 표현이 나타난다(Banerjee, 1997; Cole, 1986: Bornstein & Lamb, 2005/2009에서 재인용). 예를 들어, 다음의 그림에서 보듯이 아빠가 아이스크림을 사올 것이라 기대했는데 주스를 사 왔을 때 유아가 마음속으로는 실망하면서도 아빠의 기분을 생각해서 겉으로는 기쁜 표정을 짓는 것이다.

영아기에는 기쁨, 슬픔, 분노, 놀람 등의 기본 정서들이 나타나고, 2세 말에는 수치심, 죄책감, 자신감 등의 자기 의식적 정서가 나타나며, 3세에는 질투심이 나타난다(Garner, 2003: Berk, 2006/2008에서 재인용). 자신 혹은 타인의 정서를 언어로 표현하는 능력은 2세 말에서 3세에 발달하며, 4세가 되면 대부분의 유아들이 기쁨, 슬픔, 분노, 놀람의 기본 정서 관련 어휘들을 실제로 사용한다(Ridgeway, 1985).

타인의 정서를 보호하기 위한 정서적 표현

유아의 연령이 높아질수록 보다 상황에 적합하고도 정제된 방식으로 정서를 표현한다. 유아의 정서에 관한 이승은(2010)의 연구 결과, 유아의 연령이 증가할수록 인지 발달 및 다양한 경험의 증가로 인해 정서 이해뿐 아니라 정서 표현 방식이 점진적으로 발달하며, 정서의 유발 원인에 대해서도 다양하게 표현하는 등 변화가 있었다고 하였다.

3) 정서 조절 능력의 발달

정서 조절이란 분노, 우울, 스트레스 등의 부정적 감정을 관리, 통제하고 이에 대처하는 능력을 뜻한다. 구체적으로는 직접적인 정서 표현을 조절하고 극단적인 감정을 느끼는 상황에서도 합리적으로 행동하는 능력을 포함하는 것으로, 좌절 상황을 참는 능력이 중요한 특성이 된다(이영 외, 2009: 303).

2세가 되면 유아는 낯선 사람에 대한 공포 반응을 조절하기 시작한다. 3세에는 타인 앞에서 부정적 정서 표현을 자제하는 능력이 나타난다(Cole, 1986). 예를 들어, 놀이 후 정리 정돈을 하고 싶지 않지만 부모가 시켰을 때 자신의 부정적 정서를 자제하고 시킨 일을 하는 것이다. 이러한 좌절에 대한 참을성은 즉각적인 보상을 지연시켜 나중에 보다 큰 보상을 받는 것을 의미하는 '만족 지연'과 연관된다. 예를 들어, 성탄절에 본인이 원하는 선물을 가질 수 없을 때 유아가 지금은 다른 선물을 선택하고 나중에 자신이 먼저 고를 기회를 가짐으로써 자신이 원하는 선물을 얻는 것이다. 3~4세가 되면 유아는 정서적 각성 상황에서 마음을 진정시키고자 능동적인 노력을 할 수 있다. 예를 들어, 집에 혼자 있는데 정전이 된 경우 자신의 두려움을 달래고자 "조금 있으면 다시 불이 켜질 거야." "난 혼자가 아냐. 하나님이 나와 함께 계셔."라고 혼잣말을 하면서 무서움을 극복해 나가는 것이다. 학령 전기에 해당되는 5세 유아는 정서 원인에 대한 이해뿐 아니라 정서 조절에 관한 지식을 습득하는 중요한 시기로서, 여러 가지 정서 조절의 전략을 이해할 수 있다(유경, 민경환, 2003). 즉, 이 시기의 유아는 정서 조절의 다양한 전략을 이해하고 활용해 보면서 점차 효율적인 정서 조절 방법을 찾아 나가게 된다.

유아의 정서 조절 능력은 정서 이해 능력 및 부모의 정서 표현 수용 태도 등과 관계된다. 한민경(2003)은 유아가 긍정 및 부정적 정서가 유발되는 상황에서 타인의 긍정 및 부정적 정서를 잘 이해할수록 분노 및 공격적인 행동을 적게 하였다고 하였다. 신현숙(2006)은 자녀가 화를 낼 때 어머니가 수용적이고 허용적인 태도를 보일수록 유아가 자신의 정서를 잘 조절하여 표현하고, 타인의 정서를 잘 이해하고 조절할수록 유아의 사회적 유능성이 높다고 하였다. 따라서 정서 조절 능력의 발달은 차후에 정서의 부적합한 표출로 인한 문제 행동을 예방하고, 대인 간 문제를 보다 효율적으로 해결하기 위한 매개체가 될 수 있다. 이를 위해 성인은 자신의 감정을 잘 다룸으로써 유아에게 정서 조절 전략의 모델링이 되어 줄 수 있으며, 부정적인 감정이 드는 상황을 어떻게 극복해 나가면 좋을지에 대해 유아들과 이야기 나눠 보는 것이 필요하다.

유아의 정서 발달에 관련된 교육 활동으로, 홍순옥과 정수금(2003)은 만 5세 유아를 대상으로 협동 미술 활동, 즉 생활주제와 관련된 그림책을 읽고 주제에 대해 이야기 나눈 후 주제 관련 협동 미술 활동을 하는 것이 '교사에 대한 비의존성, 내적 통제, 또래와의 상호작용, 유치원에서의 안정감, 성취 동기, 호기심' 등 유아의 사회 및 정서 발달에 긍정적인 영향을 미쳤다고 하였다. 이외에도 유아를 위한 그림책 중 환상그림책을 경험하는 것도 유아의 정서 발달에 도움을 줄 수 있는데, 송진숙과 권희경(2010)은 환상그림책이 유아로 하여금 정서적인 감정을 다양하게 느끼게 하고 현실세계에서 오는 긴장감을 가상세계를 통해 해소하게 한다고 하였다.

한편, 유아의 정서 발달에 있어 자연체험이 주는 가치에 관한 최근의 연구 결과들을 살펴보면, 자연체험 활동은 유아의 정서지능과 정서 조절 능력을 향상시키는 데에 유의미한 교육 접근임을 알 수 있다. 한 예로, 유희점(2012)은 유아들이 자연 속에서 오감을 통해 직접 경험하는 자연체험 활동을 통해 주변 환경에 대한 세심한 관찰과 자연현상에 대한 호기심 및 사고가 촉진되고 확장되었을 뿐만 아니라, 서로 돕고 나누며 협동하는 또래와의 상호작용을 통해 정서지능 및 사회적 능력이 증진되었다고 하였다. 그리고 조은제(2011)는 숲에서의 자연체험 활동을 통해 유아의 정서지능 즉, 타인 정서의 인식 및 배려, 감정 조절 및 충동 억제, 교사와의 관계, 또래와의 관계가 발달되었다고 하였다. 따라서 유아교육기관에서는 유아의 정서 발달을 위해 자연 속에서 마음껏 뛰어 놀고 교감하며 탐구하는 등 자연과의 직접적인 체험활동을 지속적으로 제공하는 것이 필요하다.

3. 사회 · 정서 발달에 도움이 필요한 유아

다음은 사회 · 정서 발달 영역에 발달적 도움을 필요로 하는 유아를 위한 지도 방안이다.

1) 집단 활동에 참여하지 않는 유아

집단 활동에 참여하지 않고 오히려 다른 친구를 건드리며 방해하는 유아가 있는데, 이는 많은 경우 유아가 그 활동에 매력을 느끼지 못하기 때문이다. 그렇다고 유아에게 활동을 하도록 강요하면 오히려 부수적인 문제가 생길 수 있다. 따라서 유아가 집단 활동에 참여하지 않더라도 강요하기보다는 그 활동이 만족할 만한 것이 되도록 바꾸는 것이 더 옳은 방법이다. 이상적인 것은 그들이 자발적으로 참여하게 만드는 것이다. 자발적으로 참여할 수 있도록 활동을 고안할 때에는, 발달이 너무 앞선 유아에게는 활동이 너무 쉬워서 자극이 되지 않을 수 있다는 점과 반대로 발달이 지연된 유아에게는 활동이 너무 어려워서 따라갈 수 없기 때문에 집단 활동에 참여하지 않으려 할 수도 있다는 점을 유념해야 한다.

과다하게 움직이는 유아에게 너그러울 필요가 있다

신체적인 어떤 문제나 신경계의 문제로 가만히 있지 못하는 유아가 있을 수 있다. 이런 유아에게는 조금의 움직임 정도는 허용할 필요가 있다. 예를 들어 움직임이 너무 과다한 ADHD 유아에게 어느 정도의 움직임이 허용된다면 앉아서 집단 활동에 참여하는 것을 잘 해낼 수 있다. 이러한 움직임이 오히려 그러한 유아를 신경적으로 안정되게 하기 때문이다(Porter, 2003).

집단 활동 시간과 크기를 줄이자

집단 활동 시간이 너무 길면 유아들은 그곳을 빠져 나가고 싶은 열망이 생기기 마련이다. 따라서 활동이 너무 오랜 시간 이어지지 않게 해야 한다. 또한 집단의 크기도 너무 크지 않게 하는 것이 좋다. 한편 유아가 활동 중 이탈하고자 하는 의향을 보이면 가능한 이를 허용해 줄 필요도 있다. 반드시 활동에 끝까지 참여해야만 한다고 강요할 필요는 없다.

2) 놀이에 참여하지 않고 교사 등 어른에게 매달리는 유아

놀이보다는 교사와만 함께 있으려 하는 유아는 유아교육기관이 낯설고 그곳에서 안전한 느낌을 받지 못하기 때문이다. 또한 최근에 부모와 떨어져 있는 경험을 한 경우에 또다시 누군가에게서 분리될 것이 두려워서 어른인 교사에게 매달리게 된다. 한편으론 친구를 어떻게 사귈지 모를 때에도 이런 모습을 보일 수 있다.

그 유아만의 교사가 필요하다

그 유아만을 특별히 돌볼 수 있는 또 다른 교사 혹은 도우미가 있으면 좋다.

교사들은 이러한 모습을 보이는 유아를 그러지 말도록 달래거나 혼을 내는 경우가 많지만 이것보다는 일정 기간 그 유아가 자신의 욕구를 채울 수 있도록 충분한 애정과 관심을 주는 것이 더욱 좋다.

가장 좋아하는 놀이를 권해 보자

일정 기간 관심을 충분히 주었다고 판단될 때, 그 유아가 가장 좋아할 만한 놀이를 하도록 권해 보자. 처음에는 교사가 함께 놀이를 해 주다가 유아가 그 놀이에 집중할 때 교사가 잠깐 동안 다른 곳으로 갔다가 다시 돌아오는 방법을 사용하는 것이 좋다. 그리고 교사가 사라지는 시간을 조금씩 늘려 가는 것도 좋은 방법이다. 이를 통해 유아 스스로 놀이에 흥미를 갖고 집중할 수 있게 될 것이다.

3) 친구가 자신의 그룹에 끼지 못하게 거부하는 유아

자신의 그룹을 만들어 놀이를 하다가 또 다른 한 명의 유아가 함께 놀고 싶어할 때에 이를 거부하는 것은 친구를 괴롭히는 여러 형태 중 하나에 속한다. 여러 명의 유아가 한 유아를 집단으로 거부하는 따돌림의 형태다.

교사가 중재자가 되어 보자

교사가 따돌림을 당한 유아(예: 보람)와 함께 놀이를 하고 있는 유아들에게 가서 그 놀이집단에 한 명의 친구를 더 넣어 줄 수 있을지 물어봄으로써 교사의 개입이 시작될 수 있다. 예를 들어 교사가 "보람이는 그 놀이에서 아기가 해 보고 싶대."라고 말했는데 거부를 주도했던 유아가 "우리는 아기가 이미 있는데요."라고 말하였다고 하자. 그러면 교사는 또 이렇게 말해 볼 수 있다. "아기가 이미 있다면 그 아기를 쌍둥이라고 하면 어떨까? 그래서 보람이가 또 다른 쌍둥이가 되는 거야. 놀이가 더 재미있겠는걸." 교사의 제안으로 함께 놀이하는 자연스러운 놀이 환경이 만들어질 수 있다.

거부된 유아의 함께할 권리를 설명해 주자

교사의 권유에도 계속해서 한 유아만을 따돌리며 거부한다면 친구를 따돌리는 유아에게 이렇게 거부된 유아도 함께 놀 권리가 있음을 알도록 설명해야 한다. 이러한 권리 개념은 유아가 이해하기 쉽지 않지만 교사가 쉽게 설명해 준다면 충분히 이해할 수 있을 것이다.

따돌리는 행동에 제재를 가하라

"우린 보람이랑 같이 놀고 싶지 않아."라고 말하며 한 친구를 따돌리는 경우가 종종 발생한다. 이를 방지하기 위해 교실 내에 확실한 규칙을 세워야 한다. 예를 들어 "넌 우리랑 함께 놀 수 없어."라는 말을 할 수 없다는 규칙을 세울 수 있다. 이러한 말은 상대방의 마음에 상처를 주기 때문에 허용될 수 없음을 분명하게 밝혀야 한다.

4) 공격성을 보이는 유아

공격은 타인의 감정을 고려하지 않는 행동이며 유아의 언어적 · 비언어적 공격성은 우정을 해치는 결과를 가져온다. 따라서 공격자와 피해자 모두를 위해서 교사는 유아의 공격적 행동에 민감해야 한다. 공격적 유아를 지도하는 데 기본 전제가 되어야 하는 것은 비폭력으로 문제를 해결하는 것이 폭력을 사용하는 것보다 낫다는 것이다(Porter, 2003).

미리 예방하자

교실 내에 놀잇감이 너무 적으면 이것이 스트레스로 작용하여 유아로 하여금 공격성을 드러내도록 유도할 수 있다(Porter, 2003). 따라서 놀잇감을 충분히 마련해 놓는 것이 공격성을 미리 예방하는 좋은 방법이 된다.

교사가 먼저 공격적인 유아와 좋은 관계를 맺자

유아의 공격성은 부모나 교사, 또래에게 거부를 당하는 유아가 이러한 거부에 반응하여 반사회적 행동이 가속화된 결과일 수 있다. 따라서 이러한 반응이 촉발되지 않도록 먼저 부모나 교사가 그들을 거부하는 듯한 태도를 취하지 않는 것이 중요하다. 이런 공격적 유아가 또래와 교사와의 관계 속에서 그동안 채우지 못했던 애착을 보상해 줄 만한 새로운 관계를 구축해 가야 한다.

의사소통 기술을 점검하자

유아의 언어 기술이 부족하면 더 공격적이 될 수 있다. 따라서 공격적인 유아의 의사소통 수준을 파악하고 이를 근거로 상황에 맞게 이야기하는 방법을 교육할 필요가 있다. 또한 필요하다면 부모에게 자녀의 의사소통기술을 기를 수 있는 사회성 프로그램 등을 권하는 것도 좋은 방법이다.

친사회적 행동을 가르치자

공격적인 유아는 다른 친구의 우연한 행동(실수)을 고의적 악의로 해석하여 공격적으로 반응하곤 한다. 따라서 이러한 유아는 우연하게 발생한 일에 대해 정확히 해석하고 타인의 실수를 아무렇지 않게 넘길 수 있는 여유를 훈련받아야 한다. 이때 자신의 감정을 통제하도록 가르치는 것이 기본이 된다.

부모에게 알리자

공격을 가한 가해자와 피해자 모두의 부모에게 이 상황을 알려주어야 한다. 부모는 알권리가 있으며(Porter, 2003) 또한 이를 통해 가정 내에서의 지도가 가능해지기 때문이다. 한편 가해자의 부모로 하여금 자녀를 혼내지 않도록 당부하는 것을 잊지 말아야 한다.

전문가에게 의뢰하자

심각한 공격성을 보이는 유아의 부모에게는 유아의 상태를 알리고 전문가에게 치료를 받도록 권유해야 한다. 이렇게 하면 그 유아를 유치원에 보내지 않을까 염려되거나 또는 다음에 새로운 유아를 모집하는 데에도 피해를 입지는 않을지 염려되어 부모에게 알리는 것을 꺼리는 경우도 있으나, 부모를 자각시켜 전문가의 도움을 받는 것이 가장 효과적인 치료 방법일 수 있음을 명심해야 한다(Porter, 2003). 또한 이것은 기관을 안정적으로 다녀야 할 다른 유아를 보호하는 방법이기도 하다.

5) 나눠 쓰기를 거부하는 유아

어떤 유아는 친구와 나눠 쓰기를 거부하고 지나치게 혼자서 움켜쥐려는 경향을 보여 교실 내에서 문제가 발생하곤 한다. 그러나 이러한 유아에 대해 지나치게 비판적인 시각으로 보는 것은 좋지 않다. 오히려 무비판적으로 설명해야 한다.

친구에게 건네주기 전에 욕구 충족의 기회를 주자

놀잇감을 혼자 가지고 논다고 꾸지람을 하거나 곧바로 친구에게 주라고 강요하기보다는 그 놀잇감을 가지고 놀이를 할 유예 시간, 그런 기회를 잠시 동안 허용해 주어야 한다. 이것은, 유아가 그 놀잇감을 가지고 더 놀이하고 싶다는 욕구를 이해해 주는 것이며 또한 그 욕구를 충족시켜 주는 기회를 주는 것이다. 예를 들어 "수영이는 이 놀이를 더 하고 싶은 모양이구나. (시계를 가리키며) 그럼 긴바늘이 3자에 갈 때까지만 갖고 놀고 다른 친구에게도 줄까?"라고 말하거나 "(다트와 같은 경우) 몇 번만 더 던져 볼까? 10번, 5번? 그래 5번만 더 던지고 친구도 하게 해 주자."라고 하면 많은 경우 유아는 이를 수용한다. 왜냐하면 교사가 자신을 이해해 주는 것에 고마운 마음이 들고 또한 교사가 양보해 주었으니 자신도 그렇게 해야 한다는 생각을 하기 때문이다.

때론 혼자만 갖고 노는 것을 허용해 주자

부모의 죽음이나 사랑하는 사람으로부터 분리되는 등의 정서적 아픔을 겪은 유아들은 자신에게 필요치 않은 것도 나눠 쓰기를 힘들어할 수 있다. 이는 움켜쥐는 것을 학습한 때문일 수 있다. 이때 그 유아에게는 소중한 물품을 가져와 혼자만 가지고 노는 것을 허용할 필요가 있다. 그 놀잇감을 통해 자신의 슬픔을 달래는 방법이 도움이 되기 때문이다. 그런 후에 적당한 시간을 갖고 그 유아에게 함께 나눠 쓰는 것의 중요성을 이야기해 주는 것이 효과적이다.

훔치는 것을 도둑질로 보지 말자

물건에 대한 집착이 많은 유아들은 놀잇감을 교실 내 어딘가에 숨겨 놓거나 집으로 가져가기도 한다. 이것은 친구와 함께 나눠 갖지 않으려는 의도에서 행해지는 경우가 많다(Porter, 2003). 물론 이러한 행동은 좋지 않은 것이므로 그러지 않도록 타일러야 한다. 그러나 이를 도둑질이라고 말해서는 안 된다. 유아의 이런 행동은 단지 유아가 소유와 주인의 개념이나 나누기의 개념을 잘 이해하지 못한 때문일 경우가 많으며 따라서 어른이 생각하는 그런 식의 훔칠 의도에서 비롯된 것은 아니기 때문이다.

6) 정리하기 힘들어하는 유아

유아는 교실 전체의 놀잇감을 체계적으로 정리하지 못한다. 이런 유아에게는 어떻게 정리해야 할지 알려 주어야 한다. 한편으론 어떤 방법으로 정리하는 것이 좋을지 물어보는 것도 도움이 된다.

놀이하며 정리하도록 해 보자

게임처럼 정리해 볼 수 있다. "시몬 가라사대(Simon says), 빨간 것 모두 치우세요. 바퀴 달린 것 모두 치우세요."와 같이 '시몬 가라사대' 게임을 하면서 정리해 볼 수도 있다. 그럼에도 정리를 정말 하고 싶지 않아 하는 경우에는 하루 정도는 봐줄 수 있어야 한다. 다음에 정리를 도와줄 마음이 들 때 해도 된다고 허용해 주는 것이 좋다.

7) 외롭거나 위축되어 혼자 있기를 좋아하는 유아

혼자 놀이를 주로 하는 유아는 사회적 기술이 부족한 때문이기도 하지만 우울하거나 정서적으로 위축되었기 때문일 수 있다(Porter, 2003). 특히 지나치게 통제를 받은 경우에 그럴 수 있다. 때문에 보상이나 벌보다는 이들을 안내하며 지도해야 한다.

혼자 있는 시간도 허용해 주자

유아교육기관에서는 친구, 교사 등 주로 타인과 함께 보내는 시간이 많다. 그러나 간혹은 혼자 쉴 수 있도록 도서 영역, 창가 등의 공간이 혼자만의 휴식 공간으로 마련되어도 좋다. 또한 혼자 쉬고 싶어 할 때는 꼭 활동을 강요하기보다는 잠시 쉬게 하는 여유도 필요하다. 가끔은 혼자놀이도 도움이 될 수 있기 때문이다. 다만 이것이 지속되면 부끄러움이나 외로움이 커지고 위축되어 문제가 될 수 있다.

이야기를 들어 주자

친구나 누군가 사랑하는 사람을 잃어 우울하고 함께 놀기를 꺼리는 유아가 있을 수 있다. 그런 유아의 현재 감정에 귀기울일 필요가 있다. 그 유아로 하여금 교사가 그들을 얼마나 사랑하고 수용하고 있는지를 느낄 수 있을 만큼 그들의 이야기를 들어 주도록 하라.

흥미로운 놀이를 계획하자

예를 들어, 물놀이와 같은 활동은 많은 유아가 흥미를 갖는 활동이다. 유아가 일단 이런 놀이에 흥미를 갖고 수락하여 이곳에서 또래와의 병행놀이가 진행되었다면 다음에는 협동놀이로 이어질 수 있다.

한편 유아가 자신의 흥미를 잘 알지 못한다면 여러 가지 놀이에 대해 언급해 보면서 할 만한 놀이 유형을 선택할 기회를 주는 것이 좋다. 예를 들어 "용수는 공룡놀이를 굉장히 좋아한대. 너도 용수랑 같이 공룡놀이 해 보지 않을래?" 라고 말할 수 있다.

부모로부터 정보를 얻자

유아가 최근에 더욱 혼자 있기를 원하거나 위축되어 보일 때에는 부모에게 그 동안 가정에 어떤 특이할 만한 일이 있었는지를 물어볼 필요가 있다. 이러한 정보 교환 시간은 그 유아에게 적합한 교육활동 계획 및 진행에도 도움이 된다. 또한 부모에게 그 유아의 상태를 알리고 가정에서의 양육 방법에 대해 조언을 할 수 있는 기회로 활용될 수 있다.

8) 두려움을 느끼는 유아

유아는 예를 들어 풍선 터지는 소리, 변기 물 내리는 소리, 드라이기 소리 등 여러 가지 이유로 인해 놀라거나 두려움을 느끼는 경우가 많다. 특히 유아는 밤의 어두움이나 귀신 등에 심한 공포를 갖기도 한다. 이러한 공포는 그 자체로도 문제가 되지만 유아의 활동과 사회적 관계 맺기에도 한계를 가져와서 중재가 반드시 필요하다.

공포나 두려움을 말할 때 들어 주자

유아가 두려워하는 대상이 어른 입장에서는 전혀 무서워할 대상이 아니어서 이해가 되지 않을 수 있다. 그렇다고 해서 "바보같이 뭐가 무서워."라고 말해서는 안 된다. 뭐라 설명할 수 없지만 유아는 너무 무섭고 이 감정을 전혀 통제할 수 없는 상황에 놓여 있을 것이기 때문이다. 자신의 두려움을 표현하는 것이 이런 식으로 무시를 당하거나 허용되지 않는 분위기에 있게 되면 이 두려움을 몰래 숨기려 할 것이다. 이것은 오히려 그 두려움을 아무도 도와줄 수 없는 수준으로까지 혼자서 키워 갈 수도 있다. 따라서 유아가 자신의 느낌을 말할 때에는 잘 들어 주고 그런 느낌이 정상적이라는 것을 알게 해야 한다. 모든 사람이 무언가를 두려워한다고 말해 주고, 그리고 극복하게 될 거라는 믿음도 심어 준다. 또한 부모나 교사 자신이 어렸을 때 겪은 두려웠던 경험을 이야기해 주면서 그들도 그렇게 용기 있게 극복할 수 있을 것이라는 확신을 주면 좋다. 극복할 수 있는 방법을 함께 간구해 보면 더욱 좋을 것이다.

9) 어른에게 화를 잘 내는 유아

유아가 어른인 부모나 교사에게 종종 밉다고 말하곤 하는데, 이것은 자신이 화가 났음을 표현하는 한 방법인 경우가 많다. 따라서 먼저 혼을 내기보다는 그 유아의 마음을 반영해 주는 것이 좋다. 예를 들어 "그래, 너 나한테 화났구나."와 같이 반응하는 것이다. 그러고는 그들의 느낌을 듣는 것으로 충분하다. 어린 유아는 한 번에 한 감정만을 느끼기 때문에 어른에게 화가 난 순간에도 그 어른을 동시에 좋아하고 있다고는 볼 수 없다(Porter, 2003). 이것은 어른이 자녀의 잘못된 행동을 나쁘게 여기지만 그럼에도 여전히 그 자녀를 사랑하는 것과는 다른 것이다. 따라서 자녀에게 "난 널 사랑하지만 너의 행동은 좋아하지 않는다."는 식의 말은 하지 않는 것이 좋다. 이것은 어린 유아가 이해하기 어려운 개념이기 때문이다.

10) 주의력이 부족하고 행동이 과다한 유아

과다행동과 주의력 결핍의 문제를 호소하는 ADHD 성향의 유아는 3, 4세 때 이미 그 증상이 나타나지만 7세 이전에는 확실하게 알 수 없다. 유아기에 이런 문제를 탐지하기 어려운 것은 유아가 환경에 따라 행동을 달리하기 때문이다. 따라서 여러 곳에서 여러 가지 자료에 근거하지 않으면 진단이 가능하지 않다. 이런 ADHD적 성향의 가장 큰 문제는 충동성에 있다. 이런 충동적 성향으로 정서 조절이 어렵고 판단력이나 자기 모니터링이 부족하고 상처나 부상을 많이 입는다. 또한 가족이나 또래와 문제를 일으키며 우울이나 위축과 같은 정서장애나 학습장애로 발전되는 경우가 많다.

어떻게 행동하고 어떻게 책임질지를 가르치자

교사도 물론이지만 가정에서의 부모의 지도가 이런 유아의 사회적 기술을 높이고 반사회적 반항 행동을 낮추는 데 큰 도움이 된다. 특히 유아가 무엇을 행동하기 전에 어떻게 행동해야 할지를 생각하도록 가르쳐야 한다. 특히 사회적 문제 행동이 가장 빈번하게 나타나기 때문에 이를 위한 지도에 집중해야 한다. ADHD 성향 유아의 충동적 공격성은 일반 유아에 비해 10배, 또 언어적 공격성은 3배 높게 나타나기 때문에 또래가 이들과 함께 하기를 거부한다(Porter, 2003).

따라서 이들의 감정을 통제하고 책임 있는 행동을 하는 등 사회관계 속에서 요구되는 사회적 전략을 기르도록 가르쳐야 한다.

교사 자신의 성향을 점검해 보자

교사가 어떠한 성향을 가졌느냐에 따라 유아에 대한 평가가 달라질 수 있다. 즉, 어떤 교사는 ADHD 성향을 보이는 유아에게 민감하게 반응하고 문제시하는 반면 또 다른 교사는 그 정도는 문제가 되지 않는다고 평가하기도 한다. 한 연구(민성혜, 임원신, 2008)에 따르면 위축형의 조용한 교사가 ADHD 성향의 유아에게 가장 민감하게 반응하였다고 한다. 특히 유아의 과다행동 및 주의집중 문제에 대해서는 교사의 성향에 따라 평가 결과가 더욱 다양하게 나오기 때문에 교사가 이에 대한 자신의 판단 기준을 점검해 볼 필요가 있다.

11) 자폐적 성향을 가진 유아

최근에는 여러 가지 다양한 모습의 자폐적 성향을 보이는 유아들이 늘고 있다. 자폐성 장애는 사회적 상호작용 및 의사소통 능력이 부족한 것이 가장 큰 특징이다. 그러나 자폐의 정도는 상당히 다양할 수 있고 그 자폐적 성향도 너무나 다양한 모양으로 나타나기 때문에 자폐 스펙트럼, 자폐 성향이라고 말한다. 어떤 유아는 거의 1급 수준으로 지능이 낮고 언어적 의사표현 능력이 없을 정도로 매우 심각한 반면 어떤 유아는 지능도 일반 유아와 같거나 혹은 더 높고 언어적 의사소통이 가능하며 매우 전형적인 발달 유형을 보이기도 한다. 이 두 가지 사례 사이에도 무수히 다양한 능력 차이를 보이는 자폐적 성향의 유아들이 있다. 그러나 그들 간에 능력 차이는 있지만 기능이 높은 자폐 유아조차도 어느 정도의 자폐적 성향은 고르게 갖고 있는 경우가 많다.

심각한 유아를 제외하고 유치원에 통합되어 함께 활동을 하게 될 경미한 정도의 자폐 유아를 살펴보자. 이들은 자폐의 가장 큰 특징인 사회적 관계 맺기에 약하고, 타인에 대한 배려 및 감정이입을 잘 하지 못한다. 또한 의사소통이 된다 할지라도 매우 자기 중심적이다. 마치 ADHD 유아와 같이 경계선 없이 톡톡 튀어나가려는 경향 때문에 이야기를 나누다가 사라지기도 한다. 눈 마주치기와 안아 주기 등의 스킨십을 포함한 인사도 힘들어하며, 반향어도 보인다. 놀이에 관심이 없는 경우가 많고 또한 상상놀이는 거의 하지 않는다. 한편 고기능 자폐 유아들은 간혹 어떤 특정 분야에서 뛰어난 능력을 보이기도 한다. 예를 들어, 한 유아는 1970년 모월 모일의 요일을 알고, 또 미래 2020년 모월 모일의 요일도 알아맞힐 수 있다.

눈을 마주치며 안아 주는 인사를 시도해 보자

자폐적 성향의 유아는 눈 마주치기를 어려워한다. 안아 주려 할 때 도망가거나 뻣뻣한 자세로 안긴다. 이러한 유아에게는 눈을 마주 보거나 안아 주며 인사하기를 시도해 본다. 이를 반복적으로 경험한 유아는 전혀 경험해 보지 않은 유아에 비해 스킨십에 편안해한다.

교사의 지시에 반응할 수 있도록 수시로 이름을 부르고 반응할 기회를 주자

자폐적 성향의 유아는 자신만의 세계에 빠져 놀이하는 경향이 있으므로 수시로 이름을 부르고 간혹 어떤 것을 하도록 하여 유아가 자신만의 세계에서 바깥세상으로 나올 기회를 주는 것이 좋다. 어떤 경우에는 깊이 혼자 집중하여 놀이하는 것이 좋으므로 그런 기회도 주는 것이 필요하다. 이런 경우에는 옆에서 조용히 있어 주어야 하지만 지나치게 혼자만의 세계에 빠져 있다고 생각될 때에는 이름을 불러 주고 대화를 시도하는 것이 좋다.

다양한 놀이를 할 수 있도록 구조화된 놀이를 계획하라

자폐적 성향의 유아 중에는 수에 관심이 많거나 자동차를 특히 좋아하는 경우가 있다. 이렇게 좋아하는 한 가지만을 하려 하기 때문에 다른 다양한 놀이 활동을 즐기지 못하기도 한다. 따라서 유아가 하는 대로만 아동 중심적으로 지켜본다면 유아가 다양한 놀이 경험을 못할 수 있다. 따라서 가끔은 교사 주도적인 구조적 놀이를 계획할 필요가 있다. 다만 무언가를 하도록 강요하여서는 안 된다. 정상적 발달의 유아든 발달 이상을 보이는 유아든 거의 모든 유아는 자신의 흥미에 닿지 않는 놀이는 하지 않으며, 간혹 교사의 요구에 따라 시작하였다 하더라도 오랫동안 놀이하지 않는다. 따라서 유아의 흥미를 묻고, 유아가 하고자 할 때 놀이를 하게 하거나 교사가 함께 함으로써 유아가 즐기는 놀이 종류가 다양해지도록 해야 한다.

활동 이전에 미리 밖으로 뛰어 나가지 않기로 약속하자

미리 약속을 하는 것은 유아로 하여금 자신을 통제하는 의지를 갖게 한다. 지능이 높은 유아일수록 인지행동적 치료 효과를 얻기에 좋다. 따라서 유아에게 교사와의 약속 없이 자기 마음대로 밖으로 나가고 약속한 시간을 지키지 않는 것은 옳지 않음을 수시로 이야기해 주고 활동 전에 미리 약속을 지키도록 서로 숙지시키는 것이 중요하다.

사회적 기술을 배우도록 집단 프로그램에 참가할 기회를 제공하자

자폐적 유아가 또래에 전혀 관심이 없는 것처럼 보일지라도 실제로는 전혀 관심이 없는 것은 아니다. 특히 고기능 자폐 유아는 또래에 관심이 있을 수 있다. 따라서 또래와의 놀이 기회를 주어야 한다. 특히 사회성 프로그램 속에서 또래와 함께하는 시간을 가질 기회를 주는 것이 필요하다. 이들은 자기 중심적이고 자기만의 규칙을 고집하는 경향이 있으며 또는 배려하는 기술이 적어서 같이 놀이하는 것이 어렵다. 따라서 함께 놀이하면서 친구와 왜 놀이가 잘 안되었는지 혹은 자기 규칙만 고집할 때 친구의 마음은 어떨지를 공감해 보는 시간을 자주 갖는 것이 좋다.

12) 분리불안을 보이는 유아

유아기에 흔히 보이는 심리적 부적응 현상 중 하나가 불안 증상을 보이는 것이다. 불안감은 정상적인 유아들도 경험할 수 있는 것으로 그 정도가 심하지 않으면 괜찮으나 그 정도가 심할 때는 문제가 된다. 유아기에 가장 많이 나타나는 불안으로는 분리불안 증상이 있다. 분리불안은 엄마 또는 엄마와 같은 대상자가 유아의 시야에서 사라지게 되었을 때 유아가 나타내는 일종의 반응으로서 애착대상을 잃지 않으려고 그 대상을 찾고, 울고, 부르는 행동이다. 보통 약 6~7개월에서부터 6세까지는 분리불안이 정상적으로 나타나지만 이러한 불안이 적어도 4주 동안 지속된다면 심각하다고 할 수 있다(박해도, 2001).

분리불안 증상은 일반적으로 유아가 기질적으로 예민하거나 혹은 아주 어릴 때부터 낯가림을 심하게 했을 경우에 그 불안이 증폭되어 나타날 수 있다. 또 어떤 경우엔 가족 간의 불화나 갈등이 원인이 될 수도 있고 혹은 부모의 과잉보호로 인해 나타날 수 있다. 한편으론 어머니가 보이는 불안함이 자녀에게 영향을 미치기 때문에 나타날 수도 있다(이소영, 2005). 이러한 불안 증상을 보이는 유아들은 정서적인 문제뿐만 아니라 사회성 발달에도 부정적 영향을 미칠 수 있으므로 분리에 대한 불안이 감소되도록 부모의 노력이 필요하다.

부모가 불안하지 않은지를 살펴보자

부모, 특히 어머니의 분리불안은 자녀의 불안을 더욱 증폭시킨다. 어머니의 분리불안이란 어머니가 자녀에게서 떠나려 할 때에 불안이 수반되어 나타나는 불유쾌한 감정 상태로 즉, 자녀에 대한 염려, 슬픔, 죄책감 및 불편한 감정을 의미하며 또 분리 사건과 관련되어 나타나는 일시적으로 불안한 감정 상태다(소언주, 2001). 자녀와 분리되는 상황에서 자녀가 울고 소리 지르며 떨어지지 않으려는 불안한 반응을 자주 보일 때 어머니는 이에 대한 염려와 걱정으로 인해 불안해한다. 이러한 어머니의 심리는 자녀의 충분하고 안정된 심적 에너지 공급을 방해한다. 따라서 유아의 불안반응에만 초점을 맞추기보다는 혹시 어머니가 유아와 분리되는 상황에 지나치게 불안함을 느끼고 있는 건 아닌지 점검하여 어머니와 상담을 하는 것이 좋다.

부모의 양육 태도를 점검해 보자

유아가 분리불안을 보이면 부모도 불안 증상을 보이면서 이로 인해 과보호적 양육 태도를 취하게 된다(소언주, 2001). 부모들은 자녀가 스스로 해낼 수 있다는 믿음이 부족하여 자녀들의 문제를 사사건건 도와주거나 미리 해결해 주면서 자녀를 과잉보호하게 된다는 것이다. 특히 직장생활을 하고 있는 어머니에게서 자주 나타나는 현상인데 이는 자녀와 오랜 시간 함께 있어 주지 못한다는 사실에 대한 죄책감에서 비롯될 수 있다.

부모들은 자신의 적절치 못한 양육 태도에 대해 잘 깨닫지 못할 수 있다. 따라서 교사가 부모의 양육 태도를 점검함으로써 부모로 하여금 이를 직면하고 또한 자신의 잘못된 시각에 변화를 주도록 도와야 한다. 즉, 부모로 하여금 자녀와 함께 보낸 시간의 양만을 가지고 죄책감을 느낄 필요가 없으며, 자녀와 짧은 시간을 보내더라도 질적으로 충분한 사랑을 전할 수 있음을 깨닫게 해야 한다.

이상 행동은 스트레스 신호… 당신은 자녀 속마음 아십니까

"엄마, 방에서 귀신이 나올 것 같아요." 평소 자기 방에서 혼자 잘 놀던 아이가 갑자기 뜬금없는 말을 하며 쪼르르 달려와 매달린다. 아이의 두 눈을 바라보며 "귀신은 없다."고 말해준다. "무서우면 엄마랑 같이 있자."는 말도 덧붙인다. 흔히 생각하는 모범적인 어머니의 모습이다. 하지만 그녀가 놓친 것이 하나 있다. 평소 하지 않던 걱정을 아이가 하고 있다는 것. 갑작스러운 심리적 불안감의 표현은 유아들이 스트레스를 받았을 때 나타나는 대표적인 증상이다.

부모에 대한 서운함과 미움은 문제행동으로 발전할 수 있다. 다시 말해 부모가 아이에게 지속적인 사랑과 관심을 보여야 아이들의 정서가 안정될 수 있다. 스트레스도 마찬가지다. 부모가 자녀의 마음을 읽을 수 있어야 예방이 가능하다. 또한 자녀들의 감정표현에 최대한 관심을 가지는 게 바람직하다. 아이들은 자신의 감정표현이 적절히 수용되는 경험을 하면 향후에도 스스럼없이 자기표현을 하지만, 몇 번 외면당하면 자기표현 자체로도 스트레스를 받기 때문이다.

언어적 표현이나 스트레스 해소 능력이 부족한 어린아이들은 어른과는 조금 다른 방식으로 그것들을 드러낸다. 가장 심한 형태는 퇴행이다. 이미 기저귀를 뗀 아이가 옷에 실례를 하거나 어리광이 갑자기 부쩍 느는 등 정상적인 발달 단계에서 이미 '성취' 한 행동보다 더 어리고 미숙한 행동을 하는 것이다. 또 다른 단서는 다양한 통증이다. "배가 아프다" "머리가 아프다"는 아이들의 호소에 병원을 찾았지만 별 다른 이유를 발견하지 못했다면, 스트레스나 불안함이 그 원인일 수도 있다. 그리고 작은 일에 불안해하거나 쉽게 공포감을 느끼는 것도 하나의 단서가 될 수 있다. 잠을 자다 소변을 보기 위해 자주 깨거나 악몽을 자주 꾸는 것도 스트레스의 표현일 수 있다.

아이가 스트레스를 받고 있다는 'SOS 신호' 를 무시하면, 더 큰 소아정신과적인 장애로 발전할 수도 있다. 따라서 부모들은 무엇보다도 아이들의 초기 신호를 잘 파악하는 것이 중요하다. 그리고 그러한 관찰을 바탕으로 아이에게 스트레스를 주고 있는 환경적 요인을 실질적으로 바꿔 나가야 한다. 또 자신의 주장을 솔직하게 말하는 태도를 평소에 길러 주는 것도 좋은 방법이다. 아이들에게 반복적으로 솔직하게 자신의 입장을 설명할 수 있는 기회를 주거나 다른 사람의 부탁을 정중하게 거절하는 상황을 만들어 주는 것이다. 규칙적인 생활도 아이들의 스트레스 해소에 도움이 된다. 유아들은 규칙적인 식사와 수면, 운동을 비롯해 적당한 휴식시간 등을 하루 일과에 고르게 배치해 생활해야 한다. 이는 아이들에게 안정감을 가져다준다.

출처: 동아일보(2011. 12. 24.). '이상 행동은 스트레스 신호… 당신은 자녀 속마음 아십니까' 에서 부분 발췌.

참고문헌

EBS 아이의 사생활 제작팀(2009). 아이의 사생활. 지식채널.

강인언, 이한우, 정정란(2009). 최신 아동 발달. 서울: 학지사.

강혜원(2009). 역할놀이를 통한 양성평등 교육이 유아의 성역할 고정관념에 미치는 영향. 인천대학교 교육대학원 석사학위논문.

곽노의, 김경철, 김유미, 박대근(2007). 영유아 발달. 서울: 양서원.

권대훈(2006). 교육심리학의 이론과 실제. 서울: 학지사.

권성민(2010). 멀티미디어를 활용한 동화 들려주기 방법이 유아의 언어 및 사고력 발달에 미치는 효과. 어린이미디어연구, 9(3), 31-49.

김경중, 류왕효, 류인숙, 박은준, 신화식, 유구종, 정갑순, 조경미, 조희숙, 주리분, 최인숙, 최재숙(2007). 아동 발달 심리. 서울: 학지사.

김경희(1986). 아동심리학. 박영사.

김기현, 허정무(2001). 유치원 교사의 언어수준이 유아의 창의성과 자아존중감에 미치는 영향. 한국영유아보육학, 26, 89-111.

김동례(1998). 규칙에 관한 도덕적 갈등상황에 있어 토의방법이 유아의 대인문제해결사고에 미치는 영향. 전남대학교 교육대학원 석사학위논문.

김미경(2001). 유아의 공격성과 스트레스 행동과의 관계. 원광대학교 대학원 석사학위논문.

김미영(2010). 아동 발달. 경기도: 정민사.

김선웅(2001). 운동 발달과 유아체육: 유아 및 아동기의 기초 운동기능 수행에 있어서 협응성의 관여도. 2001년 한국유아체육학회 학술대회 자료집, 53-75.

김선웅(2004). 유아기의 신체활동과 발육발달. 한국스포츠심리학회보, 19, 2-3.

김성숙(2011). 유아의 자아존중감 증진을 위한 프로그램 구성 및 적용 효과. 열린유아교육연구, 16(5), 473-493.

김숙이(2008). Vygotsky이론에 대한 유아교육적 함의. 한국교육사상연구회 학술논문집, 39, 1-21.

김아름(2011). 유치원 교육과정 동화에 나타난 성역할 고정관념 분석. 전북대학교 교육대학원 석사학위논문.

김영선(2010). 유아언어교육 관련 학위논문 경향 분석(2005~2009년). 성결대학교 대학원 석사학위논문.

김영심, 이종희(2003). 영 · 유아의 마음 이론 발달에 관한 연구. 미래유아교육학회지, 10(3), 197-224.

김영옥, 홍지명, 이규림(2010). 우정증진 활동이 유아의 친구관계 개념과 자기조절 능력에 미치는 영향. 미래유아교육학회지, 17(1), 279-301.

김원경(2003). 동화 반복읽기와 교사와 유아의 상호작용이 동화의 기억과 이해에 미치는 영향. 덕성여자대학교 교육대학원 석사학위논문.

김은정, 오진희(2010). 유아의 어휘력과 이야기 이해능력이 마음이론에 미치는 영향. 열린유아교육연구, 15(5), 383-404.

김재우, 손경환(2009). 유아의 출생순위, 형제유무와 운동 발달과의 관계에 관한 연구. 한국유아교육 · 보육행정연구, 13(1), 233-253.

김지희, 이순형(1994). 아동의 성 항상성과 성 고정관념의 관련성. 한국영유아보육학, 1, 108-126.

김현지, 신은미(1999). 이야기책 읽어주기의 효과적인 접근법 모색: 예견하기와 토론과 표상하기를 사용하는 상호전략. 한국영유아보육학, 19, 149-176.

김홍만, 손경환(2001). 지방화 시대와 스포츠: 사회체육; 부모의 양육태도와 유아의 운동 발달과의 관계 고찰. 제82회 전국체전기념 제39회 한국체육학회 학술대회 자료집, 324-328.

김효선(2008). 기독교그림책 반복읽기와 교사의 지원적 역할이 유아의 기억과 이해에 미치는 영향. 총신대학교 교육대학원 석사학위논문.

김희자(2002). 혼합연령반과 단일연령반 만 5세 유아의 조망수용능력과 자기 중심언어 비교 분석. 울산대학교 교육대학원 석사학위논문.

나귀옥(2002). 취학 전 유아의 수 및 연산의 기초개념에 관한 연구. 미래유아교육학회지, 9(1), 83-113.

남혜정(2009). 문학 활동이 유아의 언어 발달에 미치는 영향. 가정보육연구, 2(1), 85-112.

노순주(2003). 통합적 운동놀이 프로그램이 유아의 운동 능력 및 행동 발달에 미치는 효과. 아동교육, 12(2), 103-120.

류혜숙, 김명화(2009). 위인동화를 활용한 역사교육활동이 유아의 역사적 사고력과 자아존중감에 미치는 영향. 유아교육학논집, 13(5), 331-350.

민성혜, 임원신(2008). 유아교사의 성향 군집별 ADHD성향 유아와 위축 성향 유아에 대한 인식 차이. 유아교육연구, 28(3), 5-22.

박대근(2001). 운동 발달과 유아체육: 유아의 대근육 운동 발달과 성차에 관한 연구. 2001년 한국유아체육학회 학술대회 자료집, 19-42.

박상희(1997). 쓰기 지도방법이 유아의 쓰기인식, 쓰기행동과 쓰기 발달에 미치는 효과의 비교연구. 중앙대학교 대학원 박사학위 논문.

박선영(2001). 유아의 성인식과 성역할 고정관념에 관한 문화기술적 연구. 중앙대학교 대학원 석사학위논문.

박성혜, 김태인, 박은주(2009). 생태그림책을 활용한 자연친화 교육프로그램을 통한 유아의 친사회적 행동 변화. 유아교육학논집, 13(1), 43-65.

박수경, 유연옥(2007). 유아의 연령과 과제 유형이 혼잣말에 미치는 영향. 아동교육, 16(3), 93-108.

박은정, 김희진(2002). 성인-유아 상호작용 시 나타난 교수 전략과 유아의 혼잣말. 유아교육연구, 22(1), 27-47.

박은주, 조형숙(2007). 유아를 위한 과학탐구중심 문해활동의 문해교육적 의미. 유아교육연구, 27(6), 355-383.

박종효(1993). 아동의 정의개념 발달에 관한 연구. 서울대학교 대학원 석사학위논문.

박지현(2010). 유아의 자기조절능력 증진 프로그램 개발 및 적용 효과: 자기조절능력 증진과 공격성 감소 효과 연구. 성균관대학교 대학원 박사학위논문.

박지현, 송하나(2011). 자기조절능력 증진프로그램이 유아의 인지 및 정서조절 능력과 외현적 공격성에 미치는 효과. 유아교육연구, 31(1), 157-182.

박해도(2001). 어머니와 영유아의 분리불안과의 관계. 연세대학교 연합신학대학원 석사학위논문.

박희숙(2009). 발달에 적합한 음악, 동작 통합 프로그램이 유아의 운동능력에 미치는 효과. 아동교육, 18(3), 97-108.

박희숙, 이승은(2007). 유아의 자아존중감과 유치원 적응력 간의 관계. 열린유아교육연구, 12(6), 337-356.

백지희(2008). 교사 및 어머니의 DAP 신념 수준과 유아 인지 발달과의 관계. 열린유아교육연구, 13(6), 1-18.

서소정(2006). 유아의 친사회적 행동에 관한 연구. 열린유아교육연구, 11(4), 287-310.

서재성(2006). 유아기 이동운동 발달 연구. 한국유아체육학회 추계학술대회 자료집, 43-54.

서현, 김영옥(2006). 유치원 생활에서 나타나는 유아 혼잣말의 의미. 유아교육연구, 26(3), 83-107.

성현란(2008). 인지 발달: 영아기에서 유아기 동안의 지능 안정성: 4년 종단 연구. 한국심리학회지 발달, 21(4), 75-87.

소언주(2001). 어머니의 분리불안; 어머니의 특성, 아동의 초기 기질 및 과보호적 양육 행동과의 관계. 이화여자대학교 대학원 석사학위논문.

손원호(2002). 유아의 신체 발달에 적합한 대도구 활용방안에 관한 연구. 한국유아체육학회지, 3, 51-60.

손혜숙(2001). 복합애착 유형에 따른 유아의 공격성. 유아교육학논집, 5(2), 49-68.

송명자(2001). 발달심리학. 서울: 학지사.

송주연(2002). Scaffolding 전략이 유아의 보존개념 형성에 미치는 효과. 중앙대학교 대학원 석사학위논문.

송진숙, 권희경(2010). 유아의 마음에 대한 이해와 환상그림책의 가치. 동화와 번역, 20, 155-170.

신유림(2004). 유아의 마음의 이론과 사회적 능력과의 관련성에 대한 연구. 유아교육연구, 24(3), 209-223.

신은수(2005). 3, 4, 5세 유아의 마음이론 발달과 가장놀이, 언어의 표상능력, 실행기능, 그리고 중앙통합 능력과의 관계. 유아교육연구, 25(1), 65-90.

신춘수, 박형섭, 안을섭(2009). 유아의 골프 운동 참여가 신체, 정서, 사회성 발달에 미치는 영향. 한국유아체육학회지, 10(2), 102-114.

신현숙(2006). 어머니의 정서 표현 수용태도 및 아동의 정서조절 능력과 사회적 유능성의 관계. 연세대학교 교육대학원 석사학위논문.

양진희, 박윤(2009). 또래관계 관련 그림책을 활용한 문학적 활동이 비인기 유아의 자아존중감과 사회적 적응행동에 미치는 효과. 열린유아교육연구, 14(6), 123-152.

오선영 ,채영문(2006). 어머니의 양육태도, 양육신념과 유아의 공격성. 아동미술교육, 5, 115-129.

오선영(1991). 5-6세 유아 및 7세 아동의 인지적 단서 작용에 관한 이해. 중앙대학교 대학원 석사학위논문.

오정수, 정익중(2008). 아동복지론. 서울: 학지사.

우남희, 백해정, 김현신(2005). 조기 사교육이 유아의 인지적, 정서적, 사회적 발달에 미치는 영향 분석. 유아교육연구, 25(1), 5-24.

유경, 민경환(2000). 아동의 혼합 정서 이해의 발달적 특성. 한국심리학회지 발달, 13(3), 91-104.

유경, 민경환(2003). 학령전기 아동의 정서 이해의 발달: 정서 원인과 정서 조절에 대한 이해. 심리과학, 12(1), 13-29.

유경훈(1996). 유아기의 도덕성 발달에 관한 연구. 상명대학교 대학원 석사학위논문.

유덕순(2006). 대근육 활동이 유아의 기초체력에 미치는 영향. 중앙대학교 교육대학원 석사학위논문.

유미숙(1986). 직업에 대한 아동의 성별 고정관념의 인식. 아동학회지, 7(2), 17-32.

유상석(2001). 운동 발달과 유아체육: 체육에 대한 긍정적 태도를 재고하기 위한 내적동기유발 제공 전략. 2001년 한국유아체육학회 학술대회 자료집, 93-110.

유안진(1999). 아동 발달의 이해. 서울: 문음사.

유지은, 김선혜(2008). 유아의 서열화 능력 발달에 관한 연구. 원광대학교 대학원 논문집, 41, 329-343.

유희점(2012). 자연체험활동이 유아의 정서지능 및 사회적 능력에 미치는 효과. 경남대학교 교육대학원 석사학위논문.

윤선영, 정혜숙(2010). 유아의 자아존중감에 영향을 미치는 부모의 양육행동 탐색. 유아교육학논집, 14(5), 27-54.

윤진주(2007). 음성언어 중심의 유아 언어교육 프로그램 개발 및 적용 효과. 원광대학교 대학원 박사학위 논문.

윤화영(2006). 임상심리학적 측면의 어린이 성교육. 2006년도 한국영유아교원교육학회 춘계학술대회 자료집(어린이 성교육 어떻게 할 것인가), 29-37.

이경렬(1989). 과제의 특성 및 제시방법이 유목-포괄 수행에 미치는 영향. 연세대학교 대학원 석사학위논문.

이경혜(2009). 아동의 공격성 행동에 더 큰 영향을 미치는 것은 무엇인가?(가정 내 폭력에 대한 노출인가, 폭력 미디어에 대한 노출인가). 특수교육재활과학연구, 48(4), 39-58.

이금구, 동풀잎(2010). 언어생활영역의 통합적 운영. 어린이교육, 12, 85-118.

이기숙, 김영실, 현은자(1993). 유아의 문자 언어교육을 위한 통합적 접근법에 관한 연구. 청삼 아동문제연구소 학술연구보고서, 5.

이기숙, 김영옥, 박경자(2005). 보육 경험과 유아의 인지 및 사회성 발달. 유아교육연구, 25(6), 255-275.

이봉선, 이숙재(2008). 영유아의 발달과 교육. 서울: 창지사.

이상현(2000). 유아교육사상사. 세종출판사.

이선경, 성정숙(1998). 유아의 또래 간 인기도와 자아개념에 관한 연구. 한국영유아보육학, 14, 131-147.

이성태(2007). 아동발달이론. 경기도: 학현사.

이소영(2005). 음률활동 프로그램이 분리불안 유아의 사회적 행동에 미치는 효과. 대구대학교 대학원 석사학위 논문.

이수민(2012). 자전적 기억으로 재구성하는 그림. 이화여자대학교 대학원 석사학위논문.

이순이(2000). 유아의 인지적 단서와 관련된 정서 변화 원인의 이해능력. 충남대학교 교육대학원 석사학위논문.

이승은(2010). 유아의 정서에 관한 연구: 정서 이해, 정서유발원인, 표현 방식, 연령차를 중심으로. 유아교육연구, 30(6). 67-94.

이영, 이정희, 김온기, 이미한, 조성연, 이정림, 유명미, 이재선, 신혜원, 나종혜, 김수연, 정지나(2011). 영유아 발달. 서울: 학지사.

이영심(2004). 유아 기본동작 운동능력 발달에 관한 연구. 한국유아체육학회지, 5, 21-34.

이영자, 신은수, 이종숙(2003). 가장 맥락과 비가장 맥락 놀이에 나타나는 유아의 언어 발달과 마음이론과의 관계. 한국심리학회지 발달, 16(1), 23-46.

이영자, 오진희(2006). 소집단 그림책 읽기 활동이 유아의 개인적 · 가상적 내러티브와 마음이론 발달에 미치는 영향. 열린유아교육연구, 11(4), 107-133.

이영자, 이종숙, 신은수(2002). 놀람 정서와 관련한 마음이론의 발달. 유아교육연구, 22(1), 89-104.

이영자, 이지현(2006). 유아의 개인적 · 가상적 내러티브에 나타난 정신상태 용어, 내러티브 수준, 마음이론, 어휘 수준에 관한 연구. 열린유아교육연구, 11(1), 153-178.

이옥형, 유은정(2004). 유아의 우정과 마음 이론 발달의 관련성 연구. 유아교육연구, 42(3), 429-450.

이유찬(2007). 부모의 스포츠 참여가 유아의 운동 발달 및 친사회적 행동에 미치는 영향. 한국사회체육학회지, 30, 741-750.

이은정(2008). 구성주의 교사와 비구성주의 교사에 따른 유아의 정서지능과 친사회적 행동. 한국영유아보육학, 54, 209-227.

이정화, 이수련(2008). 유아 주도적 협동게임이 유아의 친사회적 행동에 미치는 영향. 열린유아교육연구, 13(2), 237-257.

이차숙(2000). 유아들의 듣기 지도를 위한 이론적 탐색. 한국영유아보육학, 21, 159-181.

이철수(2009). 사회복지학 사전. 서울: 블루피쉬.

장보경, 이연규(2009). 유아의 연령과 성별에 따른 언어 발달과 사회정서 발달의 차이. Montessori 교육연구, 14(2), 61-77.

장휘숙(2006). 아동 발달. 서울: 박영사.

전명자(2005). 유아의 정신적 표상능력의 발달: 가상과 틀린 믿음을 중심으로. 국민대학교 교육대학원 석사학위논문.

정덕희(2009). 4, 5세 유아의 마음이론과 사회적 관계. 유아교육학논집, 13(3), 31-50.

정미라, 박희숙(2010). 유아의 자아존중감 및 사회적 능력과 유치원 적응력 간의 관계. 한국유아교육 · 보육행정연구, 14(4), 143-168.

정상임(2005). 5-6세 아동의 창안적 글자쓰기 발달 단계에 따른 오류 유형 분석. 이화여자대학교 대학원 석사학위논문.

정세호, 김경철(2009). 유아의 발달에 적합한 신체활동 소도구 개발. 한국열린유아교육학회 학술대회 자료집, 269-277.

정소윤(2008). 유아의 창의성과 자아개념과의 관계. 창의력 교육연구, 8(1), 31-47.

정영희, 김윤미(2011). 자연친화적 교육활동 프로그램이 유아의 행복감 및 자아개념에 미치는 영향. 열린유아교육연구, 16(2), 275-290.

정옥분(2004). 발달심리학. 서울: 학지사.

정옥분(2009). 아동발달의 이해. 서울: 학지사.

정옥분(2011). 아동발달. 서울: 학지사.

정유정, 김규수(2009). 유아셀프리더십 프로그램이 유아의 자아개념과 조망수용에 미치는 영향. 열린유아교육연구, 14(1), 291-309.

정재은(2008). 생각모으기 활동이 유아의 자아개념 및 언어능력에 미치는 영향. 어린이미디어연구, 7(1), 95-110.

조명한(1982). 한국 아동의 언어획득 연구: 책략 모형. 서울: 학지사.

조명한(1989). 언어심리학. 서울: 믿음사.

조문현(2002). 유아의 음소인식과 읽기능력. 어린이미디어연구, 1(1), 119-135.

조벽(2010). 조벽교수의 인재혁명. 서울: 해냄.

조벽(2011). 조벽교수의 명강의 노하우 & 노와이. 서울: 해냄.

조선하(2003). 한국 유아의 창안적 철자 발달 과정 분석. 동덕여자대학교 대학원 석사학위논문.

조성연, 이정희, 천희영, 심미경, 황혜정, 나종혜(2005). 아동 발달의 이해. 신정.

조은제(2011). 숲에서의 자연체험활동이 유아의 정서지능 및 정서창의성에 미치는 영향. 한국방송통신대학교 평생대학원 석사학위논문.

조은진(1997). 한국 유아들의 친사회적 행동(사회인지 발달과의 관계). 교육학연구, 35(5), 219-238.

조준수(2004). 음운감수성 훈련이 5세 유아의 읽기능력 발달에 미치는 영향. 한국영유아보육학, 39, 69-87.

조한숙(2002). 유아용 그림동화에 나타난 성역할 분석. 가톨릭대 교육대학원 석사학위논문.

조형숙, 박은주(2007). 유아를 위한 과학탐구중심 문해활동의 문해교육적 의미. 유아교육연구, 27(6), 355-382.

조희숙(1994). 아동 발달 심리. 서울: 학지사.

주리분(1997). 상장놀이에서 놀이감 유형이 유아의 기억에 미치는 효과. 유아교육학논집, 1(2), 217-238.

주영희(2001). 유아언어 발달과 교육. 서울: 교문사.

지성애, 윤은경, 민순옥, 김희영, 윤유중(2009). 그림책을 활용한 극화놀이가 유아의 언어능력과 마음이론 발달에 미치는 효과. 한국영유아보육학, 56, 233-253.

질병관리본부(2007). 2007년 소아 및 청소년 표준성장도표(해설).

차숙경(2009). 한국 전래동화책을 활용한 토의활동이 유아의 도덕성 발달에 미치는 영향. 경성대학교 교육대학원 석사학위논문.

최정아(2010). 의사소통 증진 프로그램이 유아의 언어표현력 및 언어이해력 발달에 미치는 효과. 동국대학교 대학원 석사학위논문.

최지영, 김미애(2010). 유아기질과 부모양육태도가 유아의 공격성에 미치는 영향. 미래유아교육학회지, 17(4), 119-137.

한민경(2003). 아동의 사회적 유능성에 관련된 어머니 양육행동 및 아동의 정서 이해 능력. 연세대학교 대학원 석사학위논문.

한은혜(2001). 이야기책을 통한 취학 전 아동의 어휘력 발달에 관한 연구: 개인차에 따른 교사 읽기방법의 차별적 영향을 중심으로. 아동학회지, 22(1), 251-271.

함정은(2001). 교사들을 위한 유아체육. 서울: 형설출판사.

현온강 외(2001). 한국아동 발달의 현황. 2001년도 한국아동학회 추계학술대회 자료집, 107-136.

현정환(2009). 아동상담. 서울: 창지사.

홍계옥(2002). 유아의 성과 연령에 따른 보존개념. 영유아교육연구, 5, 207-224.

홍순옥, 정수금(2003). 협동미술활동이 유아의 사회 · 정서적 발달에 미치는 영향. 유아교육논총, 12, 1-16.

황애선(2004). 유아기 유아문학 교육을 통한 도덕성 발달에 관한 교사인식연구. 세종대학교 교육대학원 석사학위논문.

황지선, 황민아(2008). 3-5세 일반아동의 한글 인식 발달에 관한 연구. 特殊敎育要求 兒童硏究, 20, 139-153.

황혜정, 김경희, 어주경, 나유미(2008). 아동과 환경. 서울: 학지사.

Agbenyega, J. (2009). The Australin early development index, who does it measure: Piaget or Vygotsky's child?. *Australasian Journal of Early Childhood, 34*(2). 31-38.

Antonio, M. B., Kurt, W. F., & Pierre, J. L. (2009). 마음, 뇌, 교육의 연결고리를 찾아 (김유미 역). 서울: 학지사. (원전 출판 2008).

Atalay, M. (2007). Psychology of crisis: an overall account of the psychology of Erikson. *Ekev Academic Review, 11*(33), 15-34.

Bandura, A. (1986). *Social foundations of thought and action: A social cognitive theory.* Englewood Cliffs, NJ: Prentice-Hall.

Bandura, A. (2001). Social cognitive theory: an agentic perspective. *Annual Review of Psychology, 52*(1), 1-26.

Bandura, A. (2003). On the psychosocial impact and mechanisms of spiritual modeling. *The International Journal for the Psychology of Religion, 13*(3), 167-173.

Bandura, A. (2006). Toward a psychology of human agency. *Perspectives on Psychological Science, 1*(2), 164-180.

Barton, E. J. (1986). Modification of children's prosocial behavior. P. S. Stain et al.(Eds.), *Children's social behavior* (pp. 222-332). Florida Academic Press Inc.

Berk, L. E. (1996). *Infants, children, and adolescents* (2nd ed.) Needham Heights, MA: Allyn & Bacon.

Berk, L. E. (1999). *Infant and children*. Boston, MA: Allyn & Bacon.

Berk, L. E. (2000). *Child development*. Boston, MA: Allyn & Bacon.

Berk, L. E. (2008). 아동 발달(제7판) (이종숙, 이옥, 신은수, 안선희, 이경옥 역). 서울: 시그마프레스. (원전 출판 2006).

Bjorklund, D. F. (1995). *Children's thinking: Developmental function and individual differences* (2nd ed.). Pacific Grove, CA: Brooks/Cole.

Bornstein, M. H., & Lamb, M. E. (2009). 발달 과학 (곽금주, 김민화, 신혜은, 김연수, 이새별, 이승진 역). 서울: 학지사. (원전 출판 2005).

Bradshaw, J. (2006). 가족 (오제은 역). 서울: 학지사. (원전 출판 1988)

Bukatko, D., & Daehler, M. (2001). *Child development: A thematic approach*. Houghton Mifflin Company: New York.

Case, R. (1985). *Intellectual development: Birth to adulthood*. Orlando, Fl: Academic Press.

Choi, S., & Gopnik, A. (1995). Early acquisition of verbs in Korea: A cross linguistic study. *Journal of Child Language, 22*, 497-530.

Cohen, D. (1983). *Piaget: Critique and reassessment*. New York: St. Martin's Press.

Cohler, B. J., Galatzer-Levy. R. M (2008). Freud, Anna, and the problem of female sexuality. *Psychoanalytic Inquiry, 28*(1), 3-26.

Cole, P. M. (1986). Children's spontaneous control of facial expression. *Child development,*

57, 1309-1321.

Committee on Developments in the Science of Learning, Committee on Learning Research and Educational Practice (2007). 학습과학: 뇌, 마음, 경험 그리고 교육 (신종호, 박종효, 최지영, 김민성 역). 서울: 학지사. (원전 출판 2000)

Connell, J. D. (2010). 뇌기반 교수학습전략 (정종진, 임청환, 성용구 역). 서울: 학지사. (원전 출판 2005).

Cooper, J. D., & Kiger, N. D. (2001). *Literacy assessment: Helping teachers plan instruction*. Houghton Mifflin Company.

Croisile, B. (2012). 기억창고 정리법 (이세진 역). 사이언스 북스. (원전 출판 2004).

D'Amato, B. (2010). Aggression in dreams-intersection theories: Freud, modern psychoanalysis, threat simulation theory. *Modern Psychoanalysis, 35*(2), 82-204.

Daniel, G. M. (2010). 뇌는 알고 있다 (김승환 역). 서울: 부키. (원전 출판 2006).

Darwin, C. (1998). 인간과 동물의 감정표현에 대하여 (최원재 역). 파주: 서해문집. (원전 출판 1872).

DeBell, C. S., Harless, D. K. (1992). B. F. Skinner: Myth and misperception. *Teaching of Psychology, 19*(2), 68-73.

DeLoache, J. S., & Todd, C. M. (1988). Young Children's use of spatial categorization as a mnemonic strategy. *Journal of Experimental Child Psychology, 46*, 1-20.

Dempster, F. N. (1981). Memory span: Sources of individual and developmental differences. *Psychological Bulletin, 89*, 63-100.

Erikson. E. H. (1950). *Childhood and society*. New York: W. W. Norton.

Erikson. E. H. (1975). *Life history and the historical moment.* New Your: W. W. Norton.

Evans, G. W., & English, K. (2002). The environment of poverty: Multiple stressor exposure, psychophysiological stress, and socioemotional adjustment. *Child development, 73*(4). 1238-1248.

Fabes, R., Eisenberg, N., Karbon, M., Bernzwieg, J., Speer, A., & Carlo, G. (1994). Socialization of children's vicarious emotional responding and prosocial behavior. *Developmental Psychology, 30*, 44-55.

Flavell, J. H., Friedrichs, A., & Hoyt, J. (1970). Developmental changes in memorization process. *Cognitive Psychology, 1*, 324-340.

Freud, S. (1990). *The interpretation of dreams. Standard edition.* London: Hogarth Press, 4&5.

Gallahue, D. L., & Ozmun, J. C. (2006). *Understanding motor development.* Boston: McGraw Hill.

Gershoff, E. T. (2003). *Low income and the development of America's kindergartners.* New York: National Center for Children in Poverty.

Gzesh, S. M., & Surber, C. F. (1985). Visual perspective taking skills in children. *Child Development, 56*, 1204-1213.

Hamachek. D. E. (1988). Evaluation self-concept and ego development within Erikson's psychosocial framework: A formulation. *Journal of Counseling and Development, 66*(8), 354-361.

Harris, J. R. (2009). *The Nurture Assumption: Why children turn out the way they do.* New

York: Free Press.

Hetherington, E. M., & Parke, R. D. (1993). *Child psychology* (4th ed.). New York: McGraw-Hill.

Hoare, C. H. (2005). Erikson's general and adult developmental revisions of Freudian thought: "outward, forward, upward". *Journal of Adult Development, 12*(1), 19-31.

Hurlock, E. B. (1981). *Child Development.* New Jersey: McGraw-Hill.

James, P. B. (2008). 마음, 뇌 그리고 학습 (김종백, 신종호 역). 서울: 학지사. (원전 출판 2001).

Jensen, E. (2010). 뇌기반교육의 원리 (정종진 역). 서울: 학지사. (원전 출판 2007).

Kaplan, R. (2009). Soaring on the wings of the wind: Freud, jews and judaism. *Psychiatry, 17*(4). 38-325.

Kaplan, R. M. (2010). Freud's excellent adventure down under: the only publication in Australia by the founder of psychoanalysis. *Australasian Psychiatry, 18*(3), 205-209.

Kearney, C. A. (2007). 사례중심적 접근: 정서 행동장애의 이해 (이승희 역). 서울: 박학사. (원전 출판 2003).

Keeney, T. J., Canizzo, S. R., & Flavell, J. H. (1967). Spontaneous and induced verbal rehearsal in a recall task. *Child Development, 38*, 953-966.

Kellogg, R. (1970). *Analyzing Children's Art.* Palo Alto, CA: Mayfield.

Kohlberg, L. A. (1966). Cognitive developmental analysisi of children's sex-role concepts and attitudes. In E. E. Maccogy (Ed.), *The development of sex differences.* Stanford, California: Stanford University Press.

Kontos, S. (1986). Research and review. What preschool children know about reading and how they learn it. *Young Children, 42*(1), 58-66.

Kreutzer, M. A., Leonard, C., & Flavell, J. H. (1975). An interview study of children's knowledge about memory. Monographs of the Society for Research in Child Development, 40 (1, Serial No. 159).

Lenneberg, E. H. (1967). *Biological foundations of language.* New York: Wiley.

Lerner, R. M. (1990). Weaving development into the fabric of personality and social psychology the significance of Bandra's social foundation of thought and action. *Psychological Inquiry, 1*(1), 92-96.

Maed, M. (1998). 세 부족사회에서의 성과 기질 (조한혜정 역). 이화여자대학교출판부.

Martin, T. (2008). From cabinet to couch: Freud's clinical use of sculpture. *British Journal of Psychotheraphy, 24*(2), 184-196.

Massey. R. F. (1986). Erik Erikson: Neo-Adlerian. Individual Psychology: The Journal of Adlerian Theory. *Research & Practice, 42*(1), 65-91.

McGarrigle, J., Grieve, R., & Hughes, M. (1978). Interpreting inclusion. *Journal of Experimental Child Psychology, 26*, 528-550.

Mercer, J. (2011). 아동발달 (이주현, 채경희 역). 서울: 명인문화사. (원전 출판 2010).

Nelson, K. (1993). The psychological and social origins of auto biographical memory. *Psychological Science, 4*, 1-8.

Newcombe, N. (1996). *Child development: Change over time* (8th ed.). Harper Collins College Publishers.

Piaget, J. (1951). *Play, dreams, and imitation in childhood.* New York: Norton.

Piaget, J., & Inhelder, B. (1956). *The child's conception of space.* London: Routledge & Kegan Paul.

Picariello, M. L., Greenberg, D. N., & Pillemer, D. B. (1990). Children's sex-related stereotyping colors. *Child Development, 61,* 1453-1460.

Porter, L. (2003). *Young children's behavior: Practical approaches for caregivers and teachers.* SAGE Publication Company: London.

Pressley, M., & Levin, J. R. (1980). The development of mental imagery retrieval. *Child Development, 51,* 558-560.

Richards, M. H., & Siegler, R. S. (1986). Children's understanding of the attributes of life. *Journal of Experimental Child Psychology, 42,* 1-22.

Ridgeway, D. (1985). Acquisition of Emotion-Descriptive Language: Receptive and Productive Vocabulary Norms for Ages 18 Months to 6 Years. *Developmental Psychology, 21*(5), 901-908.

Robinson, D. W. (1982). Making friends with print. *American Libraries, 13*(2), 119-121.

Routledge, S. S. (2009). *Introducing Vygotsky: A guide for practitioners and students in early years education.* London and New York.

Salovey, P., Brackett, M. A., & Mayer, J. D. (2004). *Emotional intelligence: Key readings on the Mayer and Salovey Model.* New York: National Professional Resources.

Santrock, J. W. (2004). *Child development: An introduction* (10th ed.). New York: McGraw-hill.

Schickedanz, J. (1990). *Adam's righting revolutions.* Portsmouth, NHL Heinemann.

Selman, R. (1980). *The growth of interpersonal understanding.* New York: Academic Press.

Slaby, R. G., & Frey, K. S. (1975). Development of gender constancy and selective attention to same-sex models. *Child Development, 46*, 849-856.

Smith, L. B., & Thelen, E. (2003). Development as a dynamic system. *Trends in Cognitive Sciences, 7*(8), 343-348.

Stein, N. L., & Trabasso, T. (1989). Children's understanding of changing emotional states. In C. Saarni & P. L. Harris (Eds.), *Children's understanding of emotion.* Cambridge: University Press.

Stephen, R., & Hooper, W. U. (2011). **영유아 특수교육** (노진아, 김연하, 김정민 역). 서울: 학지사. (원전 출판 2008).

Valsiner, J. (2005). Participating in Piaget. *Society, 42*(2), 57-61.

Walsh, H. M. (1980). *Introducing the young child to the social world.* New York: Macmillan.

Wellman, H. M., Cross, D., & Watson, J. (2001). Meter-analysis of theory-of-mind development: The truth about false belief. *Child Development, 72*, 655-684.

Williams, H. G. (1983). *Perceptual and Motor Development.* Prentice-Hall Inc., Englewood Cliffs, N. J. 07632.

Yan-bin, W. (2009). Impact of Lev Vygotsky on special education. *Canadian Social Science, 5*(5), 100-103.

Yussen, S. R., & Bird, J. E. (1979). The Development of matacognitive awareness in memory, communication, and attention. *Journal of Experimental Child Psychology,*

28, 300-313.

Zaretskii, V. K. (2009). The Zone of proximal development: what Vygotsky did not have time to write. *Journal of Russian and East European Psychology, 47*(6), 70-93.

Zepf, S. (2010). Libido and psychic energy-Freud's concepts reconsidered. *International Forum of Psychoanalysis, 19*(1), 3-14.

〈기사 및 사이트〉

경인일보(2011. 10. 30.). 영유아 사교육의 그늘. 13면.

경향신문(2011. 5. 24.). 과도한 조기교육, 유아 뇌 발달 저해.

동아일보(2011. 12. 24.). 이상행동은 스트레스 신호…당신은 자녀 속마음 아십니까.

부산일보(2004. 11. 1.). 육아 Tip-연령 발달에 따른 대근육놀이.

충청일보(http://n.ccdailynews.com)

한겨레(2010. 6. 14). 공격적인 우리 아이, 어떻게 바꿀까. 27면.

한국일보 HK비즈 보도자료(2011. 10. 24.). 유치원 원장, 자연 친화 환경 교육 효과 탁월.

헤럴드경제(2011. 9. 9.). 유아들의 우정 무시마세요.… 품 안의 아이로 묶어두지 마라.

찾아보기

인 명

내용

저자소개

조형숙
중앙대학교 유아교육과 교수

박은주
침례신학대학교 유아교육과 교수

강현경
군산대학교 아동가족학과 교수

김태인
성결대학교 유아교육과 교수

배정호
아해사랑 발달 연구소 소장

유아 발달

2013년 3월 20일 1판 1쇄 발행
2016년 9월 20일 1판 7쇄 발행

지은이 • 조형숙 박은주 강현경 김태인 배정호
펴낸이 • 김 진 환
펴낸곳 • ㈜ 학지사
04031 서울특별시 마포구 양화로 15길 20 마인드월드빌딩 5층
대표전화 • 02) 330-5114 팩스 • 02) 324-2345
등록번호 • 제313-2006-000265호
홈페이지 • http://www.hakjisa.co.kr
페이스북 • https://www.facebook.com/hakjisabook

ISBN 978-89-997-0076-7 93370

정가 17,000원